마음 공부에 관하여

CUTTING THROUGH SPIRITUAL MATERIALISM
by Chögam Trungpa
ⓒ 1973 by Chögyam Trungpa
Foreword ⓒ 2002 by Sakyong Mipham

Published by arrangement with Shambhala Publications, Inc., Boulder through
Sibylle Books Literary Agency, Seoul

마음 공부에 관하여

왜 수많은 마음 공부와 영적 수행에도 우리는 여전히 그 자리인가?

Cutting Through Spiritual Materialism

초걈 트룽파 지음
이현주 옮김

불광출판사

추천의 말

모든 영적 여정의 바탕에 깔려 있는 것은 진리를 찾고 참된 것을 보고 순결한 삶을 살아보겠다는 영감(靈感)—그 모두의 정점이 깨달음인—이다. 그런데 그 길이 우리가 바라는 대로 탄탄대로일 경우는 거의 없다. 궁극의 깨달음으로 가는 길은 깊으면서 단순한 것이지만, 그 단순함을 알기까지의 과정은 노골적으로 복잡하진 않더라도 상당히 다차원적이다. 영성의 길을 알기 위해서는 적어도 그 길을 가고자 하는 자기 마음을 알아야 하기 때문이다. 우리가 영적 수련을 어떻게 이해하고 그에 관하여 어떤 개념들을 가졌든지, 자기가 만든 생각을 좇아서 그 길을 가지 않으려면 그것들을 극복해야 한다. 에고(Ego), 그리고 깨달음을 얻고자 하는 우리의 영감을 실현해보겠다며 에고가 연출하는 무수한 게임들은 항상 점검되어야 한다.

영적 여정의 근본적인 특성들, 특히 그 앞에 어떤 장애물이나 난관들이 놓여 있는지를 이해하려면 분명한 방향 감각이 필요하다. 그 길을 먼저 갔고, 그래서 같은 길을 가려는 다른 사람들에게 값지고 믿음직한 조언을 해줄 수 있는 사람의 가르침과 지시, 안내를 받아야 한다. 나의 아버지 초걈 트룽파가 이 책에서 주고자 하는 것이 바로 그것이다.

이 강좌와 가르침들이 세상에 주어진 때는 미국이 고양된 각성과 영적 깨어남의 교차로에 서 있던 1970년대 초반이었다. 바야흐로 동양이 서양을 만나는 중이었다. 전체 세대가 부모의 가치를 등지고 새롭게 다가오는, 그 대부분이 매우 전통적인 영성의 길을 탐색하고 있었다. 사람들은 인생의 저속한 장식품 위로 올라서서 자신의 소외감을 해소하고, 더 깊은 생의 의미로 들어가게 해줄 더 넓은 전망을 찾는 데 도움이 될 만한 길을 원했다. 동시에 그들 가운데 대다수가 여전히 자유 해방으로 가는 진정한 길을 모색하고 있었다. 신선하고 풍요롭고 흥미진진하고 젊고 순진한 무엇이 거기 있었다.

사람들은 자기가 가는 길에 있을 수 있는 많은 함정에 대해 순진한 편이다. 영적 각성은 태평스럽게 되는 대로 만들어지는 것이 아니다. 진리로 가는 길은 심오하고, 그래서 장애물도 많고 자기기만에 빠질 수도 있는 그런 길이다. 무엇을 수련하고 어떻게 가르치든지, 에고는 자신의 생존을 위해서 적당한 영성 속에 잠복해 기다리기를 좋아한다. 스코틀랜드에서 이제 막 미국에 온 초감 트룽파는 이 문제를 명료하게 밝히고자 했다. 진정한 영성이 무엇인지, 그리고 무엇이 제 목적을 위해 에고가 편승한 영성인지를 가려낼 수 있을 정도로 사람들의 영적 수준을 높이는 데 도움이 되고 싶었다. 그는 사람들이 물질주의의 세 군주들, 에고가 더 넓은 시야로부터 자기의 갇힌 관점으로 우리를 유혹하려고 언제 어디서나 사용하는 전략들을 알아채는 법을 배우는 데 도움이 되고자 했다.

초감 트룽파는 어려서부터 티베트 동부 고원지대 카암 수도원에서 힘든 교육 과정을 밟았다. 중세기 티베트 문화도 영적 물질주의 위협에 면역이 되어 있지 않았다. 교사들은 에고의 간교함을 알아차리고, 겉으로는 근사해 보이지만 사실은 성스러운 옷을 걸친 저속한 물질 추구에 유혹당하지 않도록 그를 훈련시켰다. 여기, 영성의 길에서 만날 수 있는 물질주의 딜레마를 분명히 알고 고대의 지혜로 훈련받아 현대 서구식 영적 장애물의 뉘앙스를 제대로 이해하는 교사가 있다. 이 책에 담긴 그의 가르침들은 미국 문화 속으로 불법(佛法)을 도입하는 데 이정표와 같은 역할을 했다.

젊은 미국인 학생들을 가르치는 그의 재담(才談) 덕분에 이 책은 하나의 고전이 되었다. 이상적이고 심원한 길을 걷고자 자신의 나라, 가정, 문화의 현장에서 세상에 저항하는 실험을 하던 젊은이들에게 그의 가르침이 한 줄기 빛을 던져주었기 때문이다. 영적 세계에서 그는 원로지만, 이제 막 열정을 품고 서양 세계에 발을 들여놓은 신참으로서 학생들에게 그들이 처한 상황에서 영성의 길을 추구할 수 있도록 작업의 터전을 마련해줄 수 있었다. 진리를 좇아서 사람의 마음과 몸과 언행을 훈련하면 평화를 만들어내는 깨달음과 지혜가 생겨난다. 이렇게 그의 조언을 듣고 배운 많은 젊은이가 계속해서 영성의 길을 걸으며 부모·교사·사업가가 되었고, 심지어 불법을 가르치는 교사가 되기도 했다. 지금은 그들이 호기심 많은 새로운 세대의 원로들이다.

비록 이 책의 메시지가 역사의 특별한 시대 특별한 사람들에게 주어진 것이긴 하지만, 그 한 세대만을 위한 것은 아니다. 여기에 담긴 가르침들은 어느 시대와 장소에 국한된 것이 아니다. 지난 30여 년 동안, 우리를 아픔과 괴로움에 대한 진실에서 어긋나게 하는 것들을 계속해서 추구하는 사이에 우리는 더욱 물질주의적이 되었다. 오늘날 영성의 세계는 이 책이 처음 출간되었을 때보다 그것을 탐색할 길과 가능성이 훨씬 더 커졌다. 고전적인 영성 수련자들뿐 아니라 일반 대중에게도 말이다. 이 책에는 영적 물질주의에 대한 우리의 알아차림을 예리하게 벼려줄 힘이 있다. 그 어느 때보다 오늘날 우리에게 절실히 필요한 메시지를 담은 이 책은 독자들의 세심한 주목을 받을 만한 충분한 가치가 있다.

2001년 10월
사콩 미팜 린포체

옮긴이의 말

문자 그대로 '하루가 다르게' 바뀌는, 그래서 중학생과 고등학생이 '세대 차이'를 실감한다는 요즘입니다. 많은 선지자가 그렇게 말하고 있습니다만, 제 눈에도 오늘의 인류가 눈에 보이고 만져지는 물질 위주의 삶에서 보이지 않고 만져지지는 않지만 물질보다 훨씬 현실감 있는 영성 위주의 삶으로 급하게 옮겨가는 과도기에 있는 것이 엄연한 사실로 보입니다.

언제 어디서나 그렇듯이, 영성을 추구하는 사람들의 세계에도 사이비(가짜)는 얼마든지 존재할 수 있습니다. 사실 누가 보아도 가짜임이 드러나는 그런 가짜는 별로 나쁜 것도 아니지요. 한 번 웃고 넘어가면 되니까요. 하지만 일반 대중의 눈으로는 쉽게 분별되지 않는 수많은 가짜 영성 전문가들과 그들의 수련 센터야말로 간교한 에고가 참된 영성의 길에 숨겨놓은 고약한 적이라 하겠습니다.

고맙게도 초걈 트룽파라는 티베트의 '수상한 교사'가 20세기 물질주의 온상이라 할 미국 본토에 직접 들어가 벌써 그 뿌리를 내리고 있

마음 공부에 관하여

는 거짓 영성의 실체를 폭로한 지 어언 반세기가 지난 오늘, 그의 책을 다시 읽어봅니다. 그동안 절판되어 한국 독자들에게 인연이 닿지 않았던 물건이 새삼스레 불광출판사를 통해서 다시 출현하게 된 것이야말로 부처님의 가없는 은혜라 하겠습니다. 다시 한번 고맙습니다. 나무 관세음보살.

2021년 3월
무무(无無) 이현주

목차

들어가며

이 책은 1970년 가을에서 1971년 봄까지 콜로라도 볼더에서 계속된 강의 내용을 묶은 것입니다. 우리가 볼더에 카르마 드종(Karma Dzong) 명상 센터를 막 세웠을 무렵이었어요. 나와 함께 공부하는 젊은이들이 구도의 길을 걷고자 하는 마음은 저마다 간절했지만, 한편으로 많은 혼동과 오해, 기대들로 범벅이 되어 있었지요. 그래서 나는 그들에게 마음 수련의 길을 한번 조감하게 해주고, 그 길에 도사리고 있는 위험들을 미리 경고해줄 필요가 있겠다는 생각을 했습니다.

이제 책으로 출판되는 이 강의들이 마음 수련에 관심과 흥미를 가지고 있는 이들에게 도움이 되기를 바랍니다. 마음 수련을 제대로 하는 것은 아주 미묘한 과정을 밟는 것입니다. 그냥 순진하게 뛰어드는 어떤 게 아니에요. 일그러지고 뒤틀린 자기중심적 마음 공부로 빠지게 하는 곁길이 수도 없이 많거든요. 몇 가지 수련 방법을 사용해 결국은 자기중심성을 키웠으면서도 스스로 높은 경지에 이르렀다고 생각하게끔 우리는 자기 자신을 속일 수 있습니다. 내가 '영적 물질주의

마음 공부에 관하여

[Spiritual Materialism]'라는 말로 표현코자 하는 게 바로 이 근본적인 왜곡이에요.

이 강의에서는 먼저 사람들이 어떤 경로로 영적 물질주의에 스스로 빠져들어 가는지, 깨달음을 얻고자 하는 마음이 만들어내는 자기기만의 여러 모양을 살펴볼 것입니다. 이렇게 우리를 잘못된 길로 유인하는 곁길들을 살펴본 다음, 진정한 마음 수련의 길이 어떤 것인지를 대강 그려보겠습니다.

여기 제시되는 접근 방식은 고전적인 불교의 방식입니다. 형식의 면에서 그렇다는 게 아니라, 마음 수련에 대한 불교적 접근 방식의 중심 내용을 제시한다는 점에서 그렇다는 것입니다. 불교의 방식이 유신론(有神論)을 인정하지는 않습니다만, 유신론적인 수련 방식을 반대하는 것은 아니에요. 오히려 방법상의 차이는 무엇을 강조하고 어떤 수단을 쓰느냐에 달린 문제입니다. 영적 물질주의는 모든 종류의 마음 수련에서 발견됩니다. 불교는 우리의 미망과 고통에서 출발해 그것들의 근원을 파헤치는 데로 나아가는 방식을 취하지요. 유신론적인 방식은 하느님의 풍요로움에서 출발해 자신의 의식을 고양시켜 마침내 하느님의 현존을 체험하는 데로 나아갑니다. 그러나 하느님과 맺는 관계를 방해하는 것이 바로 자신의 어리석음과 나쁜 성향들이라는 점에서, 유신론적 방식에서도 그것들을 다루지 않으면 안 됩니다. 예를 들어 마음의 교만함은 불교 수행자에게든 하느님을 믿는 수행자에게든 똑같이 심각한 문제지요.

불교 전통에 따르면 마음 수련이란 자신의 미망을 깨뜨려 무찌르고, 마음의 깨어 있는 상태를 그대로 드러내는 과정입니다. 에고와 에고에 따라오는 편집증에 의해 마음의 깨어 있는 상태가 어지럽혀져 있을 때, 그것은 밑바닥 본능의 성격을 띠게 되지요. 그러기에 마음 공부란 마음의 깨어 있는 상태를 만들어 세우는 게 아니라, 그것을 어지럽히고 있는 미망을 불태워버리는 것이라 하겠습니다. 온갖 미망을 불사르는 과정에서 깨달음을 발견하는 거예요. 그런 과정을 밟지 않으면 깨달음 자체가 우리가 만든 산물이 되어 인과법칙에 따라 때가 되면 소멸되고 말 것입니다. 만들어진 것은 조만간에 반드시 없어지게 돼 있으니까요. 만일 깨달음이 그런 식으로 만들어지는 것이라면 언제고 에고가 제 주장을 하고 나설 테고, 마침내 미혹된 상태로 돌아가고 말 것입니다. 깨달음이 영원한 것은 우리가 만들어낸 것이 아니기 때문이에요. 우리는 다만 그것을 발견할 따름이지요. 불교 전통에서는 자주 구름 뒤로 나타나는 태양을 깨달음의 발견에 대한 은유로 사용합니다. 명상 수련을 하면서 우리는 깨어 있는 마음 상태를 훔쳐보기 위해 에고의 미망을 씻어내지요. 편집증에 의해 어지러워진 무명(無明)이 없어지면 인생에 대한 굉장한 시선이 활짝 열립니다. 존재의 다른 방식을 발견하는 거예요.

미망의 핵심은 지속적이고 단단해 보이는 '나'가 따로 있다는 아상(我相)을 지니는 것입니다. 생각이나 감정 또는 사건이 일어날 때 무엇이 발생하고 있는지를 의식하는 누군가가 있다고 느끼는 거지요. 당신은 지금 '당신'이 이 글을 읽고 있다고 생각합니다. 이러한 자아에 대한 감각이나 생각은 잠시 있다가 사라지는 것이요, 계속되지 않는 사건입니다. 그런데 우리는 그것들을 지속적이고 단단한 것으로 착각하는 거예요. 그리고 그 착각을 진짜로 여겨서 고정된 자아를 유지하고 강화하려고 애쓰지요. 자아에게 쾌락을 먹이고 괴로움으로부터 지켜주고자 하는 겁니다. 경험은 끊임없이 우리의 덧없음을 드러내 보여주지만, 그럴수록 우리는 우리의 진정한 모습을 드러내는 모든 가능성을 덮어버리려 하는 거예요. 우리는 이렇게 질문할 수 있습니다. "우리의 참모습이 깨어 있는 상태라면, 그것을 알아차리지 않으려고 분주하게 애쓰는 까닭이 무엇인가?" 그 이유는 세계에 대한 착각에 너무 깊숙이 빠져들어서 그것이 유일하고 진정한 세계라고 생각하기 때문입니다. 고정되고 지속되는 자아에 대한 감각을 유지하려고 애쓰는 것이 바로 에고의 행위지요. 그러나 에고는 겨우 부분적으로만 우리를 고통에서 지켜줄 수 있어요. 에고가 지닌 그런 모자람이 우리로 하여금 지금 우리가 무엇을 하고 있는지 살펴보게 하지요. 우리의 자의식에는 언제나 틈이 있고, 그래서 그리로 속을 꿰뚫어 보는 통찰이 가능한 것입니다.

에고의 기능을 설명하기 위해 티베트 불교는 흥미로운 은유를 사용합니다. '모양의 군주'와 '언어의 군주', 그리고 '마음의 군주'라는 '물질주의의 세 군주'가 그것입니다. 세 군주는 육체의 안락·안정·쾌락에 대한 추구를 암시합니다. 고도로 체계화된 현대기술 문명사회는 거칠고 낯설고 예측 못 할 돌발 사고들로부터 자신을 지키려고 물리적 환경을 조작하는 일에 우리가 얼마나 몰두하고 있는지를 잘 보여주고 있지요. 단추 하나 누르면 작동하는 엘리베이터, 진공 포장된 쇠고기, 에어컨, 수세식 변소, 은퇴 프로그램, 대량생산, 기후 관측 위성, 불도저, 형광등, 아홉 시에서 다섯 시까지 일하는 직장, 텔레비전… 이 모두가 조작할 수 있고 안전하고 예측 가능한 즐거운 세상을 만들기 위한 시도들의 열매입니다.

'모양의 군주'는 우리가 만들어내는 물질적 풍요와 안전한 생활환경 자체를 의미하지는 않습니다. 그보다는 그런 것들을 만들어내고 자연을 통제하게 하는 우리의 편견이나 선입견을 가리킵니다. 자신을 안전하게 하고 즐겁게 하며 짜증 나는 일들을 피하려는 에고의 욕망이지요. 그래서 우리는 자신의 쾌락과 소유에 매달리고, 변화를 두려워하거나 아니면 변화를 강제하고, 놀이마당 또는 보금자리를 만들고자 하는 것입니다.

'언어의 군주'는 우리가 세상과 관계를 맺음에 지성을 사용하는 것을 가리킵니다. 우리는 현상을 조작하는 데 손잡이 구실을 하는 개념들을 채용합니다. 이 방면에서 가장 발전된 산물이 우리의 삶을 합리화하고 정당화하며 신성시하는 관념들의 체계인 이념이지요. 민족주의, 공산주의, 실존주의, 그리스도교, 불교, 이 모든 것이 우리에게 정체성과 행동 규칙과 사물들이 어떻게, 그리고 왜 지금처럼 발생하는지에 대한 해석을 제공합니다. 이번에도 지성을 사용하는 것 자체가 언어의 군주는 아니에요. 언어의 군주는 자신을 위협하고 짜증 나게 하는 모든 것을 피하거나 에고의 관점에서 긍정적인 쪽으로 유리하게 해석하는 성향을 말합니다. 존재하는 것을 곧이곧대로 지각하지 못하게 하는 여과 장치로 개념을 사용하는 것이 언어의 군주예요. 개념들을 너무 엄격하게 다루어 세계와 우리 자신을 응고시키는 도구로 사용하는 겁니다. 이름 붙일 수 있는 사물들의 세계가 존재한다면, 그 이름 붙일 수 있는 사물들 가운데 하나인 '나'가 마찬가지로 존재하는 거지요. 우리는 위협적인 의심, 불확실성 또는 혼동을 위한 방을 그냥 두려고 하지 않습니다.

'마음의 군주'는 깨어 있음 자체를 유지하려는 의식의 노력을 가리킵니다. 마음 수련을 우리의 자의식 유지를 위한 수단으로, 이상을 움켜잡기 위한 수단으로 사용할 때 실은 마음의 군주가 우리를 다스리고 있는 거예요. 마약, 요가, 기도, 명상, 입신(入神), 그 밖에 여러 가지 심령술 따위가 모두 이런 식으로 이용될 수 있지요.

에고는 모든 것을 바꾸어 제 쓸모로 삼을 수 있습니다. 마음 공부까지도 그렇게 할 수 있어요. 만일 당신이 어떤 특별한 명상 기술을 배웠다면, 에고는 우선 그것을 매혹의 대상으로 삼습니다. 그런 다음 그것을 살펴봅니다. 마지막으로 에고는 겉보기에 단단하고 실제로 무엇도 흡수할 수 없기 때문에 할 수 있는 일이라고는 다만 시늉하는 것뿐입니다. 에고는 명상 수련을 흉내 내고 명상하는 삶을 사는 척하려고 많은 노력을 기울이지요. 영적 게임의 모든 속임수와 대답들을 배워 알게 되었을 때 우리는 자동적으로 영성 생활을 시늉하려고 합니다. 그러려면 에고가 철저히 소멸되어야 하기에 우리가 하고 싶어 하는 마지막 작업은 에고를 완전히 버리는 것이 되지요. 그러나 우리는 우리가 흉내 내는 것을 결코 경험할 수 없습니다. 다만 에고의 한계 안에서 똑같은 것으로 보이는 어떤 영역을 발견할 수 있을 뿐이에요. 에고는 자신의 질(質)에 맞도록 모든 것을 바꾸어버립니다. 그와 같은 패턴을 만들 수 있게 되었을 때 에고는 대단한 성취감과 흥분을 느끼지요. 마침내 눈에 보이는 유형의 성취를 이루고 자신의 개체성을 확인합니다.

만일 우리가 마음 수련 기술을 통해 우리의 자의식을 유지하는 데 성공한다면, 진정한 영적 성장은 불가능에 가까워질 겁니다. 정신적 습관이 너무나 단단해져서 무엇으로도 뚫고 들어갈 수 없게 될 테니까요. 그런 식으로 완벽한 '에고질 정신[Egohood]'이라는 온전히 악마적인 상태를 성취할 수도 있습니다.

영성을 망치는 데 가장 강력한 힘을 발휘하는 것이 마음의 군주이긴 합니다만, 다른 두 군주도 못지않게 마음 수련을 지배할 수 있습니다. 산속에 은거함, 홀로 단순하고 조용하게 지내기, 고상한 사람들과 사귐, 이 모두가 짜증 나는 일로부터 자신을 지켜주는 방편일 수 있고 모양의 군주를 드러내는 표현일 수 있다는 말입니다. 종교조차도 우리에게 안전한 보금자리와 단순하면서도 안락한 가정의 창조를 합리화시켜주고, 상냥한 배우자와 안정되고 손쉬운 직장을 얻게 해주는 방편으로 사용될 수 있습니다.

언어의 군주도 마음 수련에 마찬가지로 끼어들지요. 영성의 길을 걸으면서 우리는 새로운 종교 이념으로 낡은 신조들을 대체하지만, 역시나 그것을 낡은 방식으로 계속 사용합니다. 우리의 이념이 아무리 고상하고 탁월해도, 그것을 너무 엄격하게 다루어 자신의 에고를 유지하는 데 사용한다면 우리는 여전히 언어의 군주에게 지배당하고 있는 거예요.

자신의 행동을 눈여겨보면 이 세 가지 군주들 가운데 하나나 둘, 또는 셋 모두의 지배를 받고 있다는 사실에 동의하지 않을 사람이 거의 없을 겁니다. 우리는 이렇게 묻겠지요. "그래서 뭐 어쨌단 거죠? 사람이 산다는 게 그런 것 아닌가요? 그래요. 우리는 우리의 기술이 전쟁·범죄·질병·경제적 불안·힘겨운 노동·늙음·죽음으로부터 우리를 지켜주지 못하고, 우리의 이념들이 의심·불확실성·혼동·분열로부터 우리를 지켜주지 못하며, 우리의 정신 요법들이 잠시 성취했던 높은 수준의 의식 상태의 허물어짐과 그로 인해 맛보게 되는 낙담과 분노로부터 우리를 지켜주지 못한다는 사실을 잘 알고 있어요. 그래서 무엇을 어떻게 하란 말인가요? 세 군주는 도무지 어떻게 할 수 없을 만큼 힘이 강해 보이고, 우리는 무엇으로 그것들을 대체할지 모른다고요."

이런 질문을 안고서, 부처님은 세 군주가 우리를 다스리는 과정을 자세히 살펴보았습니다. 그분은 왜 우리 마음이 그들을 따르는지, 그들을 따르지 않는 다른 길은 없는지 물었어요. 이윽고 부처님은 세 군주가 모든 속임수의 바탕인 신화 하나를 만들어냄으로써 우리를 유인하고 있다는 사실을 발견했습니다. 우리가 저마다 단단한 개체라는 것이 바로 그 신화지요. 궁극적으로 그 신화는 거짓이며, 거대한 속임수 장난이고 거창한 사기입니다. 그리고 모든 고통의 뿌리지요. 이것을 발견하기 위해서 부처님은 세 군주가 그들의 힘의 원천인 근본 속임수를 감추려고 설치해둔 매우 정교한 방어벽들을 뚫고 들어가야 했습니다. 세 군주의 정교한 방어벽들을 한 겹 한 겹 뚫고 들어가지 않는 한 그들의 통치에서 벗어날 방법은 어디에도 없어요.

세 군주의 방어벽들은 사람의 마음이라는 재료로 만들어져 있습니다. 단단한 개체의 신화를 유지하기 위한 방편으로 세 군주가 우리의 마음을 사용하고 있는 거예요. 이런 과정이 어떻게 이루어지는지 알려면 자신의 경험을 자세히 살펴보아야 합니다. 이렇게 물을 수 있겠지요. "어떻게, 무슨 방법으로, 무엇을 도구로 삼아 자신의 경험을 성찰한단 말인가요?" 부처님이 발견한 방법은 명상입니다. 부처님은 대답을 찾기 위해 애쓰는 것이 모두 소용없는 짓임을 발견했어요. 자신의 노력 안에 있는 틈들을 보았을 때 비로소 통찰이 그분에게 찾아왔지요. 모든 노력이 비워졌을 때만 자신을 드러내는, 밝게 깨어 있는 상태가 본래 자기 안에 있었음을 깨달은 겁니다. 그래서 명상 수련에 '그냥 내버려 두기'가 포함되는 거예요.

명상에 관한 잘못된 생각들이 꽤 있더군요. 어떤 이들은 명상을 혼수상태 비슷한 것으로 여기고, 또 어떤 이들은 운동선수들이 몸을 단련하듯 마음을 단련하는 것으로 생각합니다. 그러나 명상은 그런 게 아닙니다. 마음의 상태를 다루기는 하지만, 명상은 혼수상태에 들어가

마음 공부에 관하여

는 것도 아니고 마음을 단련하는 것도 아니에요. 마음 상태는 다루기 어려운 것도 아니고 불가능한 것도 아닙니다. 그것에는 나름의 에너지와 속도, 그리고 일정한 형식이 있지요. 명상 수련에는 그것들을 '내버려 두기'가 포함됩니다. 그것들의 형식과 에너지와 속도를 따라서 흐르는 거예요. 이렇게 해서 그것들을 다루는 방법, 그것들과 관계 맺는 방법을 배웁니다. 우리가 좋아하는 쪽으로 성숙시킨다는 의미에서가 아니라, 다만 그것들이 무엇인지를 알고 그것들의 형식을 좇아 흐르는 법을 안다는 의미에서 배우는 것입니다.

부처님이 명상 공부를 하고 싶어 하는 어느 유명한 시타르 연주가에게 가르침을 베푼 이야기가 있지요. 연주가가 부처님에게 물었어요. "제 마음을 다스려야 합니까? 아니면 그냥 버려두어야 합니까?" 부처님이 대답합니다. "그대가 연주가라니 묻습니다. 연주할 때 악기의 줄을 어떻게 조율하지요?" 연주가가 대답하기를 "지나치게 팽팽하지도 않고 지나치게 느슨하지도 않게 합니다." 부처님이 대답하지요. "마찬가지로 명상 수련을 할 때도 마음을 강제로 어떻게 해서도 안 되고 마냥 돌아다니게 내버려 두어도 안 됩니다." 바로 이것이 활짝 열린 상태에서 마음을 그냥 '있게' 하는, 에너지의 흐름을 억제하려 하지 않고 그렇다고 방치해두지도 않으면서 느끼는, 마음의 에너지 패턴과 함께 가는 그런 가르침입니다. 이것이 명상 수련이에요.

보편적으로 이런 수련이 필요한 까닭은 우리의 사고방식, 세상을 살면서 대상을 개념화하는 방식이 지나치게 조작적이거나 아니면 완전한 방치 상태에서 제멋대로 날뛰게 내버려 두고 있기 때문입니다.

그러기에 우리의 명상 수련은 에고의 가장 변두리 층, 우리 마음속을 끊임없이 치달리는 산만한 잡념들에서부터 시작되어야 해요. 세 군주는 산만한 잡념을 방어벽의 제일 바깥 선으로, 우리를 속이기 위한 앞잡이로 삼습니다. 생각을 많이 할수록 마음이 바쁘고 그만큼 내가 존재하고 있다는 확신을 단단히 품게 되지요. 세 군주가 계속해서 생각을 만들어내고, 한 생각의 꼬리를 다른 생각으로 이어줌으로써 우리가 그 너머를 넘어다보지 못하게 하는 거예요. 바르게 명상하는 사람은 잡념을 선동하려고 하지 않고 그것들을 억압하려고도 하지 않습니다. 일어나면 일어나는 대로 두되, 그것들이 우리 모두가 본래 지니고 있는 맑은 마음의 표현이 되게 하지요. 잡념들이 깨어 있는 마음의 청정함과 정확함의 표현으로 바뀌는 것입니다.

꼬리를 무는 잡념의 방어벽이 무너지면 세 군주는 감정을 불러일으켜서 우리를 혼란에 빠뜨립니다. 흥분되고 다채롭고 드라마틱한 감정들이 우리의 시선을 사로잡아 마치 영화 속에 빨려들어 가듯이 눈을 떼지 못하게 하는 거예요. 명상 수련에서 우리는 감정을 부추기지도 않고 억누르지도 않습니다. 그냥 일어나는 대로 두고 밝게 보기만 함으로써 더 이상 그것들이 우리를 흥분시키거나 어지럽히지 못하도록 하지요. 그러면 감정들이 에고 없는 행위로 가득 찬 무진장 에너지로 바뀌는 겁니다.

생각과 감정이 없어지면 세 군주는 훨씬 더 강력한 무기인 개념을 들고 나오지요. 현상에 이름을 붙임으로써 '사물들'의 단단한 세계가 존재한다는 느낌을 만들어내는 거예요. 그렇게 해서 만들어진 단단한 세계가 우리로 하여금 우리 또한 단단하고 지속되는 개체임을 재확인하게 만듭니다. '세계가 존재한다. 그러므로 세계를 인식하는 나 또한 존재한다.' 이런 식이지요. 명상 수련은 개념들이 임시로 붙여진 것임을 알아보게 해서 더 이상 이름 붙이기가 세계와 아상을 굳히는 데 기여할 수 없도록 만듭니다. 이름 붙이기는 단순히 분별 행위가 되는 거예요. 그래도 여전히 세 군주에게는 방어벽이 남아 있지만, 너무 복잡하고 미묘해서 여기서 말씀드리기는 어렵겠습니다.

자신의 생각, 감정, 개념과 다른 마음의 작용들을 면밀히 성찰한 부처님은 우리가 우리의 존재를 입증하려고 애쓸 필요가 없다는 것, 물질주의의 세 군주에게 지배당할 필요가 없다는 사실을 발견했습니다. 자유롭기 위해서 수고할 필요가 없는 거예요. 수고의 부재, 그 자체가 자유입니다. 에고 없는 상태, 그것이 곧 불성(佛性)의 성취입니다. 명상 수련을 통해 여태껏 에고의 욕망을 표현해오던 마음을 바꾸어 본래의 밝은 깨달음을 표현하도록 이끌어가는 과정, 이것을 참된 마음 공부의 길이라고 말할 수 있겠습니다.

시작하지 않는 게 좋다.
일단 시작했으면 마치는 게 더 좋다.

영적 물질주의,
에고가 만들어낸 가짜 깨달음

우리는 이곳에 영성(靈性)을 배우러 왔습니다. 나는 이 탐구의 순수한 의도를 신뢰합니다. 그러나 우리는 영성의 본질에 대해 질문해야 합니다. 문제는 에고가 모든 것을 개조해 자신의 쓸모로 삼는 데 있습니다. 에고는 영성까지도 제 용도에 맞도록 개조할 수 있습니다. 에고는 끊임없이 자신의 이익을 위해 영적인 가르침을 얻고 그것을 적용코자 시도하고 있습니다. 우리는 영적인 가르침을 '나'의 밖에 있는 어떤 것으로, 우리가 배워야 하는 어떤 철학으로 다룹니다. 그래서 가르침과 하나가 되어 가르침 자체가 되기를 실제로 원하지 않습니다. 스승이 에고를 버리라고 하면 우리는 에고를 버리는 시늉을 합니다. 근사한 행동을 하고 적당한 몸짓은 보이지만, 그러나 우리는 우리의 생활 양식을 조금도 희생시키려 하지 않습니다. 우리는 연기에 능숙한 배우가 되어 스승의 가르침에 대해서는 귀머거리와 벙어리 노릇을 하는 한편, 스승의 길을 따르는 척하는 데서 어떤 위안을 얻고자 합니다.

자신의 행위와 스승의 가르침 사이에 어떤 간격이나 갈등이 있다는 느낌이 들 때마다 우리는 곧장 갈등을 무마하는 쪽으로 상황을 해석해버립니다. 그때 해석자는 영적 조언자의 역할을 맡은 에고입니다. 그 상황은 교회와 정부가 서로 나뉘어 있는 나라와 같습니다. 정부의 시책이 교회의 가르침에 맞지 않을 경우, 왕은 자동적으로 자신의 영적 자문을 맡은 교회 수장에게 가서 축복을 요청합니다. 교회의 수장은 왕이 신앙의 수호자라는 구실 아래 몇 가지 변명거리를 찾아낸 다음 그 시책에 축복을 베풉니다. 개인의 마음속에서는 에고가 왕도 되고 교회의 수장도 되어 아주 깔끔하게 일을 처리합니다.

참된 영성이 실현되려면 영적인 길과 자기 행동 사이의 이 합리화를 반드시 뚫고 지나가야 합니다. 그러나 이 합리화는 다루기 쉽지 않은 물건입니다. 모든 것이 에고의 철학과 논리라는 필터를 통해서 보이기 때문이지요. 에고의 철학과 논리는 모든 것을 깔끔하고 정교하고 매우 논리적으로 보이게 합니다. 문제가 생기면 우리는 자기를 합리화하는 식으로 해답을 찾으려고 하지요. 자신을 안심시키기 위해, 얼마든지 어지러워질 수 있는 우리의 인생을 합리적으로 이해가 되는 도식에 갖다 맞춥니다. 그러는 우리의 노력이 너무나도 진지하고 성실하고 정직해서 그것을 의심하기는 어렵습니다. 우리는 언제나 우리의 영적 조언자인 에고의 '순결'을 신뢰합니다.

우리가 자기를 합리화하는 데 무엇을 사용하느냐는 것은 문제가 되지 않습니다. 우리는 성스러운 경전의 지혜, 도형이나 도표, 수학적 계산, 비교(秘敎)의 신앙 형식, 심층심리학, 기타 다른 장치들을 사용해 자신을 합리화합니다. 가치를 평가하기 시작해 이것을 해야 한다거나 저것을 하지 말아야 한다고 다짐할 때마다 우리는 이미 우리의 수련이나 지식을 일정 범주에 비끄러매어 이것과 저것을 맞서게 합니다. 바로 그것이 우리의 영적 조언자의 그릇된 영적 물질주의입니다. 이원적 관념을 지니고서 "나는 지금 특정 의식 상태에, 특정 존재 상태에 이르기를 원하기 때문에 이 일을 하고 있다"는 식으로 말할 때마다 우리는 있는 그대로의 우리로부터 자신을 자동으로 분리시키게 됩니다.

만일 "가치를 평가해 한편에 서는 것이 왜 잘못이냐?"라고 묻는다면 대답은 이렇습니다. 우리가 두 번째 판단을 내려서 "이 일은 하고 저 일은 하지 말아야 한다"고 말할 때, 우리는 있는 그대로의 우리가 지니고 있는 근본적인 단순성에서 스스로를 멀리 떨어지게 하는 복잡화의 차원에 이미 들어가 있는 것입니다. 명상의 단순성이란, 에고가 지니고 있는 원초적 본능[Ape Instinct]을 그대로 경험하는 것입니다. 이 원초적 본능보다 더한 무엇이 우리의 심리학에 삽입되면, 그것은 매우 무겁고 두꺼운 가면으로 바뀌고 갑옷으로 바뀝니다.

모든 영성 수련의 중점이 에고의 관료 정치에서 벗어나는 데 있음을 아는 것이 중요합니다. 그것은 더 높고 더 영적이고 더 초월적인 지식, 덕목, 판단, 위안 또는 에고가 추구하는 어떤 것에 대한 에고의 끊임없는 갈망에서 벗어나는 것을 의미합니다. 사람은 마땅히 영적 물질주의에서 벗어나야 합니다. 만일 영적 물질주의에서 벗어나지 않고 오히려 실제로 그것을 수행한다면, 우리는 마침내 영성 수련 방법의 거대한 퇴적에 파묻혀 있는 자신을 보게 될 것입니다. 우리는 너무 많이 배웠습니다. 서양 철학도 배웠고 동양 철학도 배웠고 요가 수련도 했고, 어쩌면 위대한 스승들을 차례로 만나 그들 문하에서 공부했을 수도 있습니다. 우리는 성취했고 아는 게 많습니다. 우리는 스스로 많은 지식을 쌓았다고 믿습니다. 그런데 이 모든 것을 거쳤는데도 여전히 포기해야 할 무엇이 남아 있습니다. 이는 지극히 신비스러운 일입니다! '어떻게 이런 일이 있을 수 있는가? 불가능한 일이다!' 그러나 불행하게도 그것은 사실입니다. 우리가 그토록 많이 수집해 쌓아둔 지식과 경험은 에고의 과장된 자기표현의 한 부분이요, 으쓱거리는 에고의 기질을 보여주는 것에 지나지 않습니다. 우리는 그것들을 세상에 과시하면서 자기가 '영적인' 인간으로서 안전하고 든든하게 존재하고 있음을 스스로 재확인합니다.

  그러나 우리는 한 가게, 골동품 가게를 만든 것에 불과합니다. 우리는 동양 골동품이나 중세 기독교 골동품, 또는 다른 어떤 문명의 골동품에 대한 전문가가 될 수 있습니다. 그래봤자 우리는 가게 주인일 뿐입니다. 우리가 많은 물건으로 가게를 가득 채우기 전에 방은 충분히 아름다웠습니다. 천장에 달린 전등이 희고 깨끗한 벽과 매우 단순한 바닥을 밝혀주고, 방 가운데엔 아름다운 예술품이 한 점 놓여 있었지요. 우리 자신은 물론이고 방에 들어오는 사람마다 모두 그 예술품의 아름다움을 칭찬했습니다. 그러나 우리는 만족하지 못했고, 그래서

마음 공부에 관하여

생각했습니다. "이 물건 하나로 방이 이토록 아름다워졌으니 더 많은 골동품을 모아서 더 아름답게 만들어야지." 우리는 수집을 시작했고 결과는 혼돈이었습니다.

우리는 아름다운 물건을 찾아서 인도로, 일본으로, 그리고 또 다른 나라로 온 세계를 뒤졌습니다. 그리고 그때마다 골동품 한 개씩을 발견했습니다. 한 번에 한 가지 물건만 대상으로 삼았기 때문에 우리는 그것을 아름답게 보았고, 그것이 우리 가게에 아름다움을 보태리라 생각했습니다. 그러나 막상 그것을 집으로 가져와 방 안에 두고 보니, 그것은 그냥 쌓여 있는 수집품들에 얹힌 또 하나의 덤에 지나지 않았습니다. 그 물건의 아름다움은 더 이상 빛나지 않았습니다. 너무나도 많은 아름다운 것들에 둘러싸였기 때문이지요. 그래서 아무런 의미도 지니지 못하게 되었습니다. 이렇게 우리는 아름다움으로 방을 가득 채우는 대신 근사한 고물상 가게를 만든 것입니다!

제대로 하는 쇼핑은 많은 정보나 아름다움을 수집하는 것과 상관이 없습니다. 그것은 물건 하나하나의 가치를 충분히 알아보는 것이어야 합니다. 이것이 매우 중요합니다. 만일 당신이 어떤 아름다운 물건의 가치를 진정으로 알아보았다면, 그것과 온전히 하나가 되어 자신을 잊었을 겁니다. 자신이 관객이라는 사실을 잊고서 재미있는 영화에 빨려들어 가는 것과 비슷하지요. 그 순간에는 아무것도 없고, 당신의 전 존재가 영화의 장면 속에 들어가 있습니다. 그렇게 대상과 하나 되는 것입니다. 과연 우리는 그 아름다운 물건을, 그 영적 가르침을 맛보고 씹고 제대로 삼켰던가요? 아니면 그냥 수많은 골동품 가운데 하나로 여겼던가요?

　내가 이 점을 특별히 강조하는 까닭은 우리 모두 돈을 벌기 위해서가 아니라 정말로 무엇을 배우기 위해서, 우리 자신을 발전시키고자 원해서 이렇게 가르침을 듣고 명상 수련도 하고 있음을 잘 알고 있기 때문입니다. 그러나 만일 우리가 여기서 얻는 앎을 한 골동품으로, 수집해둘 만한 '고대의 지혜'로 여긴다면 우리는 잘못된 길을 가고 있는 것입니다.

　앎이란 골동품처럼 전해져 내려오는 것이 아닙니다. 한 스승이 가르침의 진리를 경험하고 그것을 제자에게 영감으로써 물려주는 것입니다. 그 영감이 스승을 깨우쳤듯이 제자를 깨우쳐줍니다. 제자는 그 가르침을 다른 제자에게 물려주고, 그렇게 해서 앎의 길이 이어집니다. 가르침은 언제나 신형(新型)입니다. 그것은 고대의 지혜도 아니고 오래된 전설도 아닙니다. 가르침은 할아버지가 손자에게 옛날이야기를 들려주듯이 그렇게 전해지는 정보가 아닙니다. 그런 게 아닙니다. 그것은 생생한 경험입니다.

　티베트 불교의 경전에 이런 말이 있습니다. "지식은 순금처럼 불에 타고 망치로 두들겨 맞아야 한다. 그래야 그것을 장신구로써 몸에 착용할 수 있다." 그러므로 어떤 분에게서 영적인 가르침을 받았다면, 무비판적으로 받아들이지 말고 몸소 그것을 불에 태우고 망치질해서 밝고 선명한 금빛이 드러나게 해야 합니다. 그런 다음 자기가 원하는 대로 디자인해서 장신구로 만들어 몸에 달고 다녀야 합니다. '다르마(Dharma, 法)'는 모든 시대 모든 사람에게 적용될 수 있습니다. 그래서 언제나 현재에 살아 있는 것이지요. 스승이나 구루(Guru)를 모방하는 것만으로는 충분치 못합니다. 당신은 선생의 복제품이 되려고 해서는 안 됩니다. 가르침은 개인의 인격적인 경험이고 그 내용을 현재 지니고 있는 사람의 것입니다.

제 글을 읽은 독자라면 나로빠(Naropa), 띨로빠(Tilopa), 마르빠(Marpa), 밀라레빠(Milarepa), 감뽀빠(Gampopa) 및 까규(Kagyü) 종파의 다른 스승들 이야기를 알고 있을 겁니다. 가르침은 그들 모두에게 살아 있는 경험이었고, 현재 그것을 지니고 있는 이들의 살아 있는 경험입니다. 다만 삶의 상황이 서로 다를 뿐이지요. 가르침에는 갓 구워낸 빵의 따뜻함이 들어 있습니다. 그 빵은 지금도 따뜻하고 신선합니다. 빵 굽는 사람들은 저마다 빵 굽는 방법에 대한 지식을 자신의 독특한 반죽기와 오븐에 맞추어야 합니다. 그런 다음 자기가 구워낸 빵의 신선함을 스스로 경험하고 그것을 잘라 따뜻하게 먹어야 합니다. 가르침을 자기 것으로 만들어 스스로 실천해야 합니다. 그것이 바로 살아 있는 전승(傳承)입니다. 거기에는 지식들을 수집하는 식의 속임수가 있을 수 없습니다. 우리는 자신의 체험을 가지고 일해야 합니다. 혼란에 빠졌을 때 우리가 수집한 지식으로 돌아가 거기서 무슨 확신이나 위안을 얻으려고 해서는 안 됩니다. "스승과 모든 가르침이 내 편이다"라고 말하는 사람이 있는데, 영성을 닦는 길은 그런 식으로 가는 게 아닙니다. 외롭게 홀로 가는 길입니다.

○ **당신은 영적 물질주의가 특별히 미국의 문제라고 생각하십니까?**

● 어떤 가르침이 해외에서 들어왔을 경우 영적 물질주의 문제가 더욱 심해집니다. 미국은 의심할 나위 없이 가르침을 받아들일 준비가 잘 돼 있는 기름진 땅입니다. 미국이 기름진 땅이기 때문에 영성을 추구하는 일에 야바위꾼들이 생겨날 수 있습니다. 야바위꾼들이 그렇게 하겠다는 마음을 먹지 않았다면 야바위꾼이 되지 않았을 것입니다. 돈을 벌거나 유명해지기를 바라는 만큼 은행 강도나 산적이 되었겠지요. 미국은 지금 너무나도 열심히 영성을 추구하고 있기 때문에 종교가 돈을 벌거나 유명해지는 데 용이한 수단이 되었습니다. 그래서 우리는 지금 구루 역할을 하는 야바위꾼뿐만 아니라 제자 역할을 하는 야바위꾼들도 보게 되는 것입니다. 내 생각에 미국은 이 특별한 시기에 매우 흥미로운 땅입니다.

○ **당신은 어떤 특별한 스승을 구루로, 살아 있는 영적 스승으로 모셨나요?**

● 현재로서는 없습니다. 나는 나의 구루와 선생님들을 티베트에 두고 떠났습니다. 그러나 그분들의 가르침은 나와 함께 있습니다.

○ **그러면 지금은 누구를 따르고 계십니까?**

● 상황[Situations]이 구루의 음성이요, 그분의 현존입니다.

○ **석가모니 부처님이 깨달음을 얻은 뒤에, 그분 안에 어떤 에고의 흔적이 남아 있어서 가르침을 베풀 수 있었던 것인가요?**

- 가르침은 그냥 발생합니다. 그분은 가르치겠다는 욕망도 안 가르치겠다는 욕망도 없었습니다. (깨달음을 얻은 뒤에) 나무 그늘에 앉아 있거나 강변을 따라 걸으면서 7주의 시간을 보냈지요. 그러다 누군가가 따라왔고, 그래서 말을 꺼냈습니다. 사람에게는 다른 선택이 없습니다. 당신은 지금 열려 있는 인간으로 여기 있습니다. 문득 상황이 벌어지고 가르침이 시작되는 거지요. 그것을 일컬어 '부처의 행위 [Buddha Activity]'라고 말합니다.

○ **영성에 대해, 그것을 탐내지 않기가 어렵습니다. 이 탐내는 마음이 길을 벗어나게 하는 무엇일까요?**

- 당신은 첫 번째 충동을 사라지게 해야 합니다. 영성을 향한 첫 번째 충동은 당신을 어떤 영적 경지에 들어가게 합니다. 그러나 그 충동을 안고 계속 나가면 차츰 충동이 가라앉았다가 어느 단계에 이르러 지루해지고 단조로워집니다. 이것은 유용한 메시지입니다. 잘 아시겠지만, 자기 자신과 자기 경험과 실제로 관계를 맺는 것이 핵심입니다. 누구든지 자기 자신과 관계를 맺지 않으면, 영적인 구도의 길이 생생한 인격적 체험이 되지 못하고 그냥 겉으로 즐기는 유희가 되고 맙니다.

○ **우리가 무지에서 나오는 길을 찾겠다고 결심할 때, 뭔가 좋다고 생각한 일이 에고한테는 유익하지만 실제로는 무지에서 나오는 길을 가로막고 있음을 틀림없이 확인하게 됩니다. 우리 눈에 옳은 것이 틀린 것일 수 있고, 우리를 엎어뜨리지 않을 거라고 본 것이 우리를 묻어버리지요. 여기에서 나오는 길이 있**

을까요?

● 당신이 무슨 일을 옳게 보고 그 일을 하면, 그것이 틀렸다는 게 아닙니다. 옳거나 틀린 것은 전체 그림에서 함께 나타나는 것이니까요. 당신은 '좋은' 쪽이든 '나쁜' 쪽이든 어느 한쪽에서 무언가를 행하는 게 아니라 '이것'과 '저것'을 넘어서는 옹근 전체로 하는 거예요. 그것을 나는 완전한 행위라고 말하고 싶습니다. 부분적인 행위란 없는 거예요. 하지만 우리가 무엇을 좋고 나쁜 것에 연결시켜서 행하면, 그것은 부분적인 행위로 보이겠지요.

○ **무엇인가 혼란스럽다고 느껴질 때, 거기서 나오려고 무슨 짓을 하면 너무 지나치게 애쓰는 것처럼 보일 수 있습니다. 하지만 그렇다고 아무 일도 하지 않으면 자기 스스로를 어리석은 사람으로 만드는 게 아닐까요?**

● 그래요. 하지만 그건 사람이 너무 지나치게 애쓰거나 아무 일도 하지 않는 양극단을 살아야 한다는 뜻은 아닙니다. 사람은 일종의 '중도(中道)'를, '있는 그대로 존재하는' 완전한 상태로 걸어야 해요. 이것을 많은 말로 설명할 수 있을 겁니다. 그러나 사람은 실제로 그것을 해야 합니다. 당신이 진실로 중도를 걷는다면 그것이 보일 거예요. 당신이 그것을 발견할 겁니다. 당신은 먼저 스스로를 믿어야 해요. 자신의 지성을 신뢰해야 합니다. 우리는 대단한 사람들입니다. 대단한 것들이 우리 안에 있어요. 우리는 그냥 우리가 자기 자신으로 있게 해줘야 합니다. 외부의 협조는 도움이 안 돼요. 당신이 스스로 자라도록 해주지 않으면 혼란 속에서 자기 파멸로 떨어지게 됩니다. 그건 다른 누구에

의한 파멸이 아니라 자기 파멸이에요. 그래서 효과 만점이라는 겁니다. 제가 저를 파멸시키는 거니까요.

○ **무엇이 신앙입니까? 그게 과연 쓸모 있는 건가요?**

● 신앙은 오롯한 마음, 신뢰, 눈먼 신앙일 수도 있고 소멸되지 않는 무엇에 대한 분명한 신뢰일 수도 있어요. 눈먼 신앙에는 영감이 없습니다. 그것은 너무 순진해요. 파괴적이지 않지만 창조적이지도 못합니다. 당신과 당신의 신앙 사이에 연결이 없고 소통도 되지 않기 때문이지요. 전체 신조를 그냥 맹목적으로 받아들일 뿐이에요. 신앙을 신뢰로 볼 경우, 거기엔 신뢰할 이유가 있는 겁니다. 당신은 어떤 조립된 해답이 당신한테 신비롭게 나타날 거라고 기대하지 않습니다. 그냥 두려움 없이, 자신에 대해 아무 의심 없이 눈앞의 현실에 대처하는 거예요. 이 접근법이야말로 매우 창조적이고 적극적인 겁니다. 만일 당신한테 분명한 신뢰가 있으면 스스로에 대한 확신이 있어서 자신을 점검할 필요가 없지요. 그것은 절대적 신뢰, 지금 일어나는 일에 대한 진정한 이해입니다. 그래서 당신은 새로운 상황이 닥칠 때마다 다른 길을 가거나 그 상황에 필요한 일을 하는 데 망설이지 않을 수 있는 겁니다.

○ **무엇이 당신의 길을 안내하고 있습니까?**

● 실제로 무슨 특별한 안내자가 있는 것 같지는 않습니다. 사실, 어떤 사람이 당신을 안내한다면 그것은 수상쩍은 일입니다. 왜냐하면 당

신이 외부에 있는 어떤 존재를 의지하고 있는 것이니까요. '있는 그대로의 자기 자신으로 온전히 존재하는 것'이 당신의 안내자입니다. 그러나 어디까지나 선도하는 의미에서 그렇습니다. 당신한테는 앞에서 이끌어주는 안내자가 따로 없기 때문이지요. 당신은 누구의 꽁무니를 따라갈 필요가 없습니다. 당신이 항해하는 겁니다. 다른 말로 하면, 안내자는 당신 앞에서 걷지 않고 당신과 함께 걷습니다.

○ **명상으로 에고의 자기방어 장치를 끊어버리는 방법에 대해 좀 더 설명해주시겠어요?**

● 에고의 자기방어 장치에는 자기 감시가 들어 있습니다. 일종의 불필요한 자기 성찰이지요. 명상은 자신을 감시함으로써 어떤 문제를 들여다보는 데 바탕을 둔 것이 아닙니다. 그것이 무엇이든, 당신이 사용하고 있는 모든 기술에 온전히 자신을 일치시키는 것이 명상입니다. 그러므로 명상 수련을 하는 동안에는 자기 자신을 보호하기 위해 따로 노력할 일이 없습니다.

○ **저는 지금 영적 고철 더미 속에서 살고 있는 것 같습니다. 어떻게 하면 아름다운 예술품 하나만 있는 단순한 방에서 살 수 있을까요?**

● 당신의 수집품을 제대로 감상하려면 한 가지 품목으로 시작해야 합니다. 사람은 영감의 원천인 디딤돌 하나를 찾아야 합니다. 만일 당신이 어느 한 물건을 연구했다면 나머지 수집품들을 모으지 않아도 됐을 겁니다. 그 한 물건은 당신이 뉴욕시에서 요령껏 손에 넣은 도로

표지판일 수도 있습니다. 그렇게 하찮은 것일 수 있습니다. 그러나 우리는 한 가지 물건으로 시작해야 합니다. 고물 조각이든 아름다운 골동품이든 하나를 골라서 그 단순한 모양이라든가 조잡한 생김새를 살펴보세요. 만일 우리가 한 물건으로 시작할 수 있게 된다면, 그것이 곧 텅 빈 방에 한 물건을 놓고 사는 것입니다. 나는 그것이 디딤돌 하나를 찾아내는 문제라고 생각합니다. 우리가 수집해놓은 것들이 너무 많아서 어떤 것으로 시작해야 할지 모르는 게 사실은 문제입니다. 어느 것에 먼저 손을 댈 것인지를 결정하는 데는 본능의 힘을 빌려야 합니다.

○ **당신은 어째서 사람들이 자기 에고를 애써 지키려 한다고 생각하십니까? 어째서 에고를 놓아버리기가 그렇게 힘들까요?**

● 사람들은 공간이 비거나 일행이 없는 것, 그림자가 없는 것을 두려워하지요. 상대하거나 관계할 사람이 아무도 없다는 것은 무서운 경험일 수 있습니다. 그것은 실제로 있는 경험은 아니지만 생각만으로도 매우 겁나는 일이지요. 텅 빈 공간에 대한 두려움, 그 어떤 든든한 바탕에도 닻을 내릴 수 없으리라는 두려움, 분명하고 고정된 존재로 자신을 세울 수 없으리라는 두려움입니다. 그것은 매우 위협적일 수 있지요.

모든 것을 담을 수 있는 텅 빈 그릇이 되어라

이 시점에서 우리는 영적 물질주의 게임을 걷어치워야겠다는, 그러니까 우리 자신을 수호하고 개선하려는 모든 시도를 포기해야겠다는 결론을 내리게 됩니다. 우리의 수고가 아무런 결실도 맺지 못했음을 눈치채고는 자신을 수호하려는 노력을 완전히 포기하고 싶어지는 거지요. 그러나 과연 그렇게 하는 사람이 몇이나 될까요? 그것은 생각만큼 간단한 일이 아닙니다. 우리는 진정 어느 정도까지 모든 것을 버리고 자신을 활짝 열어놓을 수 있을까요?

이 강의에서 굴복하기[Surrendering]에 대해, 특히 마음의 중립적 상태에서 하는 일과 개인적 구루 또는 교사와 함께하는 일 사이의 관계라는 맥락에서 굴복에 대해 이야기할 것입니다. 구루에게 굴복하는 것은 개인적 교사와 삶의 정황 모두에 마음을 열어놓는 것을 의미합니다. 하지만 우리 마음에 들지 않는 쪽으로 우리의 생활 양식과 영감이 작용한다면, 거의 틀림없이 개인적 구루를 찾게 되겠지요. 그래서 다음 몇 번의 강의에서 우리는 개인적 교사와의 관계를 강조할 것입니다.

구루에게 굴복하기 어려운 이유 가운데 하나는 그에 대한 우리의 선입견과 그에게서 무엇을 얻게 되기를 바라는 기대 때문입니다. 우리는 스승을 만나 어떠어떠한 경험을 가졌으면 좋겠다는 마음에 사로잡혀 있습니다. "나는 이러이러한 것을 보았으면 해. 그런 것을 보려면 이분을 만나 뵙는 게 가장 좋은 길일 거야. 나는 그분과 함께 이러이러하게 특수한 상황을 경험했으면 좋겠어." 예컨대 이런 식이지요. 그래서 네모난 막대기를 둥근 구멍에 박으려 하고 상황을 우리 기대에 맞추려 하면서 조금도 그 기대를 꺾으려 하지 않습니다. 우리는 스승을 찾아 나설 때 그가 성인답고 평화롭고 조용하고 단순하면서도 지혜로운 사람이기를 기대합니다. 그러다 막상 그 사람이 우리의 기대에 어긋나면 곧 실망하고 의심하기 시작하지요.

참된 스승-제자의 관계를 맺고자 한다면, 그 관계에 대한 우리의 모든 선입견을 버리고서 자신을 활짝 열고 무조건 굴복해야 합니다. '굴복'이란 자신을 활짝 열어놓는 것, 스승에 대한 기대나 매력을 극복하려고 노력하는 것을 뜻합니다.

또한 굴복은 인간 에고의 거칠고 조잡하고 미숙하고 서툴고 엉뚱한 기질을 있는 그대로 인정하는 것을 뜻합니다. 일반적으로 우리는 조잡하고 거칠고 미숙한 우리의 에고를 그대로 받아들이기 힘들어합니다. 자신을 미워하는 것을 마치 무슨 일처럼 여깁니다. 자기를 비난하는 것이 고통스러운 줄 알면서도 우리는 그 일을 집어치우지 못합니다. 자기비판을 그만두면 마치 누군가가 자기 직업을 채가거나 하는 것처럼 우리의 일을 잃는 게 아닐까 불안해합니다. 만일 우리가 모든 것을 향해 자기를 열고 굴복시킨다면 더 이상 움켜잡을 것도 없고 빼앗길까 봐 걱정할 것도 없겠지요. 자기 평가든 자기비판이든 모두가 현재 자기 자신을 있는 그대로 받아들이지 못하는 데서 오는, 자신에 대한 충분한 '신뢰'가 없는 데서 오는 신경증적 반응에 지나지 않습니다. 우리는 거칠고 조잡하고 미숙한 자신을 있는 그대로 받아들여 자기에 대한 터무니 없는 환상이나 기대나 선입견으로부터 벗어날 수 있어야 합니다.

우리의 희망과 기대를 두려움과 함께 굴복시키고, 곧장 실망 속으로 행진해 들어가 실망과 더불어 일하고 그것을 생활 양식으로 삼아야 합니다. 이것은 매우 어려운 일입니다. 실망은 기본적인 지성이 갖추어져 있음을 보여주는 좋은 신호입니다. 그것은 다른 무엇하고도 비교될 수 없을 만큼 날카롭고 정확하고 분명하고 직접적입니다. 자신을 열어놓을 수만 있으면, 우리의 기대라는 것이 우리가 직면하고 있는 현실 상황에 견주어 터무니없는 것임을 이내 알게 됩니다. 그리고 이 깨달음은 자동으로 우리에게 실망감을 안겨줍니다.

실망은 구도(求道)의 길에서 탈 수 있는 가장 훌륭한 수레입니다. 그것은 에고의 실존과 그 꿈들을 보장해주지 않습니다. 그렇지만 만일 우리가 영적 물질주의에 사로잡혀 있다면, 영성이라는 것을 쌓아놓은 배움과 덕목쯤으로 여겨 우리 자신을 일으켜 세우는 방법으로 삼는다면, 굴복은 있을 수 없습니다. 만일 영성을 우리 자신을 안락하게 해주는 수단으로 여긴다면, 어떤 불쾌한 일이나 실망스러운 일을 겪을 때마다 이렇게 합리화를 시도하겠지요. "이것 역시 구루가 베푼 지혜로운 처사가 분명해. 구루는 절대로 나에게 해로운 일을 하지 않을 테니까. 구루님은 완벽한 분이고, 그래서 무슨 일을 하든지 그 일은 옳은 일이야. 그분은 내 편이니까 언제나 나를 위해 일하셔. 그래서 나는 나를 열어놓을 수 있고 안전하게 나를 굴복시킬 수 있지. 나는 지금 옳은 길을 제대로 가고 있는 거야." 이런 태도에는 기껏해야 단순한 천진성이 있을 뿐입니다. 우리는 '구루님'의 두렵고 엄숙하고 다채로운 모습에 사로잡힌 포로에 지나지 않습니다. 감히 다른 방식으로 생각할 엄두를 내지 못합니다. 우리는 자신이 겪고 있는 모든 경험이 영적인 진화의 한 단계라는 신념을 발전시킵니다. "내가 그것을 만들었고 내가 그것을 경험했어. 나는 자신을 만들어가는 인간이요, 거칠게나마 모든 것을 알고 있어. 내가 읽는 책들이 내 신념과 생각을 확인해주고 있기 때문이지. 모든 것이 딱 들어맞아."

우리는 또 다른 방식으로 자신을 뒤로 빼돌릴 수도 있습니다. 자신을 매우 지체 높은 존재요, 세련되고 위엄 있는 존재라고 생각하면서 "이 더럽고 상스러운 현실의 길거리에 나를 내려놓을 순 없어"라며 굴복하기를 마다하는 것입니다. 우리는 걸어가는 걸음마다 연꽃잎을 밟는 것이어야 한다고 생각하고는 일어나는 모든 일을 거기에 맞추어 해석하는 논리를 발전시킵니다. 넘어지더라도 다치지 않게 부드러운 착지를 창조합니다. 그러나 참된 굴복은 그렇게 부드러운 착지를 만들어내는 것이 아닙니다. 있는 그대로 울퉁불퉁하고 돌맹이도 많은 땅바닥에 내려서는 것을 의미합니다. 일단 우리 자신을 열어놓으면 거기 있는 바닥에 그냥 내려서게 됩니다.

전통적으로 굴복은 절 수련을 통해 상징화됩니다. 절은 항복의 몸짓으로 땅바닥에 이마를 대는 것입니다. 가장 낮고 천한 사람이 되어 자신의 거칠고 조잡한 기질을 그대로 시인함으로써 우리는 심리적으로 자기를 열면서 동시에 완전히 굴복하게 됩니다. 자신을 세상에서 가장 낮고 천한 존재로 여길 때 무엇을 잃을까 봐 두려워할 게 없습니다. 그렇게 함으로써 비로소 우리는 텅 빈 그릇이 되어 가르침을 받아들일 준비를 갖추게 되는 것입니다.

불교에는 이렇게 서원하는 전통이 있습니다. "부처님께 귀의합니다. 법(法)에 귀의합니다. 승가(僧伽)에 귀의합니다. 나는 자신의 보잘 것없음을 시인하고 그것을 있는 그대로 받아들이며 철저히 굴복하는 표시로 부처님께 귀의합니다. 나는 법—존재의 법칙—에 귀의합니다. 있는 그대로 삶의 상황에 두 눈을 활짝 열어놓습니다. 그것들을 신비한 무엇으로 각색시켜서 보지 않고 있는 그대로 그냥 보겠습니다. 나는 승가—구도자들의 모임, 도반(道件)—에 귀의합니다. 내가 겪은 모든 경험을 있는 그대로 나와 함께 길을 걷고 있는 벗들과 나누겠습니다. 그렇지만 무슨 유익을 얻고자 그들 어깨에 기대지는 않겠습니다. 다만 그들과 함께 걷고자 할 따름입니다. 우리는 길을 가는 동안 다른 사람에게 기대려고 하는 아주 위험한 성향을 지니고 있습니다. 만일 사람들이 서로 어깨를 기대고 걸어간다면, 한 사람이 넘어질 때 모두가 넘어집니다. 그러기에 우리는 서로 기대지 않습니다. 우리는 그저 어깨를 나란히 하며 함께 걷고 함께 일합니다." 이렇게 자기를 굴복시키고 삼보(三寶, 불·법·승)에 귀의하는 뜻이 참으로 깊습니다.

귀의에도 그릇된 귀의가 있습니다. 산신이나 태양신이나 다른 신들을 우리보다 크게 여겨서 예배하는 것은 도피처를 찾는 잘못된 귀의입니다. 이렇게 도피처를 찾아 귀의하는 것은 어린아이가 "날 때리면 우리 엄마한테 이를 거야" 하고 말하는 것과 비슷합니다. 그 아이는 누구한테 맞으면, 곧장 모든 것을 알고 무슨 일이든 할 수 있는 엄마에게 달려가겠지요. 그 아이에게는 자기를 구해줄 유일한 사람이 엄마입니다. 엄마가 자기를 지켜줄 수 있다고 믿는 거지요. 그러나 어머니나 아버지한테로 도망치는 것은 자기를 파멸시키는 행위입니다. 그렇게 도피처를 찾는 사람에게는 아무 힘도 없고 참된 영감도 없습니다. 자기보다 큰 힘과 자기보다 작은 힘을 분간하느라고 늘 바쁘기만 하지요. 우리가 작으면 더 큰 자가 나타나 우리를 부술 수 있습니다. 사람들이 도피처를 찾는 이유는 자기가 작은 데다가 보호자가 없다는 사실을 견딜 수 없어서입니다. 그렇게 도피처를 찾으면서 사람들은 변명합니다. "저는 이렇게 작고 당신은 너무나도 크십니다. 내 기꺼이 당신을 예배하오니, 저를 지켜주소서."

굴복이란 비천하고 어리석은 자가 되는 것이 아니며, 더 높아지고 더 깊어지기를 바라는 것 또한 아닙니다. 그것은 차원이나 진보 따위와 아무 상관이 없습니다. 우리가 굴복하는 것은 다만 '있는 그대로'의 세계와 통교(通交)하고 싶어서입니다. 우리는 자신을 배우는 자 또는 무지한 사람으로 규정지을 필요가 없습니다. 우리는 우리가 어디에 서 있는지 알고 있습니다. 그래서 굴복하는 몸짓과 자기를 활짝 열어놓는 몸짓을 하고 있는 것입니다. 굴복과 열림의 몸짓은 굴복하는 대상과 연결되고 직접 통교하는 것을 뜻합니다. 우리는 거칠고 조잡하고 아름답고 깨끗한 우리의 본질에 대해 당황해하거나 난처해하지 않습니다. 우리는 굴복하는 대상에게 모든 것을 내어줍니다. 굴복하는 행위에는 바깥의 힘에 대한 숭배가 포함되지 않습니다. 오히려 그것은 영감을 받아 일하는 것, 그리하여 지식을 부어 담을 수 있는 텅 빈 그릇이 되는 것을 뜻합니다.

그러므로 자기를 열어놓기와 굴복하기는 영적인 벗과 함께 일하기 위해 반드시 필요한 준비 작업입니다. 우리는 멋대로 상상해서 만든 자신의 빈곤을 한탄하는 대신 우리의 근본적인 풍요를 알고 있습니다. 자신이 가르침을 받을 만한 가치 있는 존재요, 풍부한 배움의 기회에 자신을 연결시킬 만한 가치 있는 존재임을 알고 있습니다.

나의 구루(Guru)는 '상황'이다

마음 공부를 하러 온 우리는 우리에게 영적 깨달음을 줄 것이라고 기대하는 스승, 라마, 구루 등과 어떤 관계를 맺을 것인가 하는 문제에 직면하게 됩니다. 스승을 가리키는 이런 명칭들, 특히 '구루'라는 명칭은 서양 세계에서 흔히 잘못 해석되어 그런 존재들과 함께 공부하는 것 자체를 잘못 이해하게 하는 것 같습니다. 제 말은 동양 사람들은 구루와 제대로 관계를 맺는데 서양 사람들은 그러지 못한다는 말이 아닙니다. 문제는 동양이나 서양이나 마찬가집니다. 사람들은 언제나 마음 공부를 하러 오면서 자신이 얻고자 하는 것이 무엇이며, 그것을 얻기 위해 누구와 어떻게 만날 것인지에 대한 나름대로 이미 굳어진 생각을 품고 있습니다. 구루한테서 행복, 마음의 평화, 지혜 등을 '얻겠다'는 바로 그 생각이 가장 난처한 선입견 가운데 하나입니다. 그래서 나는 몇 몇 저명한 학생들이 자신의 영적 스승과 어떤 관계를 맺으며 마음 공부를 했는지, 그 발자취를 더듬어보는 것이 우리에게 도움이 되리라고 생각합니다. 어쩌면 그들의 사례가 우리에게 몇 가지 지침이 될 수도 있을 겁니다.

익히 알려진 티베트의 스승 가운데 한 분이며, 제가 속해 있는 까규빠의 중심 구루 가운데 한 분인 마르빠는 인도의 나로빠 선생님의 제자이자 자신의 유명한 영적 아들인 밀라레빠의 구루였습니다. 마르빠는 자신의 길에서 성공적으로 자수성가한 사람의 모범이 될 만한 분이었지요. 그는 농사짓는 집안에 태어났지만 젊어서 제관(祭官)이 되겠다는 야망을 품었습니다. 농부의 아들로 태어난 그가 지방의 군소 종파이긴 하지만 제관의 자리에 오르기까지 얼마나 많은 노력과 결단을 기울였을지는 여러분의 상상에 맡깁니다. 10세기 티베트에서 상인이나 산적, 특히 제관으로 출세해서 한자리를 맡는다는 게 결코 쉬운 일이 아니었습니다. 당시 지방의 성직을 맡게 되면 박사, 변호사, 대학교수로서의 신분을 한 몸에 지닐 가능성을 거머쥔 것과 같았지요.

마르빠는 티베트어는 물론 산스크리트어와 인도의 상용어까지 두루 공부했습니다. 그렇게 열심히 3년간 공부해서 학자로 돈을 벌 수 있게 되자, 번 돈을 계속 공부에 투자해 마침내 불교의 승려가 되었습니다. 그 정도면 지방에서 충분히 존경받는 유지 노릇을 할 수 있었지만 마르빠의 야망은 식을 줄 몰랐지요. 이미 결혼해서 아이들까지 생겼는데도 학비를 마련하기 위해 계속 저축을 했고 아주 많은 금을 쌓아두게 되었습니다.

그즈음 마르빠는 인도에 가서 더 많이 배우고 오겠다는 뜻을 친척들에게 밝힙니다. 그 무렵 인도는 세계 불교학의 중심이었고, 나란다(Nalanda) 대학과 위대한 불교학자들과 현자들이 있는 곳이었습니다. 마르빠의 속셈은 인도에 가서 아직 티베트에 없는 불교 서책들을 모아다가 그것을 번역해 위대한 학자-번역자로 출세하는 것이었지요. 티베트에서 인도로 가는 길은, 얼마 전까지도 그랬습니다만 아주 멀고 위험한 길이었습니다. 마르빠의 가족과 집안 어른들이 말려보았지만 그의 결심을 돌려놓을 수는 없었습니다.

마르빠는 동료 학자인 친구와 함께 길을 떠납니다. 그들은 여러 달에 걸쳐 히말라야를 뚫고 인도 땅에 들어가 벵골에 도착해 그곳에서 헤어집니다. 두 사람 모두 언어와 종교에 일가견이 있는지라 자기한테 맞는 스승을 찾기로 한 것이었지요. 헤어지기 전에 두 사람은 귀국길도 동행하기로 약속했습니다.

네팔 지역을 여행하던 마르빠는 우연히 나로빠라는 아주 유명한 선생이 있다는 말을 들었습니다. 나로빠는 세계에서 가장 큰 불교 대학이었을 나란다 대학의 학장을 역임한 인물이었지요. 화려한 경력의 정상에 있으면서 그는 문득 자신이 불교의 진수를 참되게 깨치지 못했다는 생각을 하게 되고, 지위를 버리고 구루를 찾아 나섭니다. 그리하여 스승 띨로빠 문하에서 가혹한 수련을 받은 끝에 마침내 깨달음을 성취하지요. 그 무렵에 마르빠가 인도의 가장 위대한 불교 성자 가운데 하나로 추앙받는 그의 이름을 들었던 것입니다. 마르빠가 그를 찾아 나선 것은 당연한 일이었지요.

마르빠는 벵골의 숲속 허름한 오두막에서 가난하게 살고 있는 나로빠를 찾아갑니다. 그 정도로 이름이 알려진 큰 스승이라면 꽤 근사한 저택에 살고 있으리라 기대했던 만큼 실망이 컸지만, 인도라는 데는 스승이 이런 식으로 사는가 보다 생각하고 받아들이기로 했지요. 게다가 워낙 나로빠의 명성이 높았으므로 그만한 실망쯤 무시하고서 가지고 온 금을 거의 다 내어놓고는 가르침을 청했습니다. 자기는 결혼해서 가정이 있는 사람이고, 티베트에서 온 중이며, 학자며 농부요, 지금까지 일구어온 삶의 터전을 포기할 생각도 없고, 다만 인도에서 불교 관련 서책들을 가져다가 티베트어로 번역해서 돈을 벌고 싶다고 모든 것을 있는 그대로 밝혔습니다. 나로빠는 마르빠의 청을 흔쾌히 받아주었고 여러 가지 가르침을 주었습니다. 모든 일이 아주 순조롭게 이루어졌지요.

얼마 뒤 마르빠는 충분한 자료를 모았으니 집으로 돌아가야겠다고 생각했습니다. 그래서 큰 도시로 가서 함께 인도에 왔던 동료를 약속한 여관에서 만납니다. 두 사람이 마주 앉아 그동안 노력한 결과를 비교하게 되었습니다. 마르빠가 수집한 것들을 훑어본 친구가 웃으면서 말했지요. "쓸데없는 짓을 했구먼! 이런 가르침들은 티베트에도 다 있다네. 자네는 좀 더 희귀하고 흥미로운 것을 찾아봐야겠어. 나는 그동안 여러 스승한테서 참으로 기이한 것들을 많이 배웠지."

마르빠는 그토록 오랜 세월 온갖 고생을 무릅쓰고 애쓴 결과가 시답지 않자 실망도 되고 화도 치밀어올랐지요. 그래서 나로빠에게 돌아가 한 번 더 시도해보기로 마음을 먹었습니다. 나로빠의 오두막에 당도해 좀 더 신기하고 희귀하고 고급스러운 가르침을 달라고 요구하자, 놀랍게도 나로빠의 대답은 이랬습니다. "미안하네. 나는 자네한테 그런 것을 가르칠 수 없어. 꾸꾸리빠(Kukuripa)라는 선생을 만나보게. 그분이라면 자네를 가르칠 수 있을 걸세. 그런데 꾸꾸리빠는 독(毒) 연못 한복판 섬에 살고 있기 때문에 찾아가는 길이 쉽지는 않을 거야. 그래도 자네가 배우고 싶은 것을 가르쳐줄 사람은 그 사람밖에 없네."

마르빠는 거의 자포자기 상태였으므로 죽기 살기로 한번 가보자고 마음을 먹었지요. 더욱이 꾸꾸리빠라는 사람이 위대한 나로빠도 가르쳐줄 수 없는 것을 가르쳐줄 수 있는 데다가 독 연못 복판에 살고 있다고 하니, 그것만 봐도 보통 사람이 아니라는 생각이 들었습니다. 마르빠는 천신만고 끝에 독 연못을 건너 섬에 들어가 꾸꾸리빠를 찾기 시작했습니다. 그러다 마침내 암캐 백 마리가 에워싸고 있는 한 쓰레기 더미에서 늙은 인도 사람을 발견합니다. 상황이 너무 낯선 데다가 말소리조차 잘 들리지 않았지만, 그래도 마르빠는 꾸꾸리빠에게 열심히 말을 걸어보았습니다. 그런데 꾸꾸리빠는 무슨 말도 안 되는 소리를 횡설수설 지껄일 따름이었어요.

상황은 거의 견딜 수 없을 지경이었지요. 꾸꾸리빠의 말을 알아들을 수 없을 뿐 아니라 백 마리나 되는 암캐들이 틈만 나면 물어뜯으려고 으르렁거렸거든요. 겨우 한 마리 달래어 좀 사귈 만하면 다른 놈이 이빨을 드러내고 위협을 하는 거예요. 마침내 마르빠는 거의 넋을 잃은 상태가 되어 모든 것을 포기하고 맙니다. 공책에 무엇을 베끼거나 비밀스러운 가르침을 얻어보려는 시도를 모두 포기합니다. 그러자 비로소 꾸꾸리빠가 알아들을 수 있는 말을 하기 시작했고 개들도 짖어대기를 멈추었습니다. 그렇게 마르빠는 가르침을 받게 되었지요.

꾸꾸리빠한테서 배울 것을 다 배운 마르빠는 한 번 더 자신의 스승 나로빠를 만납니다. 나로빠가 그에게 말했어요. "이제 자네는 티베트로 가서 사람들을 가르치게. 가르침을 이론으로 배우는 것만으로는 충분치 못하네. 구체적으로 삶에서 경험해야 해. 그런 다음 다시 와서 더 배우게."

그리하여 마르빠는 동료를 만나 둘이 함께 귀국길에 오릅니다. 마르빠의 동료도 공부를 많이 해서 두 사람 모두 서책이며 공책이며 등에 한 짐 잔뜩 지고 있었지요. 길을 가면서 두 사람은 자기가 배운 것에 대해 토론을 벌이게 되었습니다. 마르빠는 이내 친구가 불편해졌어요. 시간이 갈수록 마르빠가 수집한 내용을 궁금해하는 친구의 호기심이 커졌던 것입니다. 이윽고 마르빠의 동료는 마르빠가 자기보다 훨씬 더 값진 것을 많이 배웠다는 결론을 내리게 되었고 맹렬한 시기심에 사로잡혔습니다. 짐배를 타고 강을 건너게 되었을 때, 그는 자리가 불편하다고 투덜거리면서 다른 자리로 옮겨가는 척하다가 마르빠의 보따리를 밀어 강물에 빠뜨려버리고 맙니다. 마르빠가 깜짝 놀라 보따리를 건지려고 해보았지만 소용없는 일이었지요. 그토록 고생하면서 모은 자료들이 한순간에 사라지고 말았습니다.

모든 것을 잃은 상실감에 빠져 마르빠는 티베트로 돌아옵니다. 그동안 겪은 여행에 대해, 그리고 배운 것에 대해 말할 것은 많았지만 그것들을 입증할 만한 자료는 아무것도 없었지요. 그러나 몇 년 동안 일하고 가르치면서 마침내 그는 그 자료들을 모두 가지고 왔다 해도 사실은 별로 쓸모가 없었을 것이라는 깨달음을 얻게 됩니다. 인도에 있으면서 미처 이해하지 못한 것들을 그저 열심히 베끼기만 했지, 자기가 경험한 내용을 베낀 것은 아니었거든요. 그로부터 몇 년이 지난 뒤에 마르빠는 그렇게 베꼈던 것들이 자기 몸속에 들어와 있음을 발견하게 됩니다.

이 발견과 함께 마르빠는 남을 가르치는 일로 이득을 보겠다는 욕망을 모두 버립니다. 돈 버는 일이나 명성을 얻는 일에 더 이상 연연하지 않고, 대신 참된 깨달음을 얻고자 하는 간절한 염원을 품게 되지요. 그래서 스승인 나로빠에게 드릴 학비를 마련해 재차 인도로 갑니다. 이번 여행길에는 오직 구루를 뵙고 가르침을 받겠다는 마음밖에 없었습니다.

그런데 막상 나로빠를 만나자 상황이 지난번과 너무나도 달랐어요. 나로빠는 대단히 냉담하고 무관심한 데다가 역겨워하는 듯한 태도로 이렇게 말했지요. "만나서 반갑군. 이번에는 금을 얼마나 가져왔나?" 마르빠는 돌아갈 여비를 남겨두고 가져온 금의 일부를 나로빠에게 내놓았습니다. 그것을 본 나로빠가 말했어요. "그 정도로는 안 되겠네. 나한테 배우려면 금을 더 내야 해. 가져온 금을 모두 내놓게." 마르빠가 조금 더 내놓자 나로빠는 여전히 그걸로는 안 된다면서 있는 것을 모두 내어놓으라고 말했습니다. 그렇게 몇 번 실랑이를 벌이다가 이윽고 나로빠가 웃으면서 말했지요. "자네가 속임수로 지불해서 내

가르침을 살 수 있을 것 같은가?" 마르빠는 이 말에 굴복하고 가지고 있던 금을 모두 내어놓습니다. 그러자 놀랍게도 나로빠는 금가루가 가득 들어 있는 자루를 허공에 쏟아 모두 날려버리기 시작했어요.

마르빠는 당황해서 어쩔 줄을 몰랐습니다. 스승이 하는 일을 이해할 수가 없었던 겁니다. '그게 얼마나 힘들여 모았던 학비란 말인가? 나로빠는 그 많은 금을 모두 받아야 가르쳐주겠다고 우기지 않았던가?' 그런데 지금 그것을 날려버리고 있는 겁니다! 이윽고 나로빠가 그에게 말했습니다. "온 세계가 내 금인데, 나한테 금이 무슨 소용이겠나?"

이것은 마르빠의 마음이 활짝 열리는 순간이었습니다. 비로소 자신을 열고 스승의 가르침을 받아들이게 되었던 겁니다. 그 뒤로 오랫동안 마르빠는 스승과 함께 살면서 엄격한 수련 생활을 하게 되지요. 그러나 옛날처럼 귀로 듣고 손으로 베끼기만 하는 게 아니라 마음으로 움켜잡고 있던 것까지 모두 버려야만 했지요. 그의 수련 생활은 자기 개방과 굴복의 연속, 바로 그것이었습니다.

밀라레빠의 경우에는 상황이 아주 다르게 전개되었습니다. 나로빠를 만날 무렵의 마르빠에 견주면 밀라레빠는 훨씬 배운 것도 없고 세련되지도 못한 농부였지요. 게다가 살인을 포함해 많은 죄를 저지른 사람이었어요. 그는 너무나도 비참하고 불행한 삶을 살았습니다. 그래서 깨달음을 갈망하면서 마르빠가 요구하는 것이면 무엇이든지 다 지불할 마음을 먹었지요. 마르빠는 밀라레빠에게 아주 구체적인 수업료를 내도록 했습니다. 자기가 살 집을 지어달라고 했던 겁니다. 그런데 밀라레빠가 집을 지을 때마다 다시 허물어서 돌과 흙을 있던 자리에

갖다 놓고는 아무 흔적도 남지 않게 하라고 시키는 것이었어요. 지은 집을 허물라고 시킬 때마다 마르빠는 집을 지으라고 했을 때 자기가 취해 있었다는 둥, 자기가 요구한 대로 지어지지 않았다는 둥, 엉터리 핑계를 대곤 했지요. 그때마다 밀라레빠는 오직 배우겠다는 마음 하나로 집을 허물고 짓는 일을 되풀이했습니다.

이윽고 마르빠는 9층짜리 탑 한 채를 설계했습니다. 밀라레빠는 혼신의 힘을 다해 돌을 나르고 흙을 이기어 마침내 탑을 완성한 다음, 마르빠에게 가서 이제 가르침을 베풀어달라고 청했지요. 그러나 마르빠는 이렇게 대답합니다. "이 탑 하나 지어주고서 나한테 배우겠단 말인가? 글쎄, 내 가르침을 전수받는 대가로 나에게 더 무슨 선물을 주겠나?"

그 무렵 밀라레빠는 시간과 노력은 물론 가진 것까지 남김없이 탑 짓는 데 쏟아부었으므로 정말 아무것도 없는 무일푼 신세였지요. 마침 마르빠의 아내인 다메마(Damema)가 그를 불쌍히 여겨 이렇게 말합니다. "당신이 쌓은 이 탑이야말로 당신의 경건과 신앙을 보여주는 걸작입니다. 보리 몇 자루와 옷감 한 필을 줄 테니 그걸 선생님한테 선물하도록 해요." 밀라레빠는 다른 제자들을 가르치고 있는 마르빠에게 가서 보리 몇 자루와 옷감 한 필을 선물로 내놓습니다. 그러나 마르빠는 밀라레빠가 가져온 보리와 옷감을 보고 잔뜩 화를 내며 소리를 질렀어요. "이것들은 우리 집에 있던 것들이다. 네가 감히 나를 속일 참이냐? 이 사기꾼 놈아!" 그러고는 발로 걷어차 교실에서 내쫓아 버렸습니다.

일이 이 지경에 이르자 밀라레빠는 마르빠한테서 무엇을 배워보겠다는 희망을 모두 포기하게 됩니다. 절망 끝에 자살을 결심하지요. 그가 막 목숨을 끊으려고 할 때 마르빠가 나타나 말합니다. "이제야 비로소 자네가 배울 준비를 다 갖추었군!"

가르침을 받는 과정은 학생이 선생에게 어떤 대가를 치름으로써 이루어집니다. 물질적 수업료로 쉽게들 생각합니다만, 정말로 필요한 것은 심리적인 굴복입니다. 그것이 선생에게 바칠 '가르침을 전수받는 대가로서의 선물'이라는 얘깁니다. 우리가 학생과 선생의 관계에 대해 말하기 전에 먼저 학생 쪽에서 모든 기대를 포기하고 자기를 굴복시켜 개방하는 것을 말해야 하는 까닭이 여기에 있습니다. 스스로를 괜찮은 자격을 갖춘 학생으로 드러내 보이려 하기 전에, 먼저 자신을 활짝 열어 있는 그대로 보여주며 스승에게 온전히 굴복하는 일이 중요합니다. 당신이 얼마나 수업료를 낼 수 있는지, 얼마나 올바르게 처신하는지, 얼마나 영리하게 바른말을 할 수 있는지, 그런 것은 문제가 되지 않습니다. 직장을 구하거나 새 차를 사는 것과는 사뭇 다른 일이지요. 직장을 얻느냐 못 얻느냐는 당신이 얼마나 신용 있고 옷을 잘 입었으며, 구두가 반들거리고 말을 잘하고 매너가 좋으냐에 좌우될 수 있습니다. 만일 당신이 차를 산다면, 그것은 당신이 얼마나 많은 돈을 가지고 있고 얼마나 신용이 좋은가에 관한 문제입니다.

그러나 마음 공부에 있어서는 그와 다른 무엇이 요구됩니다. 그것은 취직하려고 장래의 고용주에게 잘 보이는 것과 다른 문제입니다. 그런 겉꾸밈은 구루한테 통하지 않아요. 구루는 사람 속을 꿰뚫어 보거든요. 만일 우리가 겉을 꾸미고 그에게 다가간다면, 그것은 그를 농락하는 것과 같습니다. 스승의 환심을 사려는 몸짓은 통하지 않아요. 사실상 그것은 쓸데없는 짓입니다. 우리는 스승을 향해 자신을 있는 그대로 활짝 열고, 지녔던 모든 선입견을 기꺼이 포기해야 합니다. 밀라레빠는 마르빠가 위대한 학자요, 거룩한 성자요, 수행자답게 머리도 기르고 주문을 외며 밤낮으로 명상하는 그런 사람일 거라고 기대했습니다. 그러나 그가 발견한 마르빠는 농장에서 일하고 일꾼들을 부리고 땅을 갈아엎는 사람이었던 겁니다.

나는 이곳 서양에서 구루라는 단어가 남용되고 있지 않나 생각합니다. 그보다는 그냥 '영적 친구'라고 부르는 게 더 낫겠습니다. 왜냐하면 진정한 가르침이란 두 마음의 평등한 만남에서 이루어지는 것이니까요. 그것은 고도로 진보된 존재와 비천하고 열등한 존재 사이의 주종 관계라기보다 평등한 상호 통교의 문제입니다. 주종 관계에서 진보된 존재는 자기 자리에 앉아만 있는 게 아니라 우리를 굽어보면서 높은 곳에 떠다니는 모습으로 보여질 수 있습니다. 그의 음성은 허공을 꿰뚫고 주름잡습니다. 그의 말 한마디, 손짓 하나, 발짓 하나, 기침 소리까지 모두가 지혜의 몸짓이 되지요. 그러나 그것은 한 토막 꿈에 지나지 않습니다. 구루는 마르빠가 밀라레빠에게 그러했고 나로빠가 마르빠에게 그러했듯이, 자신의 질(質)을 그대로 제자한테 보여주고 말 상대가 되어주는 영적 친구여야 합니다. 마르빠는 농부이자 수행자인 자기 자신을 있는 그대로 드러내 보여주었습니다. 아내와 일곱 자녀를 둔 가장으로서 농사를 지으며 자신과 가족을 부양해야만 했지요. 그것이 그의 평범한 일상생활이었어요. 그러면서 그는 학생들을 자기 가족처럼 돌봤습니다. 그는 자신의 삶을 구석구석 자세히 성찰해서 유능한 아버지면서 농부가 되었고, 마찬가지로 유능한 선생이 될 수 있었습니다. 마르빠의 생활에는 영적 물질주의도 물질적 물질주의도 파고들 틈이 없었지요. 그는 이른바 영성이라는 것을 강조하거나 가족 또는 농사를 무시하는 일은 하지 않았습니다. 이처럼 만일 당신이 영적이든 물질적이든 물질주의에 빠져들지 않는다면, 그 어느 쪽으로든 극단적인 태도를 강조하지 않을 겁니다.

또한 어떤 사람이 명성을 날린다거나, 많이 팔리는 책을 썼다거나, 수천수만 제자를 배출했다고 해서 그 사람을 당신의 구루로 선택하는 것도 별 도움이 되지 않습니다. 그보다는 당신이 과연 그 사람과 솔직하게 모든 것을 터놓고 이야기 나눌 수 있는지를 따져보고, 그 결과에 따라 구루로 모시든지 말든지 결정하는 것이 좋습니다. 우리는 얼마나 쉽게 자기를 속이는지 모릅니다. 만일 당신이 영적 친구에게 자신을 활짝 열어준다면 두 사람은 함께 일할 수 있을 것입니다. 정말로 당신은 그에게 모든 것을 터놓고 얘기할 수 있나요? 그가 당신의 모든 걸 알고 있습니까? 당신의 구루가 당신의 가면을 찢고서 진짜로 당신과 통교하고 있습니까? 스승을 찾는 사람은 그의 명성이나 지혜보다 이 점을 먼저 생각해야 할 것입니다.

어느 위대한 티베트 선생 문하에 들어가서 공부하기로 결심한 사람들에 얽힌 재미난 이야기가 있습니다. 그들 모두 여러 선생한테서 배울 만큼 배운 사람들이었는데, 이번에 한 스승 문하에 들어가기로 마음을 모았던 겁니다. 어떻게든 그 스승한테 배우고 싶다는 간절한 마음을 품고서 마침내 선생을 만나 청을 올렸지요. 그랬더니 그 위대한 선생은 뜻밖에도 그들을 제자로 받아들이지 않겠다면서 이렇게 말하는 것이었어요. "한 가지 조건만 갖추면 받아주겠네. 한 가지 조건이란, 전에 배운 바 있는 스승들을 모두 기꺼이 배반하는 것일세." 그들은 자기네가 얼마나 선생님을 존경하고 있는지, 얼마나 간절히 배우고 싶어 하는지 입이 마르도록 늘어놓고 간청했지만, 그래도 그는 자기가 제시한 조건을 채우기 전에는 그들을 제자로 받아들일 수 없다고 말했습니다. 이윽고 그들 가운데 한 사람만 제외하고 모두가 전에 배웠던 스승들을 배반하기로 마음을 정했지요. 그들의 뜻을 전해 들은 구루는 매우 기뻐하면서 이튿날 모두를 불렀습니다. 그들이 나타나자 선생은 이렇게 말했어요. "자네들이 어떤 종자인지 잘 알았네. 나중에 다른 스승을 찾아갈 때 나를 또 배반하겠지? 물러들 가게!" 그러고는 전의 스승을 배반할 수 없다고 한 학생 하나만 남게 하고 모두 내쫓았다고 합니다. 제자가 된 그 학생은 거짓말 놀이에 참여하기를 거절했고, 자기를 속여서 구루를 기쁘게 하는 짓을 하지 않았던 거지요. 만일 당신이 영적 스승과 친구가 되기를 원한다면, 단순 소박하게 자기를 열고 상대를 친구로 여겨 스승이 당신 위에 군림하도록 하기보다 그와 동등한 교제를 나누어야 합니다.

구루를 친구로 받아들이려면 자신을 완전히 열어놓아야 합니다. 그리고 자신을 완전히 개방하기 위해서는 당신의 영적 친구와 삶의 상황에 의한 시험을 통과해야 합니다. 그 모든 시험은 낙심과 실망이라는 형태를 띠고 있지요. 어떤 단계에 이르면 당신은 과연 이 영적 친구가 나에 대해 무슨 느낌이 있는 건지, 감정이 있기나 한 건지 의심스럽다는 생각을 하게 될 것입니다. 그때 당신 앞에 있는 것은 영적 친구가 아니라 당신의 위선입니다. 이 에고의 근본적 뒤틀림, 그런 척하기, 위선은 참으로 다루기 까다로운 상대지요. 얼마나 낯가죽이 두꺼운지 모릅니다. 우리는 겹겹으로 갑옷을 입고 있어요. 이 위선은 너무나도 두텁고 겹이 많아서 갑옷을 한번 벗으면 그 아래 다른 갑옷이 있음을 보게 됩니다. 우리는 갑옷을 몽땅 벗으려고 하지 않습니다. 몇 번만 벗어도 그런대로 꽤 괜찮은 사람이 될 거라고 생각하지요. 그래서 애교 띤 얼굴로 환심을 사려고 구루 앞에 새로운 갑옷을 입고 나타나는 겁니다. 그러나 우리의 영적 친구는 아무 갑옷도 입지 않은 알몸입니다. 그의 벌거벗은 몸에 견줄 때 우리는 시멘트로 몸을 감싼 셈입니다. 우리의 갑옷이 너무 두꺼워서 친구는 우리의 알몸에 손을 댈 수조차 없습니다. 우리의 얼굴도 바로 보지 못하지요. 스승이 제자를 떠나보내 그의 매료됨과 의욕 따위가 모두 없어질 때까지 긴 여행과 여러 가지 고생스러운 경험을 하게 했다는 이야기가 많이 있습니다. 문제의 핵심은 무언가를 찾아 얻겠다고 하는 바로 그 의욕이 장애물이라는 데 있는 듯합니다. 이 의욕이 사라지기 시작할 때 비로소 우리의 알몸뚱이가 드러나기 시작하고, 거기서 두 마음의 만남이 자리를 잡게 되는 것입니다.

영적 친구를 만나는 첫 단계는 슈퍼마켓에 가는 것과 비슷하다는 말이 있지요. 슈퍼마켓에 갈 때 당신은 여러 가지 살 물건을 그려보면서 마음이 들떠 있습니다. 영적 친구가 지니고 있는 풍요로움과 그 인격의 다채로운 질을 마음에 그려보는 거지요. 영적 친구와 맺는 관계의 두 번째 단계는 당신이 죄인이 되어 법정에 가는 것과 같습니다. 당신은 친구의 요청을 들어줄 수 없고, 그가 당신에 대해 당신이 아는 만큼 알고 있다는 생각에 자의식을 느끼게 되지요. 여기가 굉장히 힘든 고비입니다. 영적 친구와 만나게 되는 세 번째 단계는 풀밭에서 행복하게 풀을 뜯고 있는 암소를 바라보는 것과 비슷합니다. 당신은 다만 그 평화로운 경치를 감상하면서 스쳐 지나갑니다. 영적 친구와 맺는 관계의 네 번째이자 마지막 단계는 길가에 있는 바윗돌을 지나쳐 가는 것과 같습니다. 그것에 눈길도 주지 않고 그냥 당신의 길을 가는 거예요.

처음에는 제자가 구루에게 구애하는 일종의 연애 사건이 일어납니다. 어떻게 저분을 내게로 끌어당길 수 있을까? 진정으로 배우고 싶은 마음 때문에 당신은 어떻게든 그에게 가까이 다가가려고 합니다. 당신은 그토록 그에게 매력을 느껴 감탄합니다. 그러나 상대는 늘 당신을 경계하며 떼어놓으려고 하지요. 상황은 당신이 기대했던 대로 진행되지 않고, 그래서 당신은 스스로 생각합니다. '아무래도 나는 완전하게 나를 열어보일 수 없나 보다.' 사랑과 미움이 섞인 묘한 관계, 한편으로는 굴복하면서 한편으로는 도망치는 관계가 시작됩니다. 달리 말하면, 한편으로는 자신을 열어 구루와 사랑을 나누고 싶어 하면서 다른 한편으로는 그를 피해 도망치고 싶어 하는 놀이를 시작하는 거지요. 영적 친구에게 너무 가까이 접근하면 그에게 짓눌리는 느낌을 받기 시작합니다. 오랜 티베트 속담에 이런 말이 있어요. "구루는 불과 같다. 너무 가까우면 몸을 데고 너무 멀면 충분한 열을 받지 못한다." 이런 종류의 구애는 제자 쪽에서 이루어지는 것입니다. 당신은 스승에게 가까이 가려는 경향이 있는데, 그러다가 불에 데는 수가 있습니다. 그러면 '어마 뜨거워' 하고 멀리 달아나고 말지요.

마침내 둘의 관계가 매우 실질적이며 견고해지기 시작합니다. 구루 가까이 가고 싶어 하는 것과 그에게서 도망치려 하는 것이 그냥 당신 자신의 놀이라는 사실을 깨닫기 시작하는 거예요. 그것은 실제 상황과 아무 상관이 없고 당신의 망상에 지나지 않습니다. 구루 또는 영적 친구는 그냥 그곳에 불처럼 타오르고 있지요. 당신은 그와 놀이를 벌일 수도 있고 그만둘 수도 있습니다. 선택은 당신이 하는 겁니다.

그러고 나서야 비로소 영적 친구와 창조적인 관계를 맺기 시작합니다. 당신은 그에게 압도당하기도 하고 그에게서 멀어지기도 하는 상황을 있는 그대로 받아들입니다. 그가 얼음처럼 차가운 놀이를 하기로 결심하면 당신은 그 결심을 받아들이고, 반대로 불처럼 뜨거운 놀이를 하기로 결심하면 그대로 받아들이는 겁니다. 그 무엇도 당신을 흔들지 못하고, 당신은 그와 조화로운 일치를 이루게 되지요.

그다음 단계는 당신이 영적 친구가 하는 것을 모두 받아들임으로써 완전히 자기를 버리고 굴복했기 때문에 자신의 영감마저 잃어버리기 시작하는 것입니다. 자신이 한 톨 먼지처럼 작아진 것을 느끼게 되지요. 당신은 아주 보잘것없는 존재입니다. 당신의 구루, 영적 친구만이 존재하는 유일한 세계라고 느끼기 시작합니다. 그것은 마치 흥미로운 영화를 보는 것과 비슷하지요. 영화가 너무 재미있어서 당신이 그 영화의 한 부분이 되는 거예요. 영화관도 없고 의자도 없고 영화를 보는 사람들도 없고 옆에 앉아 있는 친구들도 없고 당신 자신도 없습니다. 영화가 존재하는 모든 것이지요. 모든 것이 중심 존재인 구루의 한 부분으로 보이는 이 상태를 가리켜 '신혼 시절[Honeymoon Period]'이라고 부릅니다. 당신은 이 위대하고 매력적인 중심 존재에 의해 끊임없이 양육되는 쓸모없고 보잘것없는 존재입니다. 약해지거나 피곤하거나 무료해질 때마다 당신은 영화관으로 달려가 힘을 얻고 생기를 받고 위로 끌어 올려지는 겁니다. 이 시기에는 구루가 세상에 존재하고 살아 있는 유일한 사람이지요. 당신 인생의 의미도 그에게 달려 있습니다. 죽으면 그를 위해서 죽는 것이고, 살아도 오직 그를 위해서 사는 겁니다.

그러나 영적 친구와 당신 사이의 이런 밀월 관계는 영원히 지속될 수 없습니다. 조만간 격렬함은 사라지고 당신은 자신의 실존과 심리 상태를 직면하지 않을 수 없게 됩니다. 결혼을 한 뒤에 신혼 시절이 끝나는 것과 비슷하지요. 여전히 당신은 당신의 눈길을 집중시키는 연인을 중심 존재로 느끼면서 동시에 그의 생활 양식을 살펴보기 시작합니다. 그의 개성이 지니는 한계를 벗어나 무엇이 그 사람을 당신의 스승이 되게 하는지 살펴보기 시작하는 겁니다. 그렇게 '구루의 보편성'에 대한 원리가 그려지기 시작합니다. 이제는 당신이 살면서 직면하는 모든 문제를 구루와 함께 풀어가야 합니다. 어려운 일을 만날 때마다 구루의 말을 듣게 됩니다. 이 시점에서 사람은 구루로부터 독립하기 시작하지요. 모든 상황이 가르침의 표현이 되기 때문입니다. 처음에 당신은 영적 친구에게 완전히 굴복했습니다. 그다음 그와 대화를 나누면서 놀이를 했지요. 이제 당신은 완전히 열린 상태가 되었습니다. 이렇게 자기를 완전히 열어놓은 결과 당신은 모든 상황에서 구루의 모습을 보기 시작합니다. 다시 말하면, 인생의 모든 상황이 마치 구루와 함께 있는 것처럼 당신에게 자신을 열 기회를 제공하므로 결국에는 모든 것이 당신의 구루가 된다는 그런 말입니다.

밀라레빠가 붉은 바위 보석 계곡[Red Rock Jewel Valley]에서 엄격한 수련을 할 때, 명상 중에 구루 마르빠의 생생한 모습을 환상으로 보았습니다. 오랜 굶주림으로 기진맥진한 그는 동굴 밖에 나가 땔감을 줍다가 결국 기절하고 말았지요. 다시 정신을 차렸을 때, 마르빠가 살고 있는 동쪽 하늘에 흰 구름이 떠 있는 것을 보게 됩니다. 사무치는 그리움으로 스승 마르빠에게 자기가 얼마나 스승 곁에 있고 싶어 하는지를 말하면서 탄원의 노래를 부릅니다. 그러자 마르빠가 사자 모양의 흰 구름 위에 나타나 이렇게 말하는 것이었어요. "무슨 일인가? 정신 질환이라도 생긴 건가? 자네는 법(法)을 알고 있지. 그러니 명상을 계속하시게." 밀라레빠는 스승의 말에 위안을 받고 명상을 계속하고자 동굴로 돌아갑니다. 그때 밀라레빠가 스승에 의지하고 기댄 것은 그가 아직 구루를 독립된 인격, 친구로 보는 관념에서 해방되지 못했음을 보여줍니다.

밀라레빠가 동굴에 들어갔을 때, 그 안에는 눈알이 손잡이 달린 냄비만 하고 몸집은 엄지손가락만 한 마귀들이 가득 차 있었지요. 그는 마귀들이 자기를 조롱하고 괴롭히지 못하게 하려고 온갖 수단을 다 써보았지만 소용이 없었습니다. 그러다 그가 아무런 시도도 하지 않기로 마음먹고 자신의 위선을 인식하면서 자기를 활짝 열어놓자, 비로소 그들은 자취를 감추고 맙니다. 이때부터 밀라레빠의 노래에 획기적인 변화가 이루어지지요. 독립된 인격의 모습을 한 마르빠에게만 의존하는 대신 우주의 모든 것이 자기를 가르치는 구루임을 깨달아 알게 되었기 때문입니다.

이 단계에 이르면 영적 친구는 독립된 개인이면서 동시에 우리의 한 부분이 됩니다. 그렇게 될 때 우리 밖에 있으면서 우리 안에 있는 구루는 우리의 거짓됨을 파헤쳐 그것을 노출시키는 일에 아주 중요한 역할을 담당합니다. 구루는 거울이 되어 당신의 모습을 비춰줄 수 있습니다. 아니면 당신의 밑바닥 지성이 구루의 모습을 띠기도 하지요. 우리 안에 있는 구루가 일을 시작하면 우리는 자기를 열어놓으라는 그의 요청을 피할 수 없습니다. 우리의 밑바닥 지성은 우리가 어디를 가든지 따라옵니다. 누구도 자기 그림자를 피할 수 없는 것과 같지요. "큰형님[Big Brother, 소설《동물농장》에 나오는 감시자]이 너를 감시하고 있다!" 바깥에 존재하는 누군가가 끈질기게 따라다니며 우리를 감시하는 것이 아니라 우리가 스스로를 추적하는 겁니다. 우리의 그림자가 우리를 감시하고 있는 거예요.

우리는 이것을 두 가지 다른 방식으로 볼 수 있습니다. 하나는 구루를 유령으로, 우리의 거짓됨을 폭로하기 위해 끊임없이 따라다니며 조롱하는 유령으로 보는 겁니다. 우리의 참모습을 깨달아 알게 하는데 필요한 악마의 역할을 그가 맡는 거지요. 그러나 우리 속에 들어와 우리의 일부가 된 영적 친구는 창조적인 역할도 잃지 않고 감당합니다. 우리의 밑바닥 지성은 어떤 상황에서도 우리와 함께 있습니다. 어떤 경우에는 그것의 지적이 너무나도 날카롭고 아파서 그것을 피해 다른 데로 가고 싶은 마음이 들지만, 그것은 불가능한 일입니다. 때로는 엄격한 표정을 짓기도 하고 때로는 감미로운 웃음을 짓기도 하지요. 탄트라(Tantra) 전통에는 구루의 얼굴은 보지 않더라도 그의 표정은 언제나 본다는 말이 있습니다. 미소를 짓든, 소리 내어 웃든, 아니면 성이 나서 눈살을 찌푸리든, 그것은 우리 삶의 한 부분입니다. 우리가 살면서 부딪히게 되는 모든 경험 속에 밑바닥 지성이, 불성이, 여래가 들어 있는 것입니다. 그것을 피해 도망칠 곳은 없습니다. 옛사람들의 가르침 중에 이런 말이 있지요. "시작하지 않는 게 더 좋다. 일단 시작했으면 마치는 게 더 좋다." 그러므로 부득이한 경우가 아니면 마음 공부에 발을 들여놓지 않는 게 좋습니다. 그러나 일단 발을 들여놓았으면 뒤로 물러설 수가 없습니다. 도망칠 길이 없다는 말입니다.

○ 여러 수련장을 기웃거려본 저는 수련 생활에 중독이 된 사람들한테 마르빠 같은 존재가 굉장히 골치 아픈 사람으로 보이겠다는 느낌을 받게 되는군요. 왜냐하면 많은 수련자가 마땅히 해야 하는 것이라고 여기는 일을 그는 하나도 하지 않으니까요. 그는 고행도 하지 않고 극기도 하지 않습니다. 자신의 일상사를 돌보며 살고 있습니다. 그냥 보통 사람인데, 굉장한 능력을 지닌 선생입니다. 마르빠라는 사람은 고행과 극기의 험난한 수행을 거치지 않고도 보통 사람에게 가능성을 열어준 그런 사람이었나요?

● 물론 누구나 다 마르빠 같은 사람이 될 수 있겠지요. 그런 뜻에서 그는 보통 사람에게 가능성을 열어준 사람입니다. 그렇지만 그는 인도에 있는 동안 엄격한 수련과 훈련을 경험했습니다. 인도 선생들 밑에서 혹독한 수련을 거치며 자기의 길을 닦았습니다. '수련'과 '고행'이라는 말의 뜻을 제대로 알 필요가 있다고 생각되는군요. 고행의 기본 관념은 법에 따라서 살아간다는 것으로 근본적으로 온건한 것입니다. 평범한 일상생활을 해나가는 것이 온건한 일이라고 생각하신다면, 그것이 곧 법이지요. 동시에 당신은 고행하는 수행자의 삶을 제정신으로 하는 짓이 아니라고 볼 수도 있습니다. 판단은 각자의 몫입니다. 무엇이 건전하고 안정된 삶의 방식이라고 생각하느냐에 따른 문제지요. 예를 들어 부처님은 보통 사람이 따라 할 수 없는 고도의 관념을 실천하고자 애쓰는 종교적 광신자가 아니었습니다. 그분은 단지 사람들을 단순하고 솔직하게, 그리고 매우 지혜롭게 대했지요. 그분의 지혜는 초월적인 상식에서 온 것이었어요. 그분의 가르침은 건전하고 늘 열려 있었습니다. 문제는 사람들이 종교와 세속 사이의 갈

등을 우려하는 데 있는 듯합니다. 사람들은 이른바 '더 높은 의식'과 실제 생활에서 발생하는 일들 사이의 조화와 일치가 대단히 어렵다고들 생각하지요. 그러나 나는 더 높다느니 낮다느니, 성스럽다느니 속되다느니 하는 범주들이 근본적으로 건전한 삶을 살아가는 일과 아무 상관이 없다고 봅니다. 마르빠는 아주 평범한 사람으로 하루하루 일상생활을 영위해나갔습니다. 그는 결코 특별한 사람이 되려고 하지 않았어요. 성질이 나면 이성을 잃고 사람들을 때리기도 했지요. 그냥 그랬습니다. 일부러 그렇게 하거나 하지 않거나, 그러지 않았어요. 반면에 종교적 광신자들은 꼭 그래야 한다고 생각하는 어떤 모델에 맞추어 살고자 언제나 애를 씁니다. 스스로 완벽하게 순결하고 선하다는 듯이 매우 강하고 극렬하게 처신해서 사람들 위에 군림하려고 노력합니다. 그러나 나는 그렇게 자기가 선한 사람임을 증명하려고 애쓰는 것 자체가 어떤 두려움의 표현이라고 생각합니다. 마르빠는 사람들에게 증명해 보일 것이 아무것도 없었어요. 그는 그냥 보통 시민으로 사는 평범한 사람이었고 동시에 깊이 깨달은 사람이었습니다. 실제로 그는 까규빠의 아버지입니다. 우리가 공부하고 실천하는 모든 가르침이 다 그분한테서 나온 것이지요.

○ 선문답에 이런 말이 있습니다. "처음에 산은 산이고 물은 물이다. 그다음에 산은 산이 아니고 물은 물이 아니다. 그러나 끝에 다시 산은 산이고 물은 물이다." 우리는 지금 산이 산 아니고 물이 물 아닌 그런 경지에 있는 게 아닐까요? 그런데 당신은 일상의 평범한 삶을 강조하고 있습니다. 우리가 그런 '평범성'

마음 공부에 관하여

에 들어가려면 먼저 '비범성'을 통과해야 하는 것 아닙니까?

● 마르빠는 자기 아들이 살해당했을 때 미칠 듯이 화를 냈습니다. 그러자 그의 제자 하나가 이렇게 말했지요. "선생님께서는 늘 우리에게 모든 것이 환영이라고 말했습니다. 아드님의 죽음 또한 환영 아닙니까?" 마르빠가 대답합니다. "맞다. 그렇지만 내 아들의 죽음은 슈퍼 환영이다!" 우리가 처음으로 '참된 평범성'을 경험할 때 그것이 너무나도 비범하게 평범해서, 그래서 산은 더 이상 산이 아니고 물은 더 이상 물이 아니라고 말하게 되는 겁니다. 우리가 보는 것들이 너무 평범하고 너무 정확하고 너무 진면목이기 때문에 그런 거지요. 이 비범성은 위대한 발견의 경험에서 오는 것입니다. 그러나 결국 이 '초-평범성'은 일상의 사건으로 바뀌고 우리가 날마다 겪는 진짜 평범한 것들이 되지요. 그러면 우리는 산이 산이요 물이 물인 출발점으로 돌아갑니다. 그때 진짜로 쉴 수 있게 되는 겁니다.

○ 당신은 어떻게 갑옷을 벗으십니까? 어떻게 자기를 열어놓으십니까?

● 그것은 '어떻게' 하느냐의 문제가 아닙니다. 자기를 열어놓는 데는 의식(儀式)도 없고 형식도 없고 순서도 없습니다. 바로 그 '어떻게?'라는 질문이 첫 번째 장애물이지요. 우리는 무엇을 토할 때 어떻게 토하느냐고 묻지 않습니다. 그런 걸 생각할 시간도 없이 토하게 되지요. 긴장이 고조되어 있으면 극심한 통증이 있어도 제대로 토할 수 없습니다. 오히려 그것을 도로 삼켜서 자신의 질환과 씨름하려고 하지요. 몸이 아플 때 우리는 제대로 쉬는 법을 배워야만 합니다.

○ 삶에서 겪는 상황 자체가 자신의 구루가 될 경우, 그것이 어떤 상황이냐가 문제가 될까요? 어떤 상황에서 자신을 발견하느냐가 문제가 되느냔 물음입니다.

● 당신은 아무것도 선택하지 않습니다. 일어나는 모든 일이 구루의 자기표현입니다. 상황은 고통스러운 것일 수도 있고 즐거운 것일 수도 있지만, 그 상황을 구루로 보는 열린 마음에는 고통과 즐거움이 하나인 거지요.

마음 공부를 시작할 때 빠지기 쉬운 함정들

나와 함께 공부를 해보겠다며 찾아오는 사람들 대부분이 내가 티베트 라마요, 명상 지도자라는 말을 듣고 온 사람들입니다. 길에서 부딪치 거나 식당에서 우연히 만난 사람들 가운데 몇 명이나 나를 찾아오겠습 니까? 그런 식으로 만나서 불교나 명상을 공부해보겠다는 마음을 품 게 되는 경우는 거의 없을 겁니다. 그보다는 내가 티베트라는 이국에 서 온 명상가요, 트룽파 툴쿠(Tulku)의 열한 번째 환생이라는 말을 듣고 마음이 끌렸겠지요.

그렇게 나를 찾아온 사람들은 나한테서 불교의 가르침과 구도자 들의 모임인 승가(僧伽)를 전수받고자 합니다. 그러나 과연 그 '전수'라 는 게 무얼 뜻하는 것일까요? 불교에는 지혜를 한 세대에서 다음 세대로 전하는 오래되고 위대한 전통이 있습니다. 이렇게 이어져 내려오는 현상을 '전수된다, 전수받는다'고 말하는 것 같습니다. 그런데 도대체 그게 무엇일까요?

이 문제에 있어서 우리는 어느 정도 냉정한 자세를 갖추는 게 좋겠습니다. 사람들은 무엇을 전수받기를 좋아하지요. 클럽에 가입하거나 타이틀을 얻거나 지혜를 습득하는 것을 좋아한다는 말입니다. 개인적으로 나는 특별한 것을 얻고 싶어 하는 사람들의 취약한 면을 비웃을 마음이 없습니다. 어떤 사람은 피카소라는 이름 때문에 그의 그림을 삽니다. 과연 그 작품이 그만한 값을 치르고 살 만한 것인지 알아보지도 않고 수만 달러를 지불하지요. 그런 사람들은 그림이 아니라 그림에 대한 명성이나 소문을 사는 것입니다. 그런 행위 속에 어떠한 지성이 들어 있다고는 볼 수 없는 일입니다.

또는 자기가 너무나도 초라하게 여겨져서 어떤 특별한 조직에 가담하거나 클럽에 들어가는 사람도 있습니다. 기름지고 풍요로운 집단에 들어가 거기서 자기를 먹여줄 누군가를 찾는 거지요. 과연 바라던 대로 기름진 음식을 대접받아 살이 찔 수도 있겠지만, 그래서 그다음에는 어쩌자는 걸까요? 누가 누구를 속이는 것입니까? 선생이나 구루가 자기 자신을 속여서 자기의 에고를 키우고 있는 것일까요? "내게는 많은 후계자가 있어 나의 가르침을 전수받고 있다"면서 말입니다. 아니면 제자들을 속여서 그들이 자기 조직에 들어와 수도승이니 요기니 아니면 다른 무슨 호칭을 얻음으로써 더욱 지혜로워지고 더욱 영적인 존재가 되었다고 스스로 믿게끔 유도하는 걸까요? 참으로 별별 타이

틀이 다 있더군요. 그런 이름들, 신임장들이 우리에게 진정한 유익을 가져다준다고 보십니까? 정말 그럴까요? 30분짜리 의식이 우리를 깨달음의 다음 단계로 이끌어줄 수는 없습니다. 사실을 바로 봅시다. 나는 불교의 가르침이 법맥(法脈)을 통해 전수된다는 점에 대해 조금도 의심을 품지 않습니다. 그러나 그것이 그렇게 단순한 문제가 아니라는 것도 알고 있습니다.

마음 공부를 하려고 모인 우리는 모든 일에 단단한 지성을 지니고 접근해야 합니다. 어떤 선생의 말을 듣고자 할 때 단순히 그의 명성이나 카리스마에 이끌리는 일이 없도록 해야 합니다. 오히려 그의 강연 내용을 면밀히 검토하고, 그가 가르친 명상법을 몸소 체험해보아야 합니다. 가르치는 선생과 그의 가르침에 대해 분명하고 지성적인 관계를 맺어야 한다는 말입니다. 그와 같은 지성은 감상주의나 구루에 대한 로맨스 따위와 아무런 연관이 없습니다. 세상이 만들어놓은 아무개의 명성을 그대로 받아들이거나 무슨 클럽에 가입하는 것은 우리의 마음 공부와 아무 상관도 없는 일입니다.

마음 공부란 우리가 지혜를 사거나 훔칠 수 있는 구루를 찾아내는 일이 아닙니다. 진정한 전수는 영적 친구와 우리 자신을 솔직하게 상대하고 그들에게 곧장 가까이 가는 데서 이루어집니다. 그러므로 우리는 우리 자신과 우리의 자기기만을 노출시키는 데 노력을 아끼지 말아야 합니다. 자신을 굴복시키고 자기 에고의 조잡하고 못난 질(質)을 있는 그대로 드러내야 합니다.

'전수'라는 말의 산스크리트어는 '아비셰카(Abhisheka)'인데 '뿌리다', '붓다', '기름을 바르다'라는 뜻을 지닌 말입니다. 무엇을 붓는다면 부은 것을 받아 담을 그릇이 있게 마련이지요. 우리가 진정으로 영적 친구에게 자신을 완전히 열어서 그가 건네는 것을 받아 담는 그릇이 되면, 그때 비로소 그도 우리에게 자신을 열고 마침내 전수가 이루어지는 것입니다. 이것이 바로 아비셰카, 또는 선생과 학생의 두 마음이 서로 만나는 사건의 의미입니다.

이와 같은 열림은 영적 친구를 기쁘게 해주거나 그에게 어떤 감동을 주려고 애쓰는, 이른바 환심 작전을 내포하지 않습니다. 그것은 당신 몸에 이상이 있음을 발견한 의사가 필요할 경우 강제로 당신을 수술대에 눕히고 마취도 하지 않은 채 수술을 시도하는 것과 비슷합니다. 그럴 때 당신은 매우 난폭하고 고통스러운 대접을 받고 있다고 생각할 수 있지만, 이윽고 진정한 통교—생명과 생명의 교류—가 얼마나 값진 대가를 치러야 하는 것인지를 깨닫게 될 것입니다.

마음 공부를 위해 돈을 기부하는 일, 육체노동을 제공하거나 특정한 구루의 사업에 동참하는 일, 그런 일을 한다고 해서 실제로 우리 자신을 활짝 열어놓았다고 할 수는 없습니다. 오히려 그런 일을 함으로써 자기가 '옳은 편'에 섰다고 스스로 생각하게 되기 쉽지요. 구루는 지혜로운 사람처럼 보입니다. 그는 자기가 하고 있는 일을 알고 있으며, 우리는 자신의 안녕과 성공을 보장받기 위해 그의 편에, '옳은 편'에, 선하고 안전한 편에 서고 싶어 합니다. 그러나 일단 그의 편에, 성자 편에, 안전함과 지혜 편에 우리 자신을 내맡기면 비로소 우리는 조금도 자신을 안전한 곳에 두지 못했다는 사실을 발견하고서 깜짝 놀라게 되지요. 왜냐하면 우리가 내맡긴 것이 우리의 체면, 우리의 얼굴, 우리의 갑옷일 뿐이기 때문입니다. 자기 자신을 몽땅 내맡긴 게 아니고 말입니다.

그때 우리는 등 뒤에서 열림을 강요받게 됩니다. 달아날 곳이 없음을 알고 겁에 질립니다. 체면 뒤에 숨으려는 우리 모습이 그대로 발각되고 사방으로 노출됩니다. 입고 있던 갑옷이 모두 벗겨집니다. 더 이상 숨을 곳이 없습니다. 충격이지요! 모든 것이 드러났습니다. 그럴 듯한 꾸밈과 자기중심성이 드러나고 말았어요. 이 시점에 이르러 우리는 가면을 쓰려는 서투른 시도가 모두 헛된 짓이라는 진실을 깨닫게 되는 겁니다.

그래도 여전히 우리는 그 고통스러운 상황을 합리화시켜 어떻게든 자기 자신을 보호하고, 에고를 만족시키는 방향으로 우리가 처한 곤경을 변명하고자 애쓰지요. 난처한 상황을 이렇게 또는 저렇게 살펴보느라고 마음이 아주 바빠집니다. 에고는 이 방면에 능숙한 전문가인지라 그 실력이 실로 대단하지요. 자기를 비우는 일에 얼마만큼 진전을 보았다고 생각할 때, 우리는 뒤로 물러서서 자기 자신을 지키려고 하는 우리를 보게 됩니다. 마침내 우리가 모든 것을 잃었음을, 우리 마음이 너무나도 기계적인 자기방어에 짓눌려 있어서 출발점도 중간도 끝도 없어졌음을, 우리의 바탕조차 잃었음을 발견하게 될 때까지 이 혼동은 계속되면서 가중됩니다. 이제 두 손 들고 그냥 버려두는 것이 유일한 대안처럼 보입니다. 우리의 영리한 생각과 세련된 해결책이 모두 무용지물입니다. 그 까닭은 우리가 너무나도 많은 생각에 짓눌려 있기 때문이지요. 어떤 생각을 선택할 것인지, 어떤 생각이 우리에게 가장 좋은 해결책을 마련해줄 것인지 모르는 거예요. 우리 마음은 비범하고, 지적이고, 논리에 맞고, 과학적이고, 노련한 훈수들에 짓눌려 있습니다. 그러나 그것들이 너무 많아서 어느 훈수에 따를 것인지 모르는 겁니다.

결국 우리는 이 모든 복잡한 것들을 진짜로 포기하고 두 손을 들게 되지요. 바로 그 순간이 진정한 아비셰카—위에서 뿌리고 부어주는—가 이루어지는 순간입니다. 우리가 자신을 있는 그대로 열어놓고, 무엇을 해보려는 시도를 모두 내려놓고, 온갖 분주함과 잔꾀 부림을 포기했기 때문입니다. 어쩔 수 없이 모든 것을 중단하는 참으로 드문 사건이 마침내 우리에게 일어난 것입니다.

우리는 독서나 경험을 통해 얻게 된 지식으로 무장된 온갖 종류의 기계적인 자기 방어술을 가지고 있습니다. 그러나 결국은 영성이라는 게 진짜 무엇이냐를 묻기 시작합니다. 단순히 종교적으로 경건하고 착한 사람이 되려고 하는 것일까요? 인생의 의미에 대해 다른 사람보다 더 많이 배워서 더 많이 알려고 애쓰는 것입니까? 영성이란 정말 무엇일까요? 교회나 법당에서 듣는 귀에 익은 이론들은 늘 그럴싸하지요. 그러나 아무래도 그것들은 우리가 찾는 대답이 아닙니다. 그래서 우리는 종교의 교리나 도그마에서 떨어져 나오게 되지요.

우리는 영성이란 매우 자극적이고 다채로운 무엇이라고 규정지을 수 있습니다. 이국적이고 색다른 종교 전통에서 우리 자신을 탐색하는 것이라고 보는 거지요. 또는 목소리의 톤을 바꾸고 식습관이나

마음 공부에 관하여

다른 일반 행동거지를 바꾸는 것이 영성이라고 생각하기도 합니다. 그래서 그런 행동 양태를 습관으로 만들려고 시도하지요. 그러나 아무래도 그것들은 우리의 천성이 되지 못합니다. 그런 '깨달아진' 행동 양태를 좋아해서 습관처럼 몸에 배게 할 수 있다 해도, 여전히 우리 마음속에는 노이로제가 남아 있습니다. 그래서 우리는 의아하게 생각하지요. '경전의 가르침에 따라 철저하게 살아가고 있는데, 어째서 이런 일이 생기는 걸까? 물론 이건 내가 뭔가를 잘 몰라서 일어나는 일이겠지. 그렇지만 이제 나는 무얼 하나?' 우리가 아무리 경전에 따라 충실하게 살아도 혼동은 여전히 계속됩니다. 노이로제 증상과 불만족도 계속되지요. 아무것도 제대로 들어맞지 않습니다. 가르침에 접속되지 못한 겁니다.

바로 이 시점에 정말 필요한 것이 '두 마음의 만남'입니다. 아비셰카 없이는 영성에 이르려는 우리의 모든 시도가 진정한 굴복이 아니라 영적 퇴적으로 끝나고 말 것입니다. 이런저런 잡다한 행동 양식, 말하고 옷 입고 생각하고 행동하는 여러 가지 방식을 수북하게 쌓아놓고는 자기가 무슨 대단한 영성가라도 된 줄 착각하는 거지요. 그 모든 것은 결국 자신의 에고를 더욱 키우는 수단들을 쌓아놓은 것에 지나지 않습니다.

아비셰카, 진정한 전수는 완전한 굴복에서 이루어집니다. 있는 그대로의 상황에 자신을 활짝 열어놓고, 그러고 나서 스승과 참된 통교를 하는 거예요. 어떤 일이 일어나더라도 스승은 자신을 활짝 열어놓은 상태로 이미 우리 곁에 있습니다. 그때 우리가 자신을 열고 그동안 쌓아두었던 것들을 기꺼이 버리면, 거기서 전수가 이루어지는 겁니다. 무슨 비밀스러운 의식 같은 건 필요 없습니다. 전수를 비의(秘儀)에 연결시켜서 생각하는 것은, 아마도 불교 신자들이 '마라(Mara)의 딸들'이라고 부르는 것에 의한 유혹이지 싶습니다. 마라는 균형을 상실한 존재의 상태, 마음의 노이로제 성향을 가리킵니다. 마라가 자기 딸들을 보내 우리를 유혹하는 겁니다. 스승과 제자의 두 마음이 만나 전수가 이루어지는 곳에 마라의 딸들이 나타나 이렇게 말하지요. "진정으로 평화롭니? 그렇다면 그건 네가 특별한 가르침을 받았기 때문이야. 이건 너한테만 일어난 비밀스러운 사건이야." 그들은 아주 부드럽고 달콤한 말로 듣기 좋은 메시지를 전합니다. 그래서 우리가 '두 마음의 만남'을 무슨 굉장한 거래나 되는 듯이 생각하도록 유혹하지요. 그 유혹에 넘어가면 우리는 다시 마음의 윤회를 시작하는 겁니다. 그것은 선악과를 따먹는다는 그리스도인들의 생각과 비슷한 유혹이에요. 우리가 아비셰카를 비밀스러운 것으로 여길 때, 그 세밀함과 예리함이 떨어져 나가기 시작합니다. 그것에 평가를 내리기 시작했기 때문이지요. 마침내 그토록 성스러운 일을 해내고 말았다며 우리를 축하해주는 마라의 딸들의 음성을 듣게 됩니다. 나아가 그들은 우리 둘레를 맴돌며 음악을 연주하고 춤을 추면서 가짜 전수가 이루어진 잔치 마당을 빛나게 해주지요.

두 마음의 만남은 아주 자연스럽게 이루어집니다. 가르치는 사람과 배우는 사람이 서로 자기를 열어놓은 상태에서 만나, 열림이야말로 세상에서 가장 시시한 일이라는 진실을 깨닫는 거예요. 열어놓음은 진짜 평범한 일이고 시시한 일이며 아무것도 아닌 겁니다. 우리 자신과 세계를 이렇게 볼 수 있을 때, 그때 곧장 전수가 이루어집니다. 티베트 전통에서는 이런 식으로 사물을 보는 것을 가리켜 '타말-기이-셰파(Thamal Gyi Shepa)', 평상심이라고 부르지요. 우리는 사소함이 진정한 비범함이라고 말할 수 있습니다. 그러나 그렇게 말하는 것 또한 마라의 딸들의 유혹에 넘어간 거예요. 결국에 우리는 특별한 무엇이 되기를 전적으로 포기해야 합니다.

○ 아무래도 나 자신을 안전하게 지키려는 노력을 거둘 수가 없을 것 같습니다. 어떻게 해야 하나요?

● 당신은 안전하게 있기를 너무나도 원해서, 자신을 안전하게 지키지 '말아야' 한다는 생각이 하나의 놀이가 되었고 거창한 농담이 되었군요. 그런 방식으로 자신을 안전하게 지키려는 거지요. 당신은 당신을 지켜보는 것, 당신을 지켜보는 것을 지켜보는 것, 당신을 지켜보는 것을 지켜보는 것을 지켜보는 것에 너무 신경을 쓰고 있습니다. 그 일은 끝없이 이어지지요. 사실 그건 아주 일반적인 현상입니다. 지금 당신에게 진짜로 필요한 것은 모든 걱정을 중단하고 모든 관심을 놓아버리는 일입니다. 중첩되는 문제들, 매우 성능이 좋은 거짓말 탐지기에 거짓말 탐지기의 거짓말을 탐지하는 거짓말 탐지기를 설치하는 그런 짓을 한꺼번에 집어치우는 거예요. 당신은 자신을 안전하게 지키려 했고 그래서 안전하게 되었는데, 그것을 또 안전하게 지키려고 하는 겁니다. 그렇게 요새를 쌓아나가려면 국경 없는 제국도 좁을 거예요. 당신이 실제로 소유한 것은 아주 작은 성채지만, 그것을 안전하게 지키기 위해 울타리를 쌓으려면 온 지구를 덮어야 할 겁니다. 당신이 정말로 자신을 안전하게 지키고자 한다면, 어떤 노력을 기울여도 끝내 부족할 수밖에 없습니다. 그러므로 필요한 일은 안전하게 지킨다는 생각 자체를 놓아버리고, 자기를 안전하게 지키려는 노력의 아이러니를, 중첩되는 자기 보호 구조의 모순을 깨닫는 거예요. 자기를 지켜보는 자기를 지켜보는 자기를 지켜보는 자기를 포기해야 합니다. 그러기 위해서 첫 번째 지켜보기, 자기를 지키겠다는 바로 그 의지를

마음 공부에 관하여

놓아버려야 합니다.

○ 저는 민족성이라는 것이 사람의 성장에 어떤 영향을 미치는지 잘 모릅니다. 그러나 예를 들어 우리가 만일 인도 사람이라면, 당신이 이런 식으로 말하지는 않았을 겁니다. 아닌가요? 제 말은 우리가 미국 사람이고 무엇을 '하는' 데 너무 많이 분주한 까닭에, 그래서 지금 이런 말을 하는 게 아니냐는 겁니다. 만일 우리가 아무것도 하지 않고 그냥 앉아 있는 것을 좋아한다면 당신이 이런 식으로 말하지 않았을 겁니다.

● 매우 재미있는 관점이군요. 가르침이 베풀어지는 스타일은 청중이 물질주의의 속도에 얼마나 익숙해져 있는가에 따라서 달라진다고 생각합니다. 미국은 물질적 물질주의에 있어서 대단히 정교한 수준에 도달한 나라입니다. 그러나 이런 종류의 속도에 익숙해질 가능성은 미국 사람에게만 제한되지 않습니다. 그건 보편적이고 세계적인 가능성이지요. 미국 사람들이 성취한 경제 발전을 인도 사람들이 성취했다면, 그래서 물질적 물질주의에 대해 환멸을 느끼고 있다면, 그들도 이런 강연을 들으러 왔을 거예요. 그러나 지금 이 시점에 서구 아닌 다른 데서 이런 강연을 들으러 사람들이 몰려올 것 같지는 않군요. 왜냐하면 그들은 아직 물질적 물질주의의 속도에 싫증을 내고 있지 않은 것처럼 보이기 때문입니다. 그들은 여전히 자동차 도로로 진입하기 위해서 자전거를 사려고 돈을 모으는 중이니까요.

깨달음의 경험을 놓치지 않으려는 것,
그것이 에고이다

이른바 마음 공부라는 것을 하는 과정에서 끊임없이 제기되는 문제가
바로 자기기만입니다. 에고는 언제나 영성을 성취하려고 하지요. 하지
만 그것은 차라리 자기 장례식을 보려는 것과 같습니다. 예컨대 우리
는 뭔가 놀라운 것을 얻어보겠다는 마음을 품고 영적 친구인 구루에게
접근합니다. 이런 접근을 가리켜 '구루 사냥'이라고 하지요. 전통적으
로 그것은 사향노루를 사냥하는 것에 비교되어 왔습니다. 사냥꾼은 노
루를 추적해서 죽이고 사향을 채취합니다. 우리도 이런 식으로 구루와
영성에 접근할 수 있습니다만, 결국 그것은 자기를 속이는 짓입니다.
진정한 열림이나 굴복과는 아무 상관도 없는 거예요.

　우리는 또 전수란 이식(移植)이라고, 가르침의 영적 능력을 구루

의 가슴에서 우리 가슴으로 옮겨 심는 것이라고 잘못 생각할 수 있습니다. 이런 생각 속에는 가르침이 우리 바깥에 있는 낯선 것이라는 관념이 들어 있어요. 그것은 심장이나 머리를 옮겨 심겠다는 생각과 비슷합니다. 우리 몸 안으로 무엇을 옮겨 심으려면 그것이 우리 몸 '바깥'에 있는 것이라야 합니다. 우리는 자신의 낡은 머리가 적절하지 못하다고, 차라리 쓰레기통에 던져버리는 게 낫겠다고 생각하지요. 그래서 좀 더 명석한 뇌를 가진 새롭고 능력 있는 머리를 가졌으면 하고 바라는 거예요. 우리는 이식 수술 결과로 얻게 될 내용에 너무 관심을 쏟는 바람에 수술할 의사에 대해서는 깜박 잊어버리지요. 과연 우리는 의사와 제대로 한번 면담이라도 한 적이 있나요? 그 사람 진짜 유능한 의사입니까? 우리가 이식받기로 한 머리는 과연 괜찮은 머리인가요? 우리가 선택한 머리에 대해 의사의 소견도 있을 것 아닙니까? 어쩌면 우리의 몸이 수술을 거부할지도 모릅니다. 우리는 장차 '얻게' 될 것에 지나치게 관심을 쏟는 바람에 진짜로 무슨 일이 일어나고 있는지, 의사와 우리의 병든 머리와 새로 이식받을 머리의 상관관계가 어떠한지를 까맣게 모르고 있는 겁니다.

전수의 과정에서 이런 식으로 접근하는 것은 매우 낭만적으로 보일지는 모르지만 전혀 가치 없는 일입니다. 우리에게는 우리를 있는 그대로 상대해줄 사람, 우리의 거울 노릇을 해줄 사람이 필요해요. 어떤 형태로든 자기기만을 하지 않으려면 모든 과정이 투명하게 드러나야 합니다. 그 어떤 집착의 태도도 있는 그대로 노출되어야 한다는 말입니다.

진정한 전수는 '두 마음의 만남'에서 이루어지는 거예요. 당신과 영적 친구가 피차 지금 있는 그대로의 상태에서 관계를 맺는 가운데 전수가 실현되는 것이란 말입니다. 그런 상황에서만 전수는 이루어질 수 있어요. 왜냐하면 이식 수술을 받는다든가 자신을 몽땅 바꾸어보겠다는 생각은 철저히 비현실적이기 때문입니다. 누구도 당신의 인격을 송두리째 바꿀 수 없어요. 절대로 못합니다. 아무도 당신을 뒤집거나 돌려놓을 수 없습니다. 이미 거기에 있는 실존하는 재료들을 활용해야 하는 거예요. 당신은 그렇게 되고 싶은 사람이 아니라 지금 있는 그대로의 자기를 받아들여야 합니다. 그래서 자기를 속이는 일과 어떻게 됐으면 하고 생각하는 짓을 그만두어야 해요. 자신의 전체 모습과 인격과 성품을 그대로 받아들여야 어떤 영감을 발견하게 되는 것입니다.

이 시점에서, 만일 당신이 스스로 병원에 입원해 의사와 함께 일해보겠다는 뜻을 표명하면 의사도 자기 역할을 맡고 필요한 장비들을 마련하겠지요. 그래서 양쪽이 열린 통교의 장을 마련하는 겁니다. 그것이 바로 '두 마음의 만남'이라는 거예요. 이런 방식으로 구루의 영적 본질 또는 축복과 당신의 영적 본질이 합해집니다. 밖에 있는 스승이 자기를 활짝 열었고 당신 또한 자신을 활짝 열었기 때문에, 다르게 말해서 당신이 '깨어 있기' 때문에 본래 하나인 두 요소가 만나게 되는 것입니다. 이것이 아비셰카, 전수의 진정한 의미입니다. 어떤 클럽에 가입하거나 양 떼에 섞여 주인의 이니셜을 등판에 새긴 양으로 살아가는 게 아니라는 말입니다.

이제 비로소 아비셰카 이후에 어떻게 되는지를 생각해볼 차례가 되었군요. 두 마음의 만남을 경험함으로써 우리는 영적 친구와 진정한 통교를 갖게 됩니다. 우리는 자신을 열어놓는 것에서 그치지 않고 섬광 같은 통찰을 얻거나 가르침의 일부를 곧장 이해하게 되지요. 스승이 상황을 만들어주고 우리는 거기서 섬광을 경험하며 모든 것이 근사하게 보입니다.

처음에 우리는 매우 흥분되고 모든 것이 아름답기만 합니다. 며칠 동안 아주 고양된 상태에 있게 됩니다. 벌써 성불한 듯한 그런 느낌이지요. 속된 관심사가 더 이상 성가시게 하지 못하고 만사가 순조롭게 진행되면서 언제든지 원하기만 하면 곧장 깊은 명상에 들어갈 수 있습니다. 구루와 열린 상태의 통교가 이어집니다. 이것은 아주 일반적인 현상이지요. 바로 여기서 많은 사람이 더 이상 영적 친구와 함께 일할 필요를 느끼지 못하고 아예 그를 떠나게 되는 수가 있습니다. 동양에서 나는 그런 사람 이야기를 많이 들었어요. 어떤 학생이 선생을 만나 즉석에서 깨달음을 얻고는, 떠납니다. 그들은 그 '경험'을 유지하려고 애써보지만 시간이 흐르면서 그것은 그냥 '기억'으로, 자기가 자기에게 되풀이해서 들려주는 말이나 생각으로 바뀌고 말지요.

그렇게 깨달음을 경험하고 나서 그것을 일기에 기록해 일어난 모든 일을 말로 설명하려고 하는 것은 얼마든지 있을 수 있는 일입니다. 사람들은 기록과 기억의 수단을 빌려 자신이 경험한 내용을 다른 사람들에게 말해주거나 그것에 관해 토론함으로써 어떻게든지 그 경험 속에 닻을 내리려고 하지요.

동양에서 특별한 경험을 한 다음 서양으로 돌아온 사람도 있더군요. 친구들이 놀랍게 변한 그의 모습을 봅니다. 아주 조용하고 부드럽고 슬기로운 사람이 되어 있는 거예요. 사람들이 그에게 몰려와서 인생 문제에 조언을 구하기도 하고 자기네가 경험한 것에 대한 의견을 묻기도 합니다. 처음에는 순수한 마음으로 자신의 경험에 그들의 문제를 결부시켜 도움을 주기도 하고 동양에서 겪은 아름답고 놀라운 일들을 이야기해주기도 하지요. 그러면서 자신도 크게 고무받는 건 물론입니다.

그러나 얼마쯤 지나면 뭔가 일이 잘못되면서 상황에 변화가 오는 거예요. 그토록 찬란했던 깨달음의 섬광이, 그것에 대한 기억이 빛을 잃는 겁니다. 깨달음이 지속되지 않는 까닭은 그가 그것을 자기 바깥에 있는 무엇으로 여겼기 때문입니다. 그는 자기가 깨달은 상태를 갑자기 경험했는데, 그것이 신선하고 영적인 경험의 범주에 속하는 것이라고 생각하지요. 그 경험을 아주 높게 평가해서 고향의 평범한 사람들에게, 친구와 친척과 부모에게 널리 이야기해주고 자신이 깨달음을 얻었다는 사실을 잃지 않으려고 움켜잡습니다. 그러나 이제 그 경험은 더 이상 그와 함께 있지 않습니다. 있는 것은 기억뿐이지요. 그런데 이미 사람들에게 자기의 경험과 알고 있는 바를 모두 이야기했기 때문에 이제 와서 모두 가짜였다고 말할 순 없습니다. 절대로 그렇게 못 하지요. 너무나도 창피한 일이니까요. 게다가 어쨌든 뭔가 심오한 일이 일어났던 건 사실이기에 자신의 경험 자체를 부인할 수도 없습니다. 그러나 불행하게도 더 이상 그 경험은 이 순간에 존재하지 않습니다. 그렇게 된 까닭은 그가 그것을 사용했고 평가했기 때문이에요.

일반적으로 말해서 일은 이렇게 진행됩니다. 일단 자기 자신을 열어놓아 '섬광'을 경험하면, 바로 그다음 순간 자기가 열려 있음을 알게 되면서 그것을 평가하는 마음이 뒤를 잇는 거예요. "오, 환상적이군! 결국 잡았어. 이건 아주 드물고 값진 경험이니 놓치지 말아야지." 이런 식으로 경험을 움켜잡으려 하고, 자기 열림의 경험을 값진 것으로 평가하는 바로 거기서 문제가 싹트는 겁니다. 우리가 경험을 잡으려고 하는 순간 사슬에 얽매이는 거지요.

우리가 무엇을 가치 있고 특별한 것으로 여기면 그것은 우리와 동떨어진 것이 되고 맙니다. 예를 들어 우리는 눈이나 몸, 손, 머리를 특별히 값진 것으로 여기지 않지요. 그게 우리 몸의 일부임을 알고 있거든요. 물론 어쩌다가 그것들을 잃게 되면 우리는 값진 것을 잃은 사실에 자동으로 반응합니다. "나는 머리를 잃었어. 팔을 잃었어. 무엇으로도 그것을 대체할 수 없어!" 그때 우리는 그것이 값진 것임을 깨닫습니다. 무엇이 우리한테서 떠나갔을 때 그것의 가치를 깨달을 기회를 얻게 되는 거지요. 그러나 그것이 언제나 우리와 함께 있으면, 우리의 일부로 우리 속에 있으면, 그건 그냥 거기 있는 겁니다. 그것을 특별히 가치 있는 것으로 여길 수가 없습니다. 일부러 가치를 매기는 것은 그것을 잃을까 봐 두려워서 그러는 건데, 그 때문에 그것이 우리한테서 떨어져 나가는 거예요. 어떤 갑작스러운 영감이 떠올랐을 때 그것을 잃을까 봐 두려워서 그것을 특별히 중요한 것으로 여기는 겁니다. 바로 거기서, 바로 그 순간에 자기기만이 우리 속에 들어오지요. 다른 말로 하면, 자기를 열어놓은 경험에 대한 믿음과 함께 그 경험이 처음부터 자기 속에 있는 것이었다는 믿음을 잃는 거예요.

어쨌거나 우리는 있는 그대로의 자기 자신과 열려 있음의 일치를 잃어버린 것입니다. 열려 있음을 동떨어진 무엇으로 여겨 그걸 가지고 놀이를 시작한 거예요. 물론 그렇다고 해서 열려 있음 자체를 잃었다고는 말할 수 없습니다. "나는 한때 그것을 가졌으나 지금은 잃었어"라고 말해서는 안 되는 거지요. 왜냐하면 그 말이 완성된 인간으로서의 우리 위상을 무너뜨릴 테니까요. 그래서 자기 경험 이야기를 다시 들려주는 것이 자기기만의 시작입니다. 우리는 실제로 자기를 열어놓기보다 이야기하는 쪽을 택하지요. 그쪽이 더 생생하고 즐겁거든요. "내가 구루와 함께 있을 때 이런저런 일이 있었어. 그분이 이런저런 말을 해주셨고 이렇게 저렇게 나를 열어주셨지……." 이 경우에는 현재 순간에 그것을 실제로 경험하려고 하는 대신, 과거의 경험을 거듭거듭 재생산하려는 시도가 곧 자기기만을 의미하는 것입니다. 지금 그것을 경험하기 위해서는 그 섬광이 얼마나 놀라운 것이었나에 대한 평가를 그만두어야 합니다. 왜냐하면 바로 그 평가 또는 기억이 그것을 우리한테서 떨어뜨려 놓으니까요. 만일 우리가 계속해서 경험을 했다면 그것은 일상적으로 일어나는 것처럼 보였을 겁니다. 우리는 그 일상성을 받아들이지 못하는 거예요. "아, 그 놀라운 체험을 다시 해볼 수만 있다면!" 이렇게 말하면서 지금 경험하는 대신 그것을 기억하는 데 바쁘다는 말입니다. 이게 바로 자기기만의 게임입니다.

자기기만은 경험을 평가하고 그것을 오래 기억해야겠다는 생각이 있어야 가능합니다. 우리는 과거를 회상하면서 향수에 젖고 추억

속에서 자극을 받습니다. 그러나 그러느라고 지금 이 순간 자기가 어디에 있는지를 잊는 겁니다. 우리는 '좋았던 시절', '좋았던 그 옛날'을 기억합니다. 침울한 저하 상태가 되는 것을 결코 허용하지 않습니다. 자기가 무엇인가로부터 소외되고 있는 듯한 느낌을 받아들이고 싶지 않은 거예요. 기분이 침울해지거나 상실감이 느껴질 것 같은 낌새만 있으면, 에고의 자기방어 본능이 즉각 발동되어 자신을 위로하기 위해 지난날의 좋았던 일을 기억나게 하지요. 그렇게 에고는 지금 여기에 뿌리내리지 않은 영감을 계속 추구하는 겁니다. 끊임없이 이어지는 뒤로 달리기지요. 이것은 좀 더 정교한 형태의 자기기만입니다. 사람들은 침울한 저하 상태가 되는 것을 스스로 허용하지 않습니다. 그래서 말하지요. "내가 그토록 엄청난 복을 받았는데, 그토록 놀라운 체험을 했는데, 어떻게 침울한 낙심 상태에 빠졌다고 말할 수 있단 말인가? 안 될 말이지. 침울한 낙심이란 있을 수 없는 거야."

티베트의 위대한 스승 마르빠에 관한 이야기가 있습니다. 마르빠가 스승인 나로빠를 처음 만났을 때, 나로빠는 제단을 만들고 그것이 특별한 '헤루까(Heruka, 신)'의 화신이라고 말했지요. 제단과 나로빠는 둘 다 영적인 능력과 에너지를 지니고 있습니다. 나로빠가 마르빠에게 깨달음을 얻기 위해 어느 쪽에 절을 하겠느냐고 물었습니다. 마르빠는 학자였으므로, 구루는 보통 사람과 동일한 육신 안에 살고 반면에 제단은 인간의 결함이 조금도 없는 지혜의 순수한 몸이라고 생각했지요. 그래서 그는 제단에 절을 했습니다. 그러자 나로빠가 말했어요. "그대의 영감이 사라질까 두렵다. 그대는 잘못 선택했다. 이 제단은 내가 만든 것이다. 내가 없으면 여기 이렇게 있을 수가 없어. 사람의 몸을 지혜의 몸에 견주는 것은 이치에 맞지 않는 일이다. 만다라의 위대한 진열도 내가 만든 것에 지나지 않는다."

이 이야기는 꿈, 희망, 기대가 자기기만의 바탕이 될 수 있음을 보여줍니다. 당신이 자기 자신이나 자기가 경험한 바를 '꿈의 실현'으로 여기는 한 자기기만에 빠져 있는 것입니다. 자기기만은 언제나 꿈의 세계에 의존하고 있는 것 같이 보입니다. 왜냐하면 당신이 지금 보고 있는 게 아니라 아직 보지 못한 것을 보고 싶어 하기 때문이지요. 당신은 지금 여기 있는 것이 진짜 있는 것이라는 사실을 받아들이려 하지 않고, 또 지금 벌어지고 있는 상황에 맞추어 살려고 하지도 않습니다. 그리하여 꿈의 세계를 창조 또는 재창조하려는 시도 속에서, 또는 실현된 꿈에 대한 그리움 속에서 자기기만이 그 모습을 드러내는 겁니다. 이러한 자기기만의 반대는 지금 여기서 이루어지고 있는 사실들을 받아들이고 그것들과 더불어 살아가는 것이지요.

사람이 어떤 종류의 지복(至福)이나 즐거움 또는 자기 꿈의 실현을 추구한다면, 마찬가지로 실패와 낙심으로 괴로움을 겪게 되어 있어요. 전체적으로 보면 이렇습니다. 분열에 대한 두려움, 합일에 대한 희망, 이 둘은 단순히 에고의 행위도 자기기만의 실현도 아닙니다. 에고가 어떤 행위를 실제로 할 수 있는 실물인 줄 알지만 그렇지 않습니다. 에고가 바로 행위요, 정신적 사건인 거예요. 열린 것이 다시 닫힐까 봐 두려워하는 것, 에고 없는 상태(무아의 상태)를 잃을까 봐 두려워하는 것, 그게 바로 에고란 말입니다. 이것이 제가 말씀드리는 자기기만의 의미입니다. 에고 없는 상태를 상실했다고, 성취에 대한 꿈을 잃었다고 에고가 울어대는 거지요. 두려움·희망·상실·획득, 이것들이 바로 꿈꾸는 에고의 계속되는 행위요 자기기만이 아닐 수 없는 자기 영구화, 자기 보존의 시도인 것입니다.

그러므로 참된 경험이란 꿈의 세계를 넘어 지금 여기 일상생활 속에서 아름다움, 색깔, 흥분을 있는 그대로 경험하는 것입니다. 사물을 있는 그대로 대면할 때 우리는 더 나은 무엇에 대한 희망을 버리게 되지요. 거기에는 요술이 없습니다. 침울한 낙심 상태에서 빠져나가라고 자신에게 말해줄 수 없기 때문입니다. 낙심, 무지, 감정 등 지금 우리가 경험하고 있는 모든 것이 다 참된 것이고 그 속에 엄청난 진실이 담겨 있습니다. 정말로 우리가 진실을 경험하는 것이 어떤 것인지 배우고 그것을 알고자 한다면, 지금 있는 곳에 있어야만 합니다. 그냥 모래 한 알이 되는 것, 그것이 문제의 전부라고 하겠습니다.

○ **실망하는 힘의 메커니즘에 대해 좀 더 말씀해주시겠어요? 내가 왜 실망하게 되는지는 알겠는데, 지복은 왜 일어나는 겁니까?**

● 처음에는 자기한테 지복을 강요할 수 있어요. 일종의 자기 최면이지요. 진정한 자신의 배경은 보려고 하지 않는다는 점에서 말입니다. 우리는 즉각적인 지복의 경험에만 눈길을 주지요. 실제로 우리가 존재하는 전체적인 기본 바탕을 외면합니다. 말하자면 굉장한 기쁨을 경험하기 위해 노력합니다. 문제는 이런 경험이 순전히 자기만을 지켜보는 데 근거한다는 사실이에요. 이것이야말로 이원적인 접근입니다. 우리는 무엇을 경험하고 싶고, 그래서 열심히 노력해 그것을 성취하지요. 하지만 일단 그 '높은 곳'에서 내려오면, 바다의 파도들 복판에 솟아 있는 검은 바위처럼 자기가 여전히 여기 있다는 사실을 깨닫게 됩니다. 그러면 실망이 찾아오는 거예요. 우리는 술을 마시고 취해서 전체 우주 속으로 흡수되기를 바라지만 아무튼 그런 일은 일어나지 않습니다. 여전히 여기, 처음 우리를 아래로 끌어내린 여기에 있지요. 그 뒤로 자기를 계속 먹여 살리려는 다른 모든 자기기만의 놀이가 시작되는데, 모두 자기를 완벽하게 보호하기 위해서예요. 이것이 '관찰자' 원리입니다.

○ **당신은 사람들이 특별한 체험을 하고는 그것에 이름표를 달아주며 집착한다고 말했습니다. 그런데 그건 거의 자동적인 반응 아닐까요? 제 생각에는 그것을 평가하지 않으려고 하면 할수록 실제로는 더 평가를 하고 있는 것 같은데요.**

마음 공부에 관하여

- 좋습니다. 일단 당신이 그러고 있음을 스스로 깨닫고 거기서 아무것도 얻고자 하지 않는다면, 당신은 거기서 빠져나오는 길을 발견하기 시작했다고 할 수 있겠습니다. 그때 당신은 그 모든 과정이 전혀 이로울 것 없는 거대한 게임의 한 부분이라는 것을 알게 됩니다. 그것이 이로울 것 없는 거대한 게임인 이유는, 당신이 그 과정을 통해 무엇인가를 이해하기보다 끊임없이 무엇을 세우고 또 세우기 때문입니다. 깨달음의 길에는 요술도 없고 눈속임도 없어요. 당신이 해야 할 유일한 일은 괴롭더라도 쓰고 있는 탈을 벗는 것입니다. 어쩌면 당신은 세우고 또 세우고 하다가 마침내 영성을 성취한다는 것이 허망한 시도였음을 깨닫게 되겠지요. 당신의 마음 전체가 투쟁으로 뒤죽박죽이 될 수 있습니다. 실제로 당신은 자신이 어디에서 왔다가 어디로 가는지 모른 채 완전히 탈진될 수 있어요. 그때 비로소 당신은 매우 유용한 교훈을 배우게 되는 겁니다. 모든 것을 포기하고 무(無)가 되는 거지요. 어쩌면 당신은 무가 되기를 갈망하는지도 모릅니다. 두 가지 해결책이 있어 보입니다. 하나는 그냥 여기서 탈을 벗어버리는 것이고, 다른 하나는 세우고 또 세우고 애쓰고 또 애쓰다가 이윽고 더 갈 데 없는 곳에 이르러 모든 것을 놓아버리는 거지요.

- **"우와, 마침내 내가 해냈어!" 이렇게 말할 때 그에게 무슨 일이 일어나는 겁니까? 그런다고 해서 여태 걸어온 여정이 모두 날아가 버리는 건 아니잖아요?**
- 그렇지요. 그런다고 해서 반드시 모두 허망해지는 건 아닙니다. 그러나 그래서 그다음엔 어떻게 되지요? 당신은 지금 상황을 있는 그대로

받아들여 거기서 무엇인가를 하는 대신 어제의 경험을 거듭거듭 되풀이하고 싶은 겁니까? 사람은 자기를 처음 열어놓을 때 놀라운 환희를 경험할 수 있습니다. 그건 아주 아름다운 일이지요. 그러나 중요한 것은 그다음이에요. 그 경험을 움켜잡고 거듭해서 같은 것을 경험하려고 애쓸 것이냐, 아니면 그 경험을 그냥 하나의 경험이 되도록 놔두고 첫 번째 맛보았던 섬광을 다시 맛보려고 애쓰지 않을 것이냐, 그게 중요하다는 말씀입니다.

○ **'당신은 야망이 있다. 그래서 언제나 무엇을 세운다. 그런데 그것을 더 많이 생각할수록 사정은 더 나빠진다. 그러니 당신은 모든 것으로부터 도망쳐야 한다. 그리고 그것에 대해 생각하려고 하지도 말아야 한다.' 이게 무슨 말입니까? 깨달음에 대해 생각을 많이 하고 그것을 얻으려고 노력할수록 사정이 더 나빠지고 더 많은 개념만 생긴다는 당신의 말을 우리가 어떻게 받아들일 수 있겠습니까?**

● 그건 아주 명백한 일이에요. 그 무엇도 찾으려고 하지 말라는 얘깁니다. 무엇을 발견하려고 하지도 말고 당신 자신을 입증하려고 하지도 말라는 거예요.

○ **그렇지만 사람은 때로 자기가 지금 도망치고 있다는 생각을 하게 될 때가 있잖아요. 그건 아무것도 안 하는 것과 다르지 않나요?**

● 일단 도망치려고 하면, 당신은 누가 뒤쫓아오고 있다는 사실뿐 아니라 당신 앞에서 당신을 향해 달려오는 사람들이 있음을 보게 됩니다.

마음 공부에 관하여

결국 어디로도 도망칠 데가 없게 되지요. 당신은 완전히 독에 갇힌 거예요. 그때 당신이 할 유일한 일은 그냥 가만있는 겁니다.

○ **무슨 뜻입니까?**

● 글쎄요. 그건 몸소 겪어봐야 합니다. 어디에서 도망친다는 의미와 어디로 달려간다는 의미에서, 그 어디로도 가려고 하지 않는다는 뜻입니다. 왜냐하면 둘이 결국 같은 것이니까요.

○ **자기를 기억하거나 자기를 지켜보는 게 모든 것을 그만두고 그냥 여기 있는 것과 걸맞지 않은 일인가요?**

● 자기를 기억하는 것은 실제로 매우 위험한 기술입니다. 그것은 굶주린 고양이가 쥐를 노려보듯이 자기 자신을 지켜보는 것일 수 있어요. 문제는 이것입니다. 만일 당신에게 관계에 대한 어떤 견해가 있다면, 내가 이것을 경험하고 있다, 내가 이것을 하고 있다는 식으로 말입니다. 그러면 '나'와 '이것'이 동등하게 아주 강한 개체로 마주 서게 되는 것입니다. 그렇게 되면 어쨌거나 '나'와 '이것' 사이에 갈등이 생기지요. 마치 '이것'은 어머니요, '나'는 아버지라고 말하는 것과 같습니다. 그 두 극단과 더불어 당신은 무엇인가를 낳지 않으면 안 됩니다. 그러므로 다만 생각할 일은 '이것'이 없게 해서 '나' 또한 없게 하거나, 아니면 '나'를 없게 해서 '이것'이 없게 하는 거예요. 그것이 그렇다고 자신한테 말해주는 게 아니라 그냥 느끼는 것, 경험하는 것입니다. 당신은 두 극단을 지켜보는 자 또는 관찰하는 자를 떠나보내야 해요. 일단

지켜보는 자가 사라지면 전체 틀이 무너져 버립니다. 이분법은 전체 그림을 계속 관찰하는 자가 있어야만 존속되지요. 당신은 관찰자와 그가 중앙 사령부에서 어느 것 하나 놓치지 않으려고 만들어놓은 복잡한 관료 체제를 함께 치워버려야 합니다. 일단 우리가 관찰자를 없애버리면 우리 앞에 어마어마한 공간이 있게 되는데, 그것은 관찰자와 그의 사령부에 속한 관료 체제가 그만큼 엄청난 공간을 차지하고 있었기 때문이지요. 우리가 '나'와 '남'이라는 필터를 제거하면 공간이 예민하고 지적이고 정밀한 것으로 바뀝니다. 그 공간 안에는 어떤 상황에도 맞추어 적응할 수 있는 정밀한 능력이 가득 차 있지요. 사람에게는 '관찰자'나 '지켜보는 자'가 정말로 필요치 않습니다.

○ 관찰자가 존재하는 것은 내가 여기보다 더 높은 어떤 데서 살고 싶어 하기 때문인가요? 내가 만일 그것들을 놓아버리기만 하면, 그러면 나는 '여기'에 있는 겁니까?

● 예, 그렇습니다. 관찰자만 사라지면 높으니 낮으니 하는 관념도 무용지물이 되지요. 그렇게 되면 더 이상 높은 데 오르려고 시도하거나 노력하지 않게 됩니다. 그럴 때 당신은 있는 그대로, 지금 있는 겁니다.

○ 관찰자를 힘으로 제거할 수 있습니까? 그것 자체가 또 다른 평가 게임 아닐까요?

● 관찰자를 악당으로 여길 필요는 없어요. 일단 명상의 목적이 더 높은 데로 올라가는 데 있지 않고 지금 여기에 존재하는 데 있음을 이해하

게 되면, 관찰자는 제 기능을 다 발휘할 수 없게 되어 자동으로 떨어져 나갑니다. 관찰자의 기본 성격은 매우 유능하고 활동적인 존재가 되려고 하는 것이지요. 그러나 온전한 깨어 있음은 이미 당신이 지니고 있는 것입니다. 그러니 깨어 있기 위해서 이른바 '효율적인' 시도를 따로 하는 것은 자기를 패배시키는 짓입니다. 그러는 것이 부적절함을 알 때 관찰자는 스스로 떨어져 나가지요.

○ **지켜보는 자 없이도 깨어 있기가 가능한가요?**

● 예, 관찰자는 편집증일 따름이니까요. 당신은 '나'와 '남'을 구분 짓지 않음으로써 완전히 열려 있고 탁 트여 있는 상황에 벌써 들어가 있는 겁니다.

○ **그 깨어 있음 속에 지복의 느낌이 들어 있나요?**

● 나는 그렇게 생각하지 않습니다. 지복이란 대단히 개인적인 경험이기 때문이지요. 당신은 동떨어져 있어서, 그래서 당신의 지복을 경험하고 있는 겁니다. 관찰자가 사라지면 어떤 경험을 즐거운 일 또는 괴로운 일로 평가하는 것 자체가 있을 수 없어요. 관찰자의 평가 없이 탁 트인 깨어 있음의 상태에 들 때, 지복이란 말 자체가 이치에 맞지 않습니다. 그것을 경험하는 자가 없다는 바로 그 사실 때문이지요.

무언가를 얻으려는 기대로 가득 찬
수행의 어리석음

아무도 우리를 구원해주지 않는다, 아무도 마술을 부려 우리를 깨달음에 이르도록 해주지 않는다는 뜻에서, 우리가 지금 이야기하고 있는 길은 '어려운 길'이라고 하겠습니다. 이 길은 불교의 가르침에 입문하면 모든 일이 순조롭고 즐겁고 평화롭게 진행되리라는 우리의 기대를 채워주지 않습니다. 그것은 정말 어려운 길이요, 단순히 두 마음의 만남입니다. 당신이 자신을 열고 기꺼이 만날 준비를 갖추면 선생도 마음을 엽니다. 그것은 마술이 아닙니다. 선생과 제자가 함께 자기를 열어 창조해내는 작품이지요.

　일반적으로 자유니 해탈이니 영적 깨달음이니 할 때, 우리는 그런 것들을 얻기 위해 스스로 해야 할 일은 아무것도 없고 누군가가 우리를 돌봐주리라는 생각을 합니다. "모든 게 잘되고 있으니 염려 말아라. 울지 말아라. 모든 게 잘될 것이다. 내가 너를 돌봐주겠다." 그래서 우리는 어떤 조직에 가입해 회비를 내고 등록부에 서명하고 거기서 시키는 대로만 하면 된다고 생각하지요. "나는 당신의 조직이 나의 모든 문제에 답을 준다고 확신합니다. 당신이 나를 위해 계획을 세웠을 줄 압니다. 나를 곤경에 넣으려거든 넣으십시오. 모든 것을 당신께 내맡깁니다." 이런 태도는 아무것도 하지 말고 다만 지시에 따르면 된다는 식으로 사람을 안심시킵니다. 자기를 가르치는 일도, 자기 단점을 없애는 일도 모두 남에게 떠넘기는 거지요. 그러나 안타깝게도 일은 그런 식으로 해결되지 않습니다.

우리 쪽에서 아무 할 일이 없다는 생각은 '그랬으면 좋겠다는 생각'에 지나지 않습니다. 온갖 어려움을 헤치고 자기 길을 걸어 인생의 실제 상황 속에 제대로 자리를 잡는다는 것은 많은 노력이 필요한 일입니다. 그러기에 배우는 학생으로서 자신을 알고 가면을 벗는 과정을 스스로 통과하려면 개인의 노력이 없을 수 없습니다. 사람은 결국 홀로서기를 해야 하는데, 그게 쉬운 일은 아니거든요.

그렇다고 해서 어려운 길에 들어선 우리가 반드시 영웅이 되어야 한다는 얘기는 아닙니다. 이른바 '영웅주의'의 태도는 우리가 악하고 불순하고 가치 없고 영적인 깨달음에 이를 준비가 되어 있지 않다는 가정에 뿌리를 내리고 있지요. 자신을 변화시켜 지금의 자기가 아닌 다른 무엇이 되어야 한다는 거예요. 예를 들어 미국의 중산층이면 직업을 버리고 대학도 그만두고 도시 생활에서 뛰쳐나와 머리를 기르고 경우에 따라 마약도 해야 한다는 겁니다. 반대로 히피족이면 마약을 끊고 머리를 자르고 찢어진 청바지를 벗어야 하지요. 우리는 특별한 사람이고 영웅이고 유혹에 빠지지 않았다고 생각합니다. 채식주의자가 되기도 하고, 이것이 되기도 하고 저것이 되기도 하는 거예요. 되어야 할 것은 이렇게 많고 많지요. 우리는 지금 우리가 걷는 길이 지금까지 걸어왔던 길에 정면으로 거스르기 때문에 영적인 길이라고 생각합니다. 그러나 그것은 고작해야 거짓 영웅주의의 길이요, 그 길에서 영웅이 되는 것은 다만 에고일 뿐입니다.

우리는 이와 같은 거짓 영웅주의를 극단으로 밀고 나가 자기 자신을 빈틈없이 엄격한 상황에 빠뜨리기도 합니다. 하루 스물네 시간 고개를 들고 서 있으라는 명령을 받으면 그대로 하지요. 그렇게 해서 자신을 정화하고 엄격한 고행을 감수하면서 자신이 깨끗해지고 달라지고 고상해졌다고 느끼는 겁니다. 그렇게 하는 데 아무 잘못된 점이 없어 보입니다.

우리는 아메리카 인디언의 길, 힌두교의 길 또는 일본 선불교의 길 같은 것을 모방할 수도 있습니다. 그들을 본받고자 셔츠, 넥타이, 허리띠, 바지, 구두 따위를 벗어버릴 수도 있고, 티베트 사람들과 함께 있으려고 북인도로 갈 수도 있어요. 티베트 의복을 입을 수도 있고 티베트 풍속을 따라 살 수도 있습니다. 여기에는 언제나 장애물이 있게 마련이고 중단하고 싶은 유혹이 따라오게 마련이니까, 그래서 이 길이 '어려운 길'이라고 생각할 수도 있겠지요.

힌두교 아쉬람에서 좌선을 하려면 6~7개월 동안 초콜릿을 먹을 수 없습니다. 그래서 초콜릿을 먹는 꿈을 꾸기도 하지요. 크리스마스나 설날이면 향수에 빠지기도 합니다. 그래도 자신이 수련의 길을 가고 있다는 생각으로 버팁니다. 이 난관을 물리쳐 마침내 수련의 대가가 되겠다는 마음을 잃지 않는 거예요. 우리는 수련과 훈련의 마법과 지혜가 우리를 올바른 마음 상태로 이끌어줄 것이라 기대합니다. 때때로 우리는 목적을 성취했다고 생각합니다. 아마도 6~7개월 동안 상당히 높은 경지에 오르는 경험을 했을지도 모릅니다. 그러나 우리의 황홀경은 얼마쯤 계속되다가 이윽고 사라져버립니다. 그런 상황에 우리는 어떻게 대처하고 있습니까? 꽤 오랫동안 높은 경지 또는 지복 상태에 머물러 있을 수도 있습니다만, 언제고 우리는 내려와서 평상으로 돌아와야 합니다.

내 말은 외국의 수련 전통을 우리의 마음 공부에 적용하지 말아야 한다는 뜻이 아닙니다. 다만 우리를 바른 마음 상태에 들어가도록 도와줄 어떤 마술 같은, 또는 의약적인 힘이 작용해야 한다는 관념을 지적했을 뿐입니다. 그런 생각은 오히려 문제를 악화시킨다고 봅니다. 이 물질계를 적절히 조작함으로써 지혜와 깨달음을 성취할 수 있다고 생각하는 이들이 있더군요. 탁월한 과학자에게 그 역할을 기대하기도 합니다. 그들이 우리를 병원으로 데려가 적당히 약물을 사용해 의식의 높은 경지로 끌어올려 줄 것이라고 생각하는 거예요. 그러나 불행하게도 그것은 불가능한 일입니다. 우리는 지금 있는 우리한테서 도망칠 수 없어요. 언제든 그것을 지니고 다녀야 합니다.

그러므로 정말로 생각해야 할 점은, 우리가 자신을 완전히 열어놓으려면 어떤 예물이나 희생 제물이 반드시 있어야 한다는 사실입니다. 이 예물은 어떤 형태의 것이어도 됩니다. 그러나 그것이 참된 예물이 되게 하려면, 대가로 뭔가 되돌려받으려는 희망을 철저히 비워야 합니다. 얼마나 많은 타이틀을 지니고 있는지, 얼마나 많은 외제 옷을 갈아입을 수 있는지, 얼마나 많은 철학과 서약과 신성한 의식에 참석하고 있는지, 그런 것은 문제가 되지 않습니다. 우리는 우리가 내놓은 예물의 대가로 무엇을 얻으려는 마음을 포기해야 합니다. 그것이야말로 진짜 어려운 일이지요.

우리는 일본을 여행하면서 놀라운 시간을 경험할 수 있습니다. 일본 문화와 아름다운 사원들과 훌륭한 예술품들을 즐길 수 있습니다. 우리는 그것들한테서 아름다움을 발견할 뿐만 아니라, 그것들이 들려주는 말을 들을 수도 있어요. 일본 문화는 서양 세계의 그것과 전혀 다른 생활 양식에서 만들어진 것입니다. 그래서 우리에게 해줄 말이 많지요. 그러나 그 문화와 여러 상(像)의 정교함과 겉모양의 아름다움이 과연 얼마만큼이나 우리를 진정으로 흔들어놓는 걸까요? 우리는 모릅니다. 우리는 그저 아름다운 기억들을 간직하려고 할 따름이지요. 그 경험을 뚫고 들어가 자세히 알아보려고 하지는 않습니다. 그것은 감각의 영역에 속한 문제일 뿐입니다.

아니면 어느 구루가 아주 뜻깊은 의식에 우리를 동참시켰을 수도 있습니다. 그 의식은 정말 의미 깊고 특별한 것이었습니다. 그러나 과연 우리는 그 경험에 대해 얼마나 깊이 알아보려고 애를 쓸까요? 그것은 캐묻기엔 너무 사적이고 감각적인 경험입니다. 오히려 우리는 그

마음 공부에 관하여

장엄하고 의미 있는 경험을 잘 보관해두었다가, 어려운 때가 닥치거나 낙심하고 의기소침해지면 자기를 위로하고자 보관했던 그 추억들을 꺼내 우리가 이미 어떤 것을 이루었는지 스스로 일깨워줍니다. 그러면서 지금도 제 길을 잘 가고 있는 것이라고 타이릅니다. 그건 조금도 어려운 길이 아닌 것처럼 보입니다.

반면에 우리는 나누어주기보다 긁어모으는 쪽에 더 마음을 쏟고 있지요. 당신의 영적 쇼핑을 돌이켜보세요. 과연 우리는 무엇인가를 완전하고 적절하게 내어준 경험, 자신을 다 열어놓고 모든 것을 남에게 주어버린 경험이 있던가요? 모든 탈을 벗고 갑옷과 함께 셔츠와 피부와 살과 핏줄, 마침내 심장까지 모두 벗어버린 경험이 있습니까? 벗기와 열기와 주기의 과정을 제대로 겪어본 적이 있나요? 이것이야말로 근본적인 질문입니다. 우리는 진정으로 항복을 해야 하고 무엇인가 내주어야 하고 고통스럽더라도 포기해야만 합니다. 에고를 허물고, 그 무엇도 일삼아 하지 않고, 자기를 열고 모든 것을 포기하는 과정이 진정한 배움의 과정입니다. 그런데 대부분의 경우 우리는 그것들 가운데 어느 것도 포기하려 하지 않지요. 그저 모으고 쌓고 세우고 층 위에 층을 보탤 뿐입니다. 그래서 이 어려운 길의 전망은 더욱 어두워지고 있습니다.

문제는 우리가 쉽고 아프지 않은 대답을 찾고자 한다는 데 있어요. 그러나 이런 식의 해결책은 영적인 길을 찾는 마음 공부에 걸맞지 않습니다. 일단 영적인 길에 들어선 이상, 그것은 매우 고통스러운 길이고 우리는 그것을 각오해야 합니다. 우리는 마침내 우주 앞에 벌거숭이가 될 때까지 옷과 피부, 가슴, 머리를 모두 벗어버리고 자신을 완전히 노출시키는 고통을 감수하기로 서약한 것입니다. 아무것도 남아 있으면 안 됩니다. 그것은 매우 두렵고 괴로운 일이겠지만, 피할 수 없고 피해서는 안 되는 길입니다.

지금 우리는 한 낯선 의사 앞에 있습니다. 그가 우리를 수술하려고 하는데, 우리의 질병과 정직하게 맞닥뜨리고 싶어서 마취제를 쓰지 않을 참입니다. 동시에 그는 꾀병을 앓거나 거짓으로 꾸며낸 증세를 보여주는 일을 허용하지 않습니다. 우리는 차라리 그를 만나지 않았더라면 좋았겠다고 생각하지요. 자신을 마취시키는 방법이라도 알아둘 걸 합니다. 그러나 이제는 어쩔 수 없습니다. 출구가 없어요. 그가 힘이 너무 세어서가 아닙니다. 우리는 당장이라도 그에게 작별 인사를 하고 떠날 수 있습니다. 그러나 우리는 지금 그에게 많이 노출되어 있고, 그 과정을 모두 되풀이한다는 건 생각만 해도 너무 괴로운 일입니다. 그것을 반복하고 싶지 않은 거예요. 그래서 어쩔 수 없이 우리는 이 길을 끝까지 갈 수밖에 없는 겁니다.

이 의사와 함께 있다는 건 지극히 불편한 일입니다. 그래서 끊임없이 그를 거스르려고 하지만, 우리는 그가 우리의 게임을 통째 꿰뚫고 있다는 사실을 알고 있지요. 이 수술은 그가 우리와 통교하는 유일한 수단이고, 그래서 우리는 그것을 받아들여야 합니다. 자신을 활짝 열어놓아야 한다는 말입니다. "내게 무슨 짓을 하고 있는 거지?" 하고 물으면 물을수록 우리는 더욱 난처해질 뿐이지요. 스스로 자기가 어떤 존재인지를 알고 있기 때문입니다. 그것은 도망칠 곳이 없는 좁은 길이요,

아픈 길입니다. 우리는 철저히 항복하고 이 의사와 맞상대를 해야 합니다. 무엇보다도 구루한테서 어떤 마술적 해결을 얻어보려는 기대를 벗어버려야 해요. 그의 마력으로 특별하고 아픔도 없는 방법을 알아내려는 마음 말입니다. 아프지 않은 수술 방법이 있는지 알아보려는 노력을 포기해야 합니다. 그가 마취제를 써서 우리가 모르게 수술이 끝나 모든 것이 완벽해져 있는 상황을 꿈꾸어서는 안 됩니다. 우리는 아무 속임수나 감추어둔 구석 없이 노골적으로 자신을 활짝 열고 영적 친구와 만나야 합니다. 그것은 힘겹고 고통스러운 어려운 길입니다.

○ **자기를 노출시키는 게 그냥 일어나는 일인가요? 아니면 자기를 열어놓는 어떤 방법이 있나요?**

● 자기 자신을 노출시키는 과정에 이미 들어섰으면, 자기를 열어놓는 시도를 덜 할수록 더 잘 열어놓게 되지요. 나는 그것이 당신이 의무적으로 해야 하는 일이라기보다 자동으로 되는 행위라고 봅니다. 우리가 처음 굴복에 대해 말할 때, 당신이 한 친구에게 모든 것을 털어놓으면 더는 할 일이 없다고 말했지요. 있는 것을 그냥 받아들이는 겁니다. 완전히 벌거벗겨지는 상황에 처할 때, 우리는 몸을 가려줄 옷이 있으면 좋겠다고 생각하지요. 이렇게 망설이게 되는 상황은 우리가 사는 동안 언제나 다가옵니다.

○ **자신을 노출시키기 전에 영적 친구가 있어야 하나요? 아니면 그냥 삶의 상황에 우리 자신을 열어놓을 수 있는 겁니까?**

● 내 생각에는 당신이 그러는 것을 볼 누군가가 필요합니다. 그러면 좀 더 현실감 있게 여겨질 테니까요. 아무도 없는 방에서 옷 벗기는 쉬운 일이지요. 하지만 사람들이 가득 찬 방에서 옷을 벗는 건 쉬운 일이 아닙니다.

○ **그러니까 우리한테 우리 자신을 열어놓으란 말씀인가요?**

● 그렇습니다. 그러나 우리는 그것을 그런 식으로 보지 않지요. 우리는 스스로를 너무 많이 인식하고 있기 때문에 관중을 강하게 의식하고 있는 겁니다.

○ **어째서 고행을 하거나 수련을 하는 것이 '진짜로' 어려운 길이 아닌지, 이해가 되지 않습니다.**

● 당신은 자신을 속일 수 있어요. 실제로는 어려운 길을 가지 않으면서 스스로 어려운 길을 가고 있다고 생각하는 겁니다. 영웅을 다룬 연극에 출연하는 것과 비슷하지요. 영웅주의 경험에는 '쉬운 길'이 아주 많이 포함되어 있어요. 반면에 어려운 길은 훨씬 더 개인적이지요. 영웅주의의 길을 걷고 있는 사람에게도 통과해야 할 진짜 어려운 길은 여전히 남아 있어요. 그것을 발견하는 것은 대단히 충격적인 일입니다.

○ **먼저 영웅적인 길을 걷는 게 필요하고, 그리고 진짜 어려운 길을 계속 걷기 위해 그 영웅적인 길에서 참고 견딜 필요가 있는 건가요?**

● 그렇게 생각하지 않습니다. 내가 지적하려는 것이 바로 그 점입니다. 만일 당신이 영웅적인 길을 취한다면, 스스로 무엇을 성취했다는 생각을 함으로써 당신의 에고 위에 층과 피부를 겹으로 덧입히게 됩니다. 그런데 놀랍게도 얼마 뒤에 당신은 또다시 필요한 뭔가를 발견하지요. 사람은 덧입혀진 층들과 피부들을 벗겨내야 합니다.

○ **당신은 혹독한 아픔을 경험할 필요가 있다고 말했습니다. 탈 벗는 과정을 이해하면 그런 아픔을 반드시 거치지 않아도 되는 건가요?**

● 교묘한 속임수가 들어 있는 제안이군요. 이해란 실제로 그렇게 하는 것을 뜻하지는 않습니다. 그냥 이해하는 거예요. 어떤 사람이 고문을 당한다면 생리학적으로 어떤 과정이 진행되는지, 그가 어떻게 고통

을 겪는지 우리는 이해할 수 있습니다. 그러나 실제로 고문당하는 것은 전혀 다른 문제지요. 고통을 철학적, 지성적으로 이해하는 것으로는 부족합니다. 실제로 그것을 적절하게 느껴야 해요. 문제의 핵심으로 들어가는 유일한 길은 당신 스스로 그것을 겪는 겁니다. 그러나 고통스러운 상황을 일부러 만들 필요까지는 없어요. 그런 상황은 날카로운 칼을 가지고 있는 영적 친구가 필요한 만큼 가져다줄 거예요.

○ 당신이 스스로 항복하는 과정을 밟고 있는데, 그때 당신의 영적 친구가 수술칼을 들고 다가와 마취제를 치워버립니다. 지극히 겁나는 상황이 벌어진 겁니다. 게다가 영적 친구는 대단히 화가 나 있고 당신을 역겨워합니다. 당신은 달아나고 싶어 하지요. 이런 상황을 어떻게 설명하시겠습니까?

● 바로 그 점입니다. 그것이 내가 말한 마취 없이 진행하는 수술입니다. 당신은 그것을 기꺼이 받아들여야 합니다. 만일 달아난다면, 그것은 맹장 수술을 받아야 할 사람이 수술실에서 뛰쳐나와 달아나는 것과 같아요. 그러면 그의 맹장은 터지겠지요.

○ 하지만 지금은 영적 친구를 만난 지 얼마 안 되는 시점입니다. 이제 겨우 5분 정도 함께 있었거든요. 그런데 갑자기 지붕이 무너져 내렸습니다. 그가 지붕 문제를 해결하려고 떠나면서 이렇게 말합니다. "난 가봐야겠네. 우리가 함께 있은 지 5분 지났군. 상황을 있는 그대로 받아들이게. 모두 포기해버려. 자네 혼자서 해야 하네. 자네가 모든 것을 끊어버리면 그때 내가 다시 말해주겠네." 이것이 지금 제가 경험하고 있는 상황입니다.

● 아시겠지만, 당신이 지금 막 출발한 학생인지 아니면 꽤 앞으로 나간 학생인지 그건 문제가 아닙니다. 사람이 자기 자신과 얼마나 함께 있느냐, 그게 문제입니다. 만일 자기 자신과 함께 있다면 자기를 알 것입니다. 그것은 질병을 앓는 것과 같아요. 당신이 외국을 여행하다가 아파서 의사를 찾아갔다고 합시다. 의사는 당신과 말이 통하지 않지만, 그래도 당신의 몸을 진찰해서 어디가 잘못되었는지 알 수 있지요. 그래서 곧장 병원으로 데리고 가서 수술을 할 수 있는 겁니다. 수술을 할 것이냐 말 것이냐는 당신의 병이 얼마나 오래되었는지, 어느 정도로 병이 깊은지에 달려 있어요. 맹장에 탈이 났는데, 의사가 당신과 친구가 될 때까지 기다린다면 당신은 맹장이 터져 죽겠지요. 병을 치료하는 사람이 그래서는 곤란하지 않겠습니까?

○ **사람이 이 길에 첫 발짝을 내딛게 되는 까닭은 무엇일까요? 무엇이 그를 이리로 이끄는 건가요? 우연입니까? 운명일까요? 업보입니까? 도대체 무엇일까요?**

● 자신을 완전히 노출시키면 벌써 당신은 길 위에 있는 겁니다. 자신을 절반쯤 내보인다면 절반쯤만 길 위에 있는 거지요. 당신이 의사에게 정보를 조금밖에 주지 않으면 그만큼 치료 속도가 느려지게 마련입니다. 의사에게 자신을 더 많이 열어놓으면 그만큼 빨리 치료되겠지요.

○ **자기를 드러내는 것이 참으로 어렵지만 반드시 가야 하는 길이라면, 나를 해칠 것이라고 판단되는 악을 향해서도 열어놓아야 하는 겁니까?**

● 열림은 다가오는 모든 위험에 자기를 내던지라는 말이 아닙니다. 당

신 자신을 열어놓기 위해서 달리는 기차 앞에 서야 하는 건 아니니까요. 그건 일종의 영웅주의라고 하겠는데, 잘못된 길입니다. '악'이라고 판단되는 것에 직면할 때마다 실제로 위협받는 것은 에고의 자기 방어 기제입니다. 위기에 당면할 때 우리는 자신의 에고를 방어하기에 너무나도 급급해서 사물과 상황을 제대로 분명하게 보지 못합니다. 자신을 열어놓기 위해서 우리는 먼저 자신을 지키고 방어하겠다는 마음부터 비워야 합니다. 그런 뒤에야 비로소 상황을 있는 그대로 분명하게 파악해 적절하게 응할 수 있는 거예요.

○ **이 문제는 단번에 해결될 수 있는 문제가 아닌 듯합니다. 제 말은 어떤 경우에는 자기 자신을 열 수 있다가도 상황이 바뀌면 갑자기 탈을 써서 얼굴을 가리게 되더란 말입니다. 그러고 싶지 않아도 그렇게 되지요. 자기를 완전히 열어놓는다는 건 정말 어려운 일 같습니다.**

● 요점은 자기를 열어놓으려는 노력이 열림과 아무 상관이 없다는 데 있어요. 일단 이 길에 발을 들여놓으면, 자기를 개방하려는 노력을 포기하면, 모든 문제가 해결됩니다. 삶에서 벌어지는 상황에 관여하기를 바랄 것이냐 그러지 않을 것이냐 하는 문제가 더 이상 존재하지 않습니다. 에고의 원초적 본능이 해체되고 마는 거예요. 그렇게 되는 까닭은 에고의 본능이 경험 자체가 아니라 경험에 대한 자신의 판단에 근거해 있기 때문입니다. 노력이 에고입니다. 일단 노력을 포기하면 노력을 극복할 사람도 없어지지요. 그냥 사라지는 거예요. 그러니 아시겠지만, 노력을 상대로 싸워 이겨야 하는 문제가 아닙니다.

마음 공부에 관하여

○ 당신은 화가 나면 자신을 열어놓으려고 그 화를 드러내나요?

● 자기를 열어놓는다는 것은, 예를 들어 화가 났을 때 벌떡 일어나 누군가를 한 대 치는 것을 의미하지는 않습니다. 그것은 자기의 분노를 있는 그대로 노출시키는 것이라기보다 오히려 에고를 키워주는 방법인 것 같군요. 자기를 열고 상황에 굴복한다는 것은 벌어지고 있는 상황을 있는 그대로 보는 것이지 그것을 가지고 무얼 시도하는 게 아닙니다. 물론 아무 전제 없이 상황에 자기를 완전히 열어놓은 사람이라면 어떻게 처신하는 것이 옳은 일인지, 아니면 세련되지 못한 일인지 잘 알 겁니다. 그러면 어리석고 세련되지 못한 행동을 하는 대신 세련되고 창조적인 행동을 하겠지요. 일부러 그렇게 하려고 해서가 아니라 저절로 그렇게 되는 거지요.

○ 물건을 수집하거나 자기를 위장하는 것은 누구나 피할 수 없이 거쳐야 하는 단계입니까?

● 우리는 물건을 수집했다가 나중에 그것을 없애느라고 아픔을 겪습니다. 그것은 수술을 마치고 피부를 꿰맨 것과 비슷합니다. 실밥을 뽑아내려면 겁도 나고 걱정도 되지요. 그동안 낯선 물질이 피부에 박혀 있는 것에 익숙해졌기 때문입니다.

○ 스승 없이도 사물이나 자기 자신을 있는 그대로 볼 수 있을까요?

● 그럴 수 없다고 생각합니다. 사람은 자기를 활짝 열고 굴복하기 위해서 반드시 영적 친구가 있어야 해요.

○ **영적 친구가 살아 있는 사람일 필요성은 절대적인 겁니까?**

● 그래요. 그밖에 다른 '존재'는 모두가 상상의 산물입니다.

○ **그리스도의 가르침도 영적 친구가 될 수 있습니까?**

● 그렇다고는 말하지 않겠어요. 그건 어디까지나 상상 속의 상황입니다. 그리스도의 가르침뿐만 아니라 다른 모든 가르침이 그래요. 문제는 우리가 그것을 해석할 수 있다는 데 있어요. 그게 문제입니다. 기록된 가르침들은 언제나 에고의 해석 앞에 노출되어 있지요.

○ **자기를 열어놓고 노출시키는 것에 대한 당신의 말을 들으니 어떤 심리치료 학파가 생각납니다. 사람들이 하는 심리치료에 무슨 기능이 있다고 보시나요?**

● 대부분의 심리치료에서 문제가 되는 것은, 그 과정을 하나의 치료법으로 볼 때 당신이 진짜로 보는 것은 '치료'가 아니라 '치료하는 방법'이라는 겁니다. 달리 말하면, 당신의 치료가 하나의 취미가 되는 거지요. 나아가 그 사람이 아니라 그의 과거 역사가 치유되어야 한다고 보는 겁니다. 지난날 아버지나 어머니와 안 좋은 관계가 있었기에 지금 당신이 이렇게 건강하지 못한 성질을 가진 거라고……. 일단 한 사람의 개인사를 다루기 시작해서 그것이 현재에 영향을 미치게 되면, 그는 거기에서 벗어날 수 없다는 느낌을 가지게 됩니다. 그러면 그의 상황은 희망이 없어지는 거예요. 누구도 자기 과거를 없던 것으로 만들 수 없으니까요. 결국 그는 출구 없는 과거에 갇히게 되는데, 이런 치료법은 대단히 미숙하다고 하겠습니다. 실은 지금 여기에서 일어나고

있는 일에 창조적으로 대처할 길을 가로막는 것이기에 파괴적인 치료법이에요. 반대로 심리치료가 현재 순간의 삶에 역점을 둔다면, 그래서 생각이나 말 정도가 아니라 정서와 느낌으로 현재의 문제들에 대처토록 해준다면, 그건 매우 균형 잡힌 스타일이라고 봅니다. 불행하게도 지금 앞에 있는 문제를 풀기보다 자기 자신이나 자기 이론을 해명하는 쪽에 관심을 둔 심리치료법과 치료사들이 많더군요. 사실 그들은 지금 당면한 문제를 푸는 데 겁을 먹고 있는 겁니다. 우리는 어떤 이론이든 그것으로 문제를 복잡하게 할 것이 아니라 단순화시켜야 해요. 모든 개인 역사와 미래의 운명이 지금 이 순간의 상황에 들어 있는 겁니다. 모든 것이 지금 여기에 있어요. 그러므로 우리가 누구였고 지금 누구고 앞으로 누가 될 것인지를 알고자 지금 여기 아닌 다른 데로 갈 이유가 없는 겁니다. 과거를 해명하려고 하자마자 우리는 현재에 대한 야망과 투쟁 속에 함몰되어 현재 순간을 있는 그대로 받아들일 수 없게 되지요. 그건 비겁한 짓입니다. 나아가 심리치료사나 구루를 구세주로 여기는 건 건강하지 못해요. 우리 스스로 해야 합니다. 진짜 다른 대안이 없어요. 어떤 상황에서는 영적 친구가 우리의 아픔을 더 키워줄 수도 있지요. 그것이 의사와 환자 관계의 일부입니다. 바람직한 일은 영성의 길을 어떤 사치스럽고 유쾌한 길로 보지 않고, 살면서 부닥치는 현실을 있는 그대로 직면하는 길로 보는 것입니다.

완전히 열리지 못한 마음 공부는
욕망의 윤회를 되풀이한다

열린 길을 발견하기 위해, 먼저 자기기만을 있는 그대로 경험하고 우리 자신을 완전히 노출시키지 않으면 안 된다는 사실이 이제 분명해졌다고 봅니다. 우리는 자신의 야망에 대해 많은 경계심을 지니고 있기 때문에 '열린 길'이라는 주제를 놓고 생각하는 것을 망설일 수 있습니다. 그러나 이렇게 조심하는 것 자체가 이미 그것을 생각하고 있음을 보여주는 징조입니다. 사실 이 시점에서는 망설임이 자기기만의 또 다른 한 형태일 수도 있지요. 완전을 기해야 하고 지극히 조심해야 한다는 명분으로 가르침 자체를 무시하는 겁니다.

열린 길로 다가가는 일은 자신을 노출시키는 경험—자신을 삶에 열어놓고, 지금 있는 그대로의 자신이 되어 장단점을 모두 영적 친구에게 보여주고, 주어진 자기 길을 가는 경험 — 을 통해서 이루어집니다. 그렇게 자기를 철저히 노출시켜 두 마음의 만남인 전수를 경험할 때, 당신은 자신에게 주어진 신임장을 비로소 제대로 평가하게 됩니다. 바야흐로 당신은 특별한 사건을 경험했고, 스승과 당신이 서로 자기를 열어 같은 순간에 자기 자신과 영적 친구를 함께 만났습니다. 그건 정말 흥분되고 아름다운 경험이었지요.

문제는 우리가 늘 자신을 안전하게 지키면서 우리가 옳다는 것을 스스로에게 재확인시키려는 데 있습니다. 우리는 매달려 있을 만한 든든한 무엇을 끊임없이 찾고 있어요. 스승과 열린 마음으로 만난 '기적 같은' 상황이야말로 기적과 마술에 대한 우리의 기대를 충족시켜줄 환상적인 경험이지요.

자기기만의 길에서 내딛는 두 번째 발걸음은 기적을 보고자 하는 욕망입니다. 우리는 위대한 요기들, 스와미들, 성인들과 화신들의 생애를 기록한 책을 이미 많이 읽었습니다. 거의 모든 책이 비범한 기적 이야기를 담고 있지요. 누가 벽을 뚫고 걸어갔다든지, 세계를 거꾸로 뒤집어놓았다든지, 모두가 기적입니다. 당신은 그런 기적이 실제로 일어난다고 자신에게 일러주고 싶어 합니다. 그 까닭은 자신이 구루 편에, 그의 가르침과 기적 편에 서 있고, 자기가 하고 있는 일이 안전하고 힘 있으며, 그렇게 해서 결국 자신이 '착한 사람들' 편에 있음을 확실히 해두고 싶기 때문이지요. 환상적이고 비범하며 초자연적인 일을 이룬 얼마 안 되는 사람들, 세계를 거꾸로 뒤집어놓은 그런 사람들 가운데 하나가 되고 싶은 겁니다. "나는 마룻바닥에 서 있다고 생각했다. 그러나 천장에 서 있는 자신을 보았다!" 영적 친구인 스승과의 번갯불 같은 만남은 분명한 현실이고 순수한 경험이며 그 자체가 기적입니다. 어쩌면 우리는 완전히 확신하지는 못하겠지만, 분명히 그러한 기적은 우리가 무엇인가를 향해 나아가고 있음을, 적어도 진짜 길을 발견했음을 의미합니다.

이렇게 우리가 지금 하고 있는 일이 옳은 일임을 자신에게 입증하려는 시도 속에는 자기가 스스로를 잘 안다는 전제가 들어 있습니다. 우리는 자신이 매우 특별한 일을 하고 있는 소수에 속한 자로서 다른 사람들과 다르다고 스스로 생각합니다. 이렇게 자기가 특별한 존재임을 입증하려는 시도는 자기기만을 확인하려는 시도에 지나지 않습니다. "나는 어떤 특별한 경험을 했어. 기적을 보았지. 나는 깨달음을 얻었어. 그러니 이 길을 계속 가야 해." 이렇게 말하는 사람이야말로 매우 폐쇄적이고 안으로 굳어진 상황에 처해 있는 거예요. 그래서 바깥세상에 있는 친구나 친척들과 어울릴 시간이 없다고 생각하지요. 다만 자기 자신에게만 관심을 갖는 겁니다.

결국 이와 같은 자세는 우리를 지루하고 고단하게 할 뿐입니다. 그래서 자기를 속여왔다는 사실을 깨닫고 진짜 열린 길로 가까이 다가가기 시작하는 거예요. 우리는 우리의 모든 믿음이 환각이었음을 눈치 채고, 자신의 경험을 평가함으로써 그 경험을 망가뜨렸다는 사실을 깨닫게 됩니다. 그래서 이렇게 말하지요. "그래. 번갯불 같은 깨달음을 경험한 건 사실이야. 그런데 나는 그것을 소유하고 움켜잡으려 했어. 그래서 그게 가버린 거야." 이윽고 우리는 있는 그대로 자기를 열어놓는

마음 공부에 관하여

대신 뭔가를 스스로 입증하려는 시도가 바로 자기기만이라는 것을 발견하게 됩니다. 이 시점에 이르러 어떤 사람은 자기 자신을 벌주기 시작하지요. "만일 내가 자신을 속이지 않으려고 시도한다면, 그것 또한 다른 형태의 자기기만이다. 그래서 그렇게 하지 않으려고 하면 역시 자기를 속이는 짓이다. 어떻게 내가 나 자신을 해방시킬 수 있을까? 만일 내가 나를 해방시키려고 한다면, 그것 또한 자기기만의 한 형태다." 이렇게 해서 중복되는 편집증의 연쇄반응이 끝없이 이어지는 겁니다.

스스로를 속여왔음을 발견함으로써 우리는 마음에 심한 고통을 겪게 되는데, 이는 유익한 일입니다. 자기 자신에 대해 도무지 속수무책임을 경험하는 것은 좋은 일이지요. 영성에 대한 다른 태도를 가질 수 있게 해주기 때문입니다. 우리가 당면한 문제는 언제 '진짜로' 우리 자신을 열 것이냐 하는 겁니다. 만일 내가 이것을 하면 저것이 생길 것이고 저것을 하면 이것이 생길 겁니다. 이 자기기만에서 어떻게 벗어날 수 있을까요? 알고 있고 보고 있지만 도무지 빠져나올 길이 없어 보입니다.

미안하지만, 이 문제는 각자가 자기 방식으로 해결할 수밖에는 없을 것 같습니다. 나는 지금 당신에게 깨달음으로 가는 길을 안내하고 있는 게 아닙니다. 나는 아무것도 보장할 수 없어요. 다만 이런 접근 방식에 뭔가 잘못이 있지 않은가, 그걸 암시하고 있을 뿐이에요.

우리는 이 길에 뭔가 잘못이 있다고 느끼고 스승을 만나 조언을 구할 수도 있겠지요.

"물론 우리가 그것에 대해 토론한 적은 없지만, 저는 이 길이 옳은 길이라고 확신했습니다. 그런데 뭔가 잘못된 것 같아요. 이렇게도 해보고 저렇게도 해보았습니다만, 결국 거듭되는 실패의 사슬에서 풀려날 수 없는 자신을 볼 따름입니다."

"좋아. 그래서, 그다음엔?"

"이 문제에 너무나도 사로잡혀 있어서 다른 건 시도할 엄두도 나지 않습니다."

"좋아. 그러면 푹 쉬시게."

"어떻게 이런 상태에서 쉬란 말씀입니까? 그밖에 들려주실 말씀이 없나요?"

"자네 문제를 풀어줄 해결책을 곧장 제시할 수 없어서 유감일세. 나는 처음부터 무엇이 잘못이었는지를 알아야만 하네. 전문가들이 늘 하는 말이지. 텔레비전에 이상이 있을 경우 자네는 즉각 진공관을 갈아 끼우지는 않을걸세. 먼저 어디가 기능을 하지 않는지, 어떤 부품에 탈이 났는지 알아보아야 하지 않겠나?"

"보면 아무 데도 이상이 없는 것 같습니다. 그런데 막상 켜보면 잡음만 시끄럽고 그러다가 꺼지고 말거든요. 고쳐보려고 이렇게 저렇게 온갖 시도를 다해보았지만 모두 헛수고입니다. 뭔가 녹아버린 것 같아요."

"큰 문제로구먼."

"선생님과 다른 구루들이 일러주신 대로 제가 여기서 벗어나기 위해 이런저런 방식으로 애를 써봅니다만, 도무지 문제가 끝날 것 같지 않습니다. 사정은 언제나 갈수록 고약해집니다. 숨쉬기도 해보고 참선도

해보고 열심히 해보는데 비슷한 문제들이 거듭거듭 발생하는 거예요. 물론 저는 이 모든 가르침과 방법들을 신뢰합니다. 스승들을 사랑합니다. 그들이 가르쳐준 방법들을 좋아해요. 정말입니다. 저는 그 방법들을 확실히 믿어요. 그 길을 걸어간 많은 사람이 아름다운 결과를 맺고 있다는 사실도 알고 있습니다. 그런데 저는 왜 이럴까요? 무엇이 잘못되었을까요? 어쩌면 이게 업보인지 모르겠습니다. 저는 이 집안의 말썽꾸러기일까요? 그럴 수도 있는 겁니까? 그렇다면 무릎으로 기어서 인도까지 가기라도 하겠어요. 어떤 희생이라도 치르겠습니다. 굶어서 죽을 수도 있습니다. 어떤 맹세라도 하겠어요. 다만 저는 그걸 얻고 싶습니다. 제가 무얼 할 수 있을까요? 선생님의 비결에 저 같은 사람을 위한 가르침이 들어 있습니까? 제가 복용할 만한 약이나 제가 드릴 수 있는 희생 제물 같은 것이 없을까요?"

"글세. 내일 다시 만나세. 뭔가 있을지 모르겠네."

영적 친구가 하는 말이 고작 "내일이나 주말에 다시 만나세. 그때 만나서 얘기해보자고. 너무 걱정하지 말게"입니다. 당신은 다시 가서 그를 만나지요. 자기에게 심각한 문제가 있고, 그것을 풀어줄 모든 대답이 그에게 있다고 생각하면서 말입니다. 그가 다시 묻습니다.

"어떤가? 어떻게 지내고 있나?"

"무슨 말씀이십니까? 저는 선생님의 답을 기다리고 있었어요. 제가 어떤 형편에 있는지 아시잖습니까? 도대체 말이 아니라고요!"

당신은 잔뜩 심술이 납니다. 그럴 만도 하지요. 언제나 그랬듯이 아무런 일도 일어나지 않고, 당신이 스승을 만나러 주말마다 찾아가는 동안 세월은 흘러갑니다. 당신은 끝내 아무 일도 일어나지 않는 게 아닐까 의심하면서도 이번에는 혹시나 하면서 다섯 번째, 여섯 번째, 일곱 번째 주말을 맞이합니다. 일곱은 매우 상징적이고 신비스러운 숫자지요. 세월은 계속 흐르고, 마침내 완전한 절망에 이릅니다. 결국 당신은 다른 해결책을 모색해야겠다고 생각합니다. '아무래도 다른 스승을 찾아가 만나야겠다. 이분하고는 말이 통하지 않는 것 같아. 차라리 집으로 돌아가서 고향 사람들하고 함께 사는 게 좋을지도 몰라. 그래도 이분한테 뭔가 있기는 있는 것 같은데, 그런데 어째서 아무 일도 일어나지 않는 걸까?' 그러면서 당신은 앉아 기다립니다. 그를 만날 때마다 그의 입에서 무슨 말이 나올지 뻔히 알고 있지요. "돌아가서 명상을 계속하시게." 또는 "어떠신가? 차나 한잔 드시게." 언제나 똑같습니다.

무엇이 잘못되었을까요? 잘못된 것은 없습니다. 전혀 없어요. 적어도 영적 친구와의 관계에 있어서는 아주 아름다운 상황이 계속되고 있는 거예요. 무엇인가 일어나기를 기다리는 것, 무언가를 넘어서려는 시도, 그 자체가 잘못입니다. 그렇게 무작정 기다린다는 건 당신이 자신에게 너무 많이 집중하고 있다는 걸, 밖을 향하지 않고 안으로만 파고든다는 걸 뜻하니까요. 잘못이라면 그게 잘못입니다.

나로빠와 그의 스승인 띨로빠의 이야기를 들려드릴까 합니다. 위대한 인도의 성자였던 띨로빠는 방금 우리가 얘기한 것과 똑같은 과정을 되풀이하며 12년 세월을 제자인 나로빠와 함께 보냈습니다. 띨로빠가 나로빠에게 말합니다. "저 집 부엌에 가서 국을 한 그릇 떠다 주게. 그러면 가르쳐주겠네." 나로빠는 부엌을 지키는 일꾼들한테 매를 맞아가며 겨우 국을 떠다 주지요. 피를 흘리면서도 가르침을 얻겠다는 마음에 행복해하면서 말입니다. 그러면 띨로빠가 또 이렇게 말하는 거예요. "한 그릇 더 먹고 싶네. 가서 가져오시게." 나로빠는 다시 가서 반송장이 되어 국을 떠 옵니다. 오직 가르침을 받겠다는 간절한 마음 때문이지요. 이번에는 띨로빠가 이렇게 말합니다. "고맙네. 어디 다른 데로 가보세." 이런 일이 거듭되기를, 스승한테서 무엇인가를 얻겠다는 나로빠의 기대가 꼭짓점에 이를 때까지 계속됩니다. 마침내 나로빠로서는 더 갈 데가 없게 된 바로 그 시점에 띨로빠가 신발을 벗어 그것으로 나로빠의 뺨을 갈깁니다. 그것이 아비셰카였어요. 가장 높고 가장 깊고 가장 위대하고—온갖 좋은 형용사를 총동원해도 모자랍니다—더없이 절묘한 아비셰카가 이루어진 거예요. 갑자기 신발을 벗어 뺨을 갈기고는, 그뿐입니다.

우리는 이 엉뚱해 보이는 장면에 넋을 빼앗겨서는 안 됩니다. 요점은 다만 열린 길, 열린 도(道)에 있어요. 우리는 그동안 철저하게 자기기만을 경험했고 실험해보았습니다. 뚜껑을 등에 진 거북이처럼 무거운 짐을 지고 걸어왔지요. 끊임없이 단단한 뚜껑으로 자신을 덮은 채 낑낑대며 느린 걸음으로 여기가 아닌 '다른 어딘가'로 가려는 시도를 거듭해왔습니다. 이제 우리는 그 모든 시도를 포기해야 합니다. 자기에게 무엇인가 요구하기를 그만두어야 해요. 자신에게 자비를 베풀어야 합니다. 바로 그때 열린 길이 비롯되는 거예요.

이제 우리는 자비의 의미를 생각해볼 때가 되었습니다. 자비는 열린 길로 들어서는 열쇠이자 열린 길의 바탕이면서 전부입니다. 자비가 무엇인지 말하는 가장 정확한 방법은 그것을 청정함으로, 바탕에 따스함이 깔려 있는 청정함으로 보는 것입니다. 이 단계에서 당신의 명상 수련은 자기 자신을 신뢰하는 것입니다. 일상생활에서 수련이 깊어질수록 당신은 자신을 더욱 신뢰하면서 자비스러운 태도를 지니게 됩니다. 여기서 말하는 자비란, 누군가에게 동정심을 느끼는 그런 게 아닙니다. 그것은 바탕에 깔려 있는 따스함이지요. 당신이 맑고 깨끗해지는 그만큼 따뜻한 사람이 되면서 뭔가 좋은 일이 자기 안에서 끊임없이 일어나고 있다는 즐거운 느낌이 드는 겁니다. 무슨 일을 하든 그 일이 당신의 명상을 훼방하는 걸림돌로 여겨지지 않고, 오히려 명상을 즐겁고 자연스럽게 하도록 돕는 것으로 여겨지지요. 그렇게 해서 당신은 자기 자신과 우정을 쌓게 되는 겁니다.

이렇게 자기 자신과 친구가 되면, 그 우정을 당신 안에 가두어두지 말고 밖으로 나가 세상과 관계를 맺어야 합니다. 자비가 바깥세상으로 나가는 다리가 되는 거지요. 자기 자신에 대한 신뢰와 자비가 당신에게 영감을 주어 인생을 춤추게 하고 세상의 여러 기운과 통교하게 합니다. 이와 같은 영감과 열려 있음이 부족할 때, 마음 공부는 욕망의 윤회를 되풀이하도록 만들 따름이지요. 자기 자신을 발전시키고 스스로 설정한 목표를 이루겠다는 욕망에 갇혀 있는 겁니다. 만일 목표를 이룰 수 없다고 생각하면 낙심천만해서 자신의 못남을 저주하고 고문하지요. 반대로 설정했던 목표를 이루었다고 생각하면 스스로 만족해서 공격적이 되는 겁니다. "내가 무엇을 하고 있는지 알고 있어. 그러니 나를 건드리지 말라고." 이렇게 우리는 자기가 전공한 분야에서 안하무인인 어떤 전문가들처럼 스스로 우쭐거리며 뻐기는 인간이 될 수도 있어요. 누가 좀 엉뚱하고 바보 같은 질문을 하면 친절하게 가르쳐줄 생각은 않고 도리어 화를 냅니다. "어떻게 그따위 어리석은 질문을 감히 내게 한단 말인가? 자네는 내가 누군지 모르는가?"

또는 어떤 형태로든 이원적 집중과 일종의 '신비로운 상태'를 성공적으로 경험할 수도 있을 겁니다. 그런 경우에 우리는 인습적인 견지에서 대단히 조용하고 신앙적인 모습으로 보이겠지요. 하지만 계속해서 우리는 자신의 '신비로운 상태'를 유지하고자 노력해야 하고, 그것을 인정받으려면 스스로 성취한 바를 점검하고 탐닉하기를 되풀이해야 합니다. 이는 전형적인 자기만족의 명상과 독각(獨覺)의 소승적 수련이고, 어떤 면에서는 일종의 왜곡이에요. 거기에는 자비와 열림의 요소가 없습니다. 오로지 자기 경험에만 집중해 있으니까요.

자비를 베푸는 일과 무엇을 성취하는 일은 전혀 상관이 없습니다. 자비는 끝없이 광활하고 드넓은 것입니다. 진짜로 자비로운 사람은 자기가 본인이나 남들에게 자비로운지 자비롭지 않은지도 잘 모르지요. 참된 자비에는 경계도 방향도 없기 때문입니다. '나를 위해서'라거나 '그들을 위해서'라는 그런 말 자체가 있을 수 없는 거예요. 자신과 세상을 신뢰하는 데서 나오는 자연발생적인 기쁨, 한결같은 기쁨으로 가득 차 있는 그것이 자비입니다.

우리는 자비를 풍요로움의 궁극적 태도라고, 반(反)-궁핍의 태도라고 말할 수 있을 겁니다. 자비에는 온갖 영웅적이고 활기차고 적극적이고 미래지향적이고 광대한 성질이 다 내포되어 있지요. 자신과 세계를 좀 더 자유롭고 폭넓게 만나고, 만사에 너그러운 생각을 품는 것이 자비란 말입니다. 두 번째 '야나(Yana, 수레)'를 '마하야나(Mahayana)'라고, '큰 수레[大乘, 대승]'라고 부르는 까닭이 여기에 있습니다. 그것은 사람이 풍요로워져야 하는 게 아니라 본래 풍요롭게 태어난 게 사람이라는 태도지요. 이런 확신 없이는 절대로 명상이 실천으로 바뀔 수 없습니다.

자비는 당신이 자연스럽게 다른 사람들과 관계를 맺도록 해줍니다. 더 이상 다른 사람들이 당신의 에너지를 고갈시키는 상대로 보이지 않게 되는 거예요. 오히려 그들은 당신의 에너지를 더 풍성하게 해줍니다. 그들과 관계를 맺는 가운데 당신이 자신의 풍요로움을 새삼 깨달아 알게 되기 때문이지요. 그러니 사람들이나 삶의 상황을 다루는데 어려운 문제가 있다고 해서 당신의 수단과 방법이 모두 바닥났다고 생각하지 마세요. 어려운 일을 당할 때마다 실은 그것들이 당신의 풍요로움과 부유함을 보여줄 좋은 기회로 다가올 겁니다. 이런 식으로 삶에 접근하는 사람은 절대로 결핍을 느끼지 않습니다.

열린 길인 대승으로 들어가게 하는 열쇠로서 자비가 보살의 초연한 행동을 가능케 합니다. 보살의 길은 보시(布施)와 열림—내어줌과 열어놓음—으로 비롯됩니다. 자기를 철저히 항복시키는 과정이지요. 여기서 열림이란 남에게 무엇을 주는 게 아니라 자신의 요구와 그 요구의 기준까지 포기하는 것입니다. 이것이 '다나 파라미타(Dana

Paramita)', 곧 보시 바라밀입니다. 당신의 바탕을 안전하게 지켜야 할 필요가 없음을 믿고, 당신이 본래 풍요로운 존재임을 믿고, 그래서 자기를 활짝 열 수 있음을 믿도록 실습을 통해 배우는 과정이지요. 이게 바로 열린 길입니다. 무언가를 끊임없이 요구하는 태도를 버릴 때 당신의 삶이 바탕에서부터 건강해지고, 그렇게 되면 두 번째 보살 행인 '실라 파라미타(Shila Paramita)', 곧 지계(持戒) 바라밀로 들어가는 겁니다.

자기를 활짝 열어놓고 "내가 이것을 한다. 내가 저것을 한다"는 생각 없이 모든 것을 포기하면, 그렇게 자기를 철저히 비우면 에고를 유지하거나 무엇을 쌓아두는 일에 연관된 상황들이 하찮은 것으로 바뀝니다. 그게 바로 지계예요. 더 이상 상처를 입을까 봐 걱정하지 않습니다. 아무도 무서워하지 않습니다. 완전히 자기를 열어놓았으니까요. 어떤 상황에도 무감각하지 않게 됩니다. 여기서 '크샨티 파라미타(Kshanti Paramita)', 곧 인욕(忍辱) 바라밀이 따라오지요. 인욕에서 '비르야(Virya)', 곧 정진(精進)하는 에너지가 나오고 이 에너지는 '드야나(Dhyana)', 곧 선정(禪定)을 경험하게 합니다. 더 이상 당신은 바깥 상황을 당신과 무관한 것으로 여기지 않습니다. 인생의 춤과 놀이에 깊숙이 개입되어 있기 때문이지요.

이제 당신은 더욱더 자신을 열어놓게 됩니다. 어떤 것도 거절하거나 수용해야 할 대상으로 여기지 않습니다. 그냥 다가오는 상황에 맞추어 흐를 뿐입니다. 어떤 종류의 다툼도 경험하지 않습니다. 적을 이기려고 한다거나 어떤 목적을 이루려고 애쓰는 일도 없지요. 무엇을 모아두거나 내주거나 하는 일을 따로 하지 않습니다. 이것이 '프라즈나(Prajna)', 곧 상황을 있는 그대로 볼 수 있는 반야(般若) 바라밀입니다. 초연한 앎이라고 할까요.

그러기에 열린 길의 중심 주제는 우리가 에고를 위한 투쟁을 포기하는 것으로 시작해야 한다는 것입니다. 자기를 완전히 열어놓기, 자기 자신을 절대 신뢰하기, 이것이 자비와 사랑의 진정한 의미인 거예요. 세상에는 사랑과 평화에 대한 말들이 참 많이 있습니다. 그러나 우리는 어떻게 그 사랑을 진짜로 실현할 수 있을까요? 그리스도는 "네 이웃을 사랑하라"고 했지요. 그런데 그 사랑을 '어떻게' 하느냔 말입니다. 우리는 '어떻게' 그 사랑을 인류에게, 온 세계에 펼치고 있나요? "사랑해야 하기 때문에 사랑한다. 그것이 진리다!" "사랑하지 않으면 너는 정죄받아 마땅한 악을 편들고 있는 것이다." "사랑하면 너는 옳은 길을 걷고 있는 것이다." 좋습니다. 그런데 '어떻게' 사랑을 하느냔 말입니다. 많은 사람이 사랑에 아주 낭만적이 되어 꽤 아름다운 사랑을 합니다. 그러나 그 격조 높은 사랑을 계속할 수 없게 하는 변수가 생기게 마련이지요. 털어놓기 어려운 문제가 발생하는 거예요. 그러면 그것을 덮어버리고 그것에 대해 잊으려고 합니다. 그러고는 또 다른 사랑의 폭발을 찾아 나서지요. 부정하고 싶은 자기 자신이나 상대방의 모습에는 애써 눈을 감고, 좀 더 덕스럽고 사랑스럽고 친절한 사람이 되려고 애쓰는 겁니다.

이런 말을 들으면 많은 사람이 실망할지 모르겠습니다만, 사랑이란 그렇게 아름답고 낭만적인 경험만은 아닙니다. 사랑은 이 세상의 아름다움과 마찬가지로 추함, 아픔, 공격성 따위와도 깊게 연루되어 있어요. 그것은 천당의 오락이 아니란 말입니다. 사랑 또는 자비는 열린 길로서 '있는 그대로'의 사물에 연결되어 있습니다. 사랑—우주적 사랑, 보편적 사랑, 또는 다른 무슨 이름으로 부르든 간에—을 전개하기 위해서 사람은 모든 상황을 있는 그대로 받아들여야 합니다. 빛과 어둠, 선과 악을 있는 그대로 받아들여야 하지요. 자신의 삶에 자기를 열어놓고 그것과 막힘 없이 통해야 합니다. 어쩌면 당신은 사랑과 평화를 발전시키기 위해, 그것들을 성취하기 위해 지금 싸우고 있는 중인지도 모르겠군요. "우리는 지금 사랑의 교리를 온 세계에 퍼뜨리기 위해 수천 달러의 돈을 쓰고 있소." 이렇게 말하면서 말입니다. 좋습니다. 사랑을 퍼뜨리세요. 계속하시라고요. 돈도 쓰세요. 그러나 그러는 당신 뒤에 버티고 있는 저 성급함과 공격성은 어떻게 하지요? 어째서 당신의 사랑을 받아들이라고 우리를 밀어붙이는 겁니까? 왜 그토록 성급하고 억지스러워야 하는 건가요? 만일 당신의 사랑이 남들의 증오에서 보이는 성급함과 공격성을 그대로 보여준다면 뭔가 잘못된 것이 아닐 수 없습니다. 그것은 어둠을 빛이라고 우기는 것과 같다고 하겠습니다. 그런 사랑에는 너무 많은 열망이 들어 있어서 누군가를 전향시키려는 태도를 보이게 마련입니다. 그것은 사물을 있는 그대로 받아들이는 열린 상황이 아니지요. "이 땅에 평화를!" 이 말을 제대로 실천에 옮기는 길은 평화니 전쟁이니 하는 관념을 모두 치워버리고 세상의 긍정적인 모습과 부정적인 모습에 똑같이, 그리고 철저히 당신 자신을 열어놓는 것입니다. 그것은 공중에서 세상을 내려다보는 것과 비숫합니다. 거기에는 빛도 있고 어둠도 있는데, 그 둘을 함께 받아들이는 거예요. 그럴 때 당신은 더 이상 어둠을 반대하며 빛을 옹호하려고 하지 않습니다.

보살의 행동은 물대접 백 개에 비치는 달빛과 같습니다. 대접마다 하나씩 달이 백 개가 있는 셈이지요. 그것은 달이 그렇게 계획한 바가 아닙니다. 어느 누구의 계획에 의한 것도 아닙니다. 어떤 이상한 이유로 물대접 백 개에 달 백 개가 떠 있는 것일 뿐이에요. 자신을 열어놓는다는 것은 이렇게 자신을 절대적으로 신뢰하는 것을 뜻합니다. 자기를 열어놓은 사람의 자비는 물대접 백 개에 달 하나씩을 일삼아 만들어주는 대신 거기 있는 대접 백 개에 있는 그대로 자기를 비추는 거예요.

우리가 풀어야 할 근본 문제는 너무나도 많은 것을 입증하고 채우려고 애쓰는 데 있는 것 같습니다. 무엇을 입증하거나 얻으려고 노력할 때 당신은 더 이상 자신을 열어놓지 못하고 모든 것을 점검하며 '바르게' 정돈하지 않으면 안 됩니다. 그러나 그런 편집증적인 삶의 방식으로는 어느 것 하나 입증되지 않지요. 사람들은 질적으로나 양적으로 온갖 기록을 남길 수 있습니다. 우리는 가장 크고, 가장 높고, 가장 많고, 가장 길고, 가장 거창한 무엇을 세웠다고 말입니다. 그러나 우리가 죽고 나면 그 모든 기록을 누가 기억해줄까요? 백 년쯤 기억할까요? 아니면 십 년쯤? 아니면 십 분쯤? 남겨진 기록이란 지금 이 순간에 있다가 사라지고 마는 것들입니다.

이것이 보살의 길, 곧 열린 길입니다. 보살은 천하에서 제일 용감하고 지혜로운 보살이라고 부처님한테 금메달을 받는다고 해도 그런 것에 눈길 한 번 주지 않습니다. 비밀스러운 문서에서 메달을 받은 보살들의 이야기를 찾아 읽는 일 따위에는 전혀 관심이 없습니다. 그 이유는 도무지 무엇을 증명해 보일 필요가 없기 때문이지요. 보살행(菩薩行)은 자연발생적이고, 활짝 열려 있는 삶이고, 무엇과도 다투거나 서두르는 법이 없는 열린 통교인 것입니다.

○ 보살이 된다는 건 사람들을 도와주는 것이라고 생각합니다. 사람들은 특별한 요구를 하지요. 그래서 보살은 특별한 행위를 하게 되고요. 그런데 상황에 자기를 열어놓는 것과 특별한 행위를 하는 것이 어떻게 서로 걸맞을 수 있을까요?

● 자기를 열어놓는 것은 무책임해지거나 멍청해지는 것을 뜻하지 않습니다. 주어진 상황에서 요구되는 바를 무엇이든지 할 수 있는 자유인이 되는 거예요. 어떤 상황에서 특별히 따로 바라는 바가 없기 때문에 그 상황에 적절한 방식으로 자유롭게 행동할 수 있는 겁니다. 만일 어떤 사람들이 당신한테 바라는 바가 있다면 그건 그들의 문제지요. 남들의 환심을 사기 위해 노력할 필요가 없다는 말입니다. 자기를 열어놓는 것은 '있는 그대로의 자신이 되는 것'을 뜻합니다. 편안한 마음으로 자기 자신이 될 수 있을 때 열림과 통교의 분위기가 저절로 자연스럽게 만들어지지요. 그것은 앞에서 말한 물대접에 비친 달과 같습니다. 물대접들이 있으면 그것들이 당신의 '달'을 저마다 비추겠지요. 그것들이 없으면 아무것도 비치지 않을 테고요. 대접의 물이 출렁거리면 당신의 달도 출렁거릴 겁니다. 전적으로 그들한테 달린 거예요. 당신은 활짝 열린 달이고, 대접들에 당신이 비치든 말든 마음을 쓰지 않고 마음을 안 쓰지도 않습니다. 그냥 거기에 있을 뿐이지요. 상황들은 자동으로 전개됩니다. 특별한 역할이나 환경에 자신을 맞추어야 할 필요가 없어요. 우리 모두가 너무나도 오랫동안 자신을 제한시켜가면서 상황의 좁은 구멍에 두드려 맞추려고 노력해왔어요. 많고 많은 가능성을 지나치면서 한 가지 가능성에만 눈독을 들이고 그것을 이루려고 너무 많은 에너지를 낭비해왔다고 봅니다.

마음 공부에 관하여

○ **사람이 자비로 행동하면서 여전히 할 필요가 있는 일을 해야 하는 건가요?**

● 서두름이나 외부의 공격이 없는 곳에서는 몸을 움직이고 무엇을 할 수 있는 여유가 느껴지지요. 그래서 해야 할 일들이 더 잘 보이는 겁니다. 그때 당신은 좀 더 능률적이 되고, 당신이 하는 일은 더 소중한 일이 되겠지요.

○ **저는 당신이 열린 길과 내면의 길을 구분한 걸로 알고 있습니다. 내면의 길과 외면의 길이 어떻게 다른지 좀 더 설명해주시겠습니까?**

● 음, 지금 당신이 사용한 '내면의'라는 단어는 자기 안으로 돌아가서 자기가 과연 쓸모 있는 존재인지, 능력 있고 어디에 내놓을 만한 사람인지를 심사숙고하는 뜻으로 생각되는군요. 그런 식으로 접근하면 '자기 자신한테 할 일'이 너무 많아지고 자기 안으로 지나치게 집중을 하게 되지요. 반면에 열린 길은 무엇이 잘 안 되지 않을까, 끝에 가서 실패하지 않을까, 이런 두려움을 모두 떨쳐버리고 순수하게 지금 눈 앞에 있는 일을 그냥 하는 겁니다. 사람은 자기가 이 상황에 어울리지 않지 않을까, 거절당하지 않을까 하는 그런 편집증을 모두 버려야 해요. 있는 그대로의 삶을 살아갈 따름입니다.

○ **따스한 태도는 어디에서 오나요?**

● 공격성의 부재에서 옵니다.

○ **하지만 그건 우리가 지향할 목표가 아닌가요?**

- 그것은 길이요, 다리입니다. 우리는 다리 위에서 살지 않지요. 다리는 밟고 건너는 것입니다. 명상 수련을 하다 보면 저절로 공격성이 없어지는 것을 경험하게 됩니다. 그것이 바로 법이에요. 법이란 '집착 없음' 또는 '욕심 없음'을 의미하고, 욕심 없음은 공격성의 부재를 의미하지요. 당신한테 열정이 있으면 욕구를 충족시켜줄 무엇을 얻고자 서두르게 마련입니다. 스스로 채워줘야 할 욕구가 없으면 공격할 일도 없고 서두를 것도 없지요. 그러므로 어떤 사람이 명상을 통해 진정한 단순 소박의 경지에 들어가면 저절로 그에게서 공격성은 사라지고 맙니다. 급히 이루어야 할 일이 없으니 편하게 쉴 수 있지요. 편하게 쉴 수 있으니 자신과 느긋한 친교를 나눌 수 있고, 자신을 사랑하고 자신과 친구가 될 수도 있는 겁니다. 그렇게 되면 마음속에 일어나는 모든 생각과 감정들이 자신과의 우정을 더욱 깊고 친밀하게 만들어주지요. 달리 말하면 자비는 명상 수련의 땅 같은 성격이라고, 땅의 든든함을 느끼는 것이라고 하겠습니다. 자비로운 따뜻함의 메시지는 서두르지 말고 모든 상황에 있는 그대로 대처하라는 거예요. 아메리카 인디언 수우(Sioux)족의 추장 '앉아 있는 황소[Sitting Bull]'가 완벽한 예 같네요. '앉아 있는 황소'는 매우 견고하고 유기적입니다. 당신이 진정으로 현존하며 쉬는 거예요.

○ **자비는 성숙하는 것이라면서, 그러나 그것을 일삼아 기를 필요는 없다고 말씀하시는 것 같은데요.**

- 자비는 스스로 자라고 발전하고 익어갑니다. 인간의 노력을 요구하

지 않아요.

○ **그것은 죽습니까?**

● 죽는 것 같지는 않습니다. 샨티데바(Shantideva, 7~8세기 인도의 승려)가 말하기를, 모든 무자비한 행실은 죽은 나무를 심는 것과 같고 모든 자비로운 행실은 산 나무를 심는 것과 같다고 했지요. 자비는 끝없이 자라되 결코 죽지 않습니다. 죽는 것처럼 보일 때도 씨앗을 남겨놓아 거기서 다시 자라납니다. 자비는 유기물이에요. 끝없이 이어지지요.

○ **어떤 사람을 만날 때 따뜻한 기운이 솟구치는 건 사실입니다. 그런데 그 기운이 지나치게 커져서 더 이상 움직일 수 없도록 만들 때가 있거든요.**

● 따뜻한 기운에 어떤 의도나 욕심이 들어 있지 않으면 그런 일이 일어나지 않겠지요. 요구르트를 만들 때 필요 이상으로 온도를 높이거나 자꾸 집적거리면 좋은 요구르트가 만들어지지 않습니다. 적정 온도에 맞춰놓고 그것을 내버려 두면 좋은 요구르트가 만들어지지요.

○ **내버려 둘 때가 언제인지를 어떻게 아나요?**

● 자기 자신을 끊임없이 관리할 필요는 없습니다. 자기를 항상 통제하려고 하는 대신 놓아버리고, 자신을 점검하는 대신 신뢰해야 합니다. 자신을 점검하려고 하면 할수록 그만큼 자연스러운 성숙을 훼방할 가능성이 커지는 거예요. 지금 하고 있는 일이 위태롭게 보일 수도 있고 모든 일이 엉망으로 무너져 내릴 것처럼 보일 수도 있습니다. 실제

로 그렇게 될 수도 있어요. 그래도 그것을 염려하지 마세요.

○ **어떤 사람이 일을 저질러서 염려하지 않을 수 없게 되었다면 어떻게 합니까?**

● 염려는 아무 데도 도움이 되지 않습니다. 일을 더 악화시킬 뿐이지요.

○ **우리가 지금 말하고 있는 과정이 일종의 '두려움 없음[Fearlessness]'을 요구하는 건가요?**

● 예, 그렇습니다. 그것이 바로 적극적 사고, 풍요의 정신이에요.

○ **어떤 사람에게 궁극적으로 좋은 일을 하기 위해서는 거친 행위도 필요하다고 보시는 건지요?**

● 당신이 지금 그러고 있지요.

○ **하지만 당신이 진정으로 자비롭거나 지혜롭지 않다면요?**

● 당신은 지금 자신의 지혜에 대해 질문하거나 그것을 걱정하는 게 아니에요. 당신은 다만 요구되는 일을 할 따름입니다. 당신이 직면한 상황은 그 자체로 지식으로 간주될 만큼 충분히 심오한 거예요. 당신한테는 부차적인 정보원이 필요 없습니다. 행동을 위한 안내문이나 보완이 필요치 않아요. 보완할 게 있으면 상황에 의해 자동으로 보완됩니다. 무슨 일을 거칠게 해야 할 경우 상황이 당신의 반응을 요구하니까 그냥 그렇게 하는 겁니다. 당신이 억지로 난폭함을 부리는 게 아니에요. 당신은 상황의 도구입니다.

○ **자비심이 느껴지지 않을 때는 어떻게 합니까?**

● 자비심을 '느낄' 필요는 없습니다. 그것을 일부러 느낄 필요가 없어요. 당신이 곧 자비심이니까요. 자기를 활짝 열어놓으면 자비심은 절로 피어납니다.

○ **자비의 다리를 지속적으로 유지하고 보존할 필요성이 있나요?**

● 그렇게 보지 않습니다. 그것은 유지와 보존보다 당신의 인정을 요구하지요. 다리가 거기 있음을 당신이 인정하는 것이 풍요의 정신입니다.

○ **그럴 만한 이유가 있어서 어떤 사람이 두려울 경우에는 어떻게 하나요? 제 경우에는 자비심이 깨어지던데요.**

● 자비심은 도움이 필요한 사람을 내려다보는 게 아닙니다. 보편적이고 기본적이고 유기적이고 적극적인 생각이 자비심이에요. 누군가를 두려워하는 것은 자신의 정체를 확실히 모르는 데서 유래하는 것 같습니다. 자기가 누군지 몰라서, 그래서 어떤 상황이나 사람이 겁나는 거예요. 어떤 상황에 처하든지 그것을 다룰 자기 나름의 방법을 제대로 알면 두려워할 이유가 없지요. 두려움은 자신에 대해 확실치 못한 데서 오는 겁니다. 자기 자신을 믿지 못하고, 그래서 지금 자기를 위협하고 있는 문제를 풀어낼 만한 능력이 없다고 스스로 생각하는 거예요. 자기 자신을 자비심으로 대할 줄 아는 사람은 무엇을 어떻게 해야 할지 잘 알고 있기 때문에 아무것도 두렵지 않습니다. 만일 당신이 무엇을 하고 있는지 안다면, 당신의 투영은 어떤 의미에서 체계적이

거나 예측 가능해집니다. 그러면 주어진 상황에 어떻게 관계 맺을 것인지에 대한 지식, 반야가 계발됩니다.

○ **이 대목에서 말하는 투영이란 무엇입니까?**

● 투영은 당신을 거울에 비추는 겁니다. 당신이 자신에 대해 불분명하기에 세상이 그 불분명함을 다시 당신에게 비추고, 그 반영(反影)이 당신을 따라다니는 거예요. 당신의 불분명함이 당신을 따라다니긴 하지만 어디까지나 거울에 비친 당신의 반영입니다.

○ **자기 자신한테 자비로우면 그때 자기가 하는 일을 안다고 하셨는데, 무슨 뜻입니까?**

● 명상의 두 얼굴은 언제나 동시에 나타납니다. 자기 자신한테 스스로를 열어놓고 긍정적인 태도를 보여주면, 그때 당신은 자기가 무엇을 하고 있는지 자동으로 알게 되지요. 더 이상 자기가 수상하지 않거든요. 이것이 '앎', '지혜', '저절로 실존하며 아는 지혜'입니다. 당신은 자기가 저절로 존재한다는 것을 알고, 자기가 누구인지를 알고, 그래서 동시에 자기를 신뢰할 수 있게 되지요.

○ **내가 정말로 나를 친구로 삼으면 매사에 실수할 것을 겁내지 않아도 될까요?**

● 그래요. 지혜는 티베트어로 예셰(Yeshe)인데, '원초적 지성'이라는 뜻입니다. 모든 시작의 처음이 당신이에요. 우리는 그것을 '자신에 대한 비롯됨 없는 신뢰'라고 부를 수 있습니다. 당신은 처음을 찾아야 할

이유가 없어요. 그것 자체가 하나의 원초적 상황이고 따라서 처음을 따로 찾아야 할 논리적 근거가 없는 겁니다. 그건 이미 있어요. 그것은 '비롯됨 없음'입니다.

본래 별것 없음을 알면
세상의 가짜들이 다 보인다

무엇이 유머 감각이 아닌가에 대해 생각해보는 것으로 이 주제를 다루면 재미있겠군요. 유머의 결핍은 지나치게 '엄격한' 태도에서 오는 것 같습니다. 만사에 너무나도 엄격해서 마치 살아 있는 송장처럼 끔찍하게 정직하고 끔찍하게 진지한 겁니다. 그는 고통스럽게 살아가면서 그 고통을 끊임없이 얼굴에 나타내지요. 실제로 어떤 근엄한 사실 — 현실 — 을 경험하고, 그래서 살아 있는 송장이 될 만큼 심각해진 것입니다. 이 살아 있는 송장의 경직성은 유머 감각의 정반대가 어떤 것인지를 보여줍니다. 그것은 마치 어떤 사람이 날 선 칼을 들고 당신 뒤에 서 있는 것과도 같지요. 만일 당신이 등뼈를 곧추세우고 바로 앉아서 제대로 명상을 하지 않으면 등 뒤에 있는 그가 가만두지 않을 겁니다. 바르고 정직하게 제대로 살아가지 않으면 당장 누군가가 당신을 때리는 거예요. 이것은 불필요하게 자기 자신을 감시하는 자아의식입니다. 우리가 무슨 짓을 하든 낱낱이 감시되고 감지되는 거예요. 이렇게 눈에 불을 켜고 감시하는 것은 '큰 형님'이 아니라 '큰 자기[Big Me]'입니다! 다른 얼굴을 한 내가 등 뒤에 서서 조금만 실수를 해도 놓치지 않고 후려칠 태세로 나를 노려보고 있는 거지요. 그러니 이렇게 사는 인생에 무슨 즐거움이 있고 무슨 유머 감각이 있겠습니까?

이런 종류의 엄격함은 그대로 영적 물질주의에 연관됩니다. "내가 이 종파에 몸담고 있는 한, 이 교회에 속해 있는 한, 나는 내가 서약한 대로 착하고 정직하고 빠짐없이 교회에 나가는 그런 사람이 돼야만 해. 교회의 법과 규칙을 철저하게 지켜야 해. 내 의무를 다하지 못하면 벌을 받아 몸이 오그라들 거야." 여기에는 엄숙함과 함께 모든 창조 과정이 끝장나버린다는 뜻에서 '죽음'의 위협이 있습니다. 이 태도에서는 한계와 경직이 느껴집니다. 도무지 옴짝달싹할 수 있는 여지가 없는 거지요.

이렇게 묻고 싶은 분이 있을 겁니다. "그렇다면 위대한 종교의 전통과 가르침들은 어떻게 되는 건가요? 그것들은 훈련과 규칙과 규범을 말하고 있습니다. 그런 것들을 유머 감각과 어떻게 조화시킬 수 있을까요?" 좋습니다. 이 문제를 찬찬히 살펴봅시다. 과연 종교의 규례들이나 규범들이 '선'과 '악'을 명백히 판가름하는 심판적 태도에 바탕을 둔 것들일까요? 과연 위대한 영적 가르침들이 너희는 빛의 편에, 평화의 편에 섰으니까 악과 더불어 싸워야 한다고, 아무쪼록 저쪽의 검고

못된 '나쁜 나라'와 싸워야 한다고 우리를 부추기고 있습니까? 이건 중대한 문제입니다. 성스러운 가르침에 지혜가 들어 있다면, 이 땅에 그 어떤 싸움도 있을 수 없는 거예요. 어떤 사람이 전쟁에 가담해 있는 한, 그것이 공격전이든 방어전이든 그의 행실은 하늘에 속한 성스러운 것이 아니라 속되고 이분법적인 것입니다. 종교의 위대한 가르침을 그렇게 '좋은 나라' 편에 서서 '나쁜 나라'와 싸우기를 부추기는, 한쪽으로 치우쳐진 것으로 보아서는 안 됩니다. 그건 할리우드의 서부 영화가 보여주는 접근 방식이지요. 당신은 서부 영화의 결말을 보기도 전에 이미 착한 주인공은 살아남고 나쁜 악당들은 모두 박살이 난다는 사실을 알고 있습니다. 이런 접근 방식은 순진한 마음에서 나오는 것인데, 바로 이런 방식으로 우리는 지금 '영적 투쟁'이니 '영적 성취'니 하는 말을 만들어내고 있는 거예요.

나는 유머 감각이 아무 데나 막힘 없이 통해야 한다고 말하는 게 아닙니다. 다만 전쟁, 투쟁, 이분법을 넘어서 그것들보다 더 큰 무엇이 있음을 보자는 얘기를 하고 있는 겁니다. 만일 영성의 길을 한바탕 전쟁 마당으로 여긴다면, 우리는 미약하고 서투른 존재가 되지 않을 수 없습니다. 그때 우리의 영적 진보는 얼마나 넓은 영토를 점령했느냐, 자신과 남의 허물을 얼마나 극복했느냐, 단점을 얼마나 많이 제거했느냐에 달려 있겠지요. 얼마나 많은 어둠을 물리쳤느냐에 따라서 그만큼 많은 빛을 생산할 수 있게 되는 거예요. 참으로 미약하고 서투른 방식이 아닐 수 없습니다. 그런 것을 가리켜 자유의 해방이니 해탈이니 열반이라고 말할 순 없는 일 아닙니까? 무엇인가를 물리쳐 이김으로써

마음 공부에 관하여

얻은 해방이라면 그것은 어디까지나 상대적인 해방이지요.

나는 유머 감각을 근엄한 어떤 것으로 만들고 싶지는 않습니다. 사람들이 그렇게 할까 봐 사실 걱정이 되기도 합니다. 그러나 산송장에서 볼 수 있는 경직성을 제대로 이해하기 위해서는 유머 감각을 좀 더 진지한 것으로 만들어야 하는 위험을 피할 수 없습니다. 유머 감각이란, 어떤 상황의 양극단을 공중에서 내려다보듯이 있는 그대로 함께 보는 것을 뜻합니다. 거기에는 선도 있고 악도 있는데, 그 둘을 위에서 한꺼번에 내려다보는 거예요. 그때 당신은 지상에서 복닥거리며 지지고 볶고 다투는 가운데 뭔가 대단한 일을 하고 있노라 떠들썩한 인간 군상이 초라한 모습으로 보이기 시작합니다. 사람들이 뭔가 대단히 중요하고 대단히 뜻깊고 대단히 강력한 일을 한다면서 "나는 지금 진실로 값진 무엇인가를 찾고 있는 중이야", "나는 지금 나의 결점들과 싸우고 있는 중이야", "나는 지금 착한 사람이 되려고 노력 중이야"라며 애를 쓰고 있는데, 문득 그 진지함이 사라지면서 모든 것이 종이호랑이가 되고 마는 거예요. 지독한 아이러니지요.

유머 감각은 모든 것을 포용하는 기쁨에서, '이쪽'과 '저쪽'의 싸움에 끼어들지 않기 때문에 완전히 열린 상황에 두루 미치는 기쁨에서 오는 것 같습니다. 그 기쁨은 전체 열린 마당을 한눈에 내려다보는 시각에서 솟아나는 기쁨이지요. 이 열린 상황에는 그 어떤 한계나 강요된 근엄의 암시도 없습니다. 만일 당신이 인생을 '진지하게 다루어야할 비즈니스'로 생각해 만사를 근엄하고 딱딱하게만 다룬다면, 그것 자체가 우스운 일 아닙니까? 왜 그렇게 거창한 흥정을 하는 걸까요?

누군가 100퍼센트 또는 200퍼센트 똑바른 자세로 명상을 시도할 수 있습니다. 거창한 흥정입니다. 웃기는 일이지요. 반대로 어떤 사람이 아무 데서나 유머 감각을 발휘해 닥치는 대로 웃고 명랑하고자 노력한다면 그것 또한 똑같이 웃기는 일이라 하겠습니다. 만일 당신이 이를 갈거나 혀를 깨물 정도로 몸이 긴장하면, 그때 갑자기 무엇인가가 당신을 간질일 겁니다. 그건 당신이 지나치게 긴장하기 때문이에요. 그렇게 극단으로 치달리는 건 아니거든요. 극단적인 격렬함 자체가 유머로 바뀌는 겁니다. 자동으로 말이지요.

티베트에는 자신의 혼잡한 삶을 포기하고 평생토록 명상을 하기 위해 동굴에 들어가기로 결심한 수도승 이야기가 있습니다. 동굴로 들어가기 전에 그는 끊임없이 고통과 괴로움에 대해 생각했습니다. 한 번도 웃음 짓는 일 없이 언제나 인생의 모든 것을 고통에 연결시켜 보았기 때문에 사람들이 그의 이름을 울고 있는 랑리탕빠(Langri Tangpa)라고, 검은 얼굴의 랑리탕빠라고 불렀지요. 그는 여러 해 동안 근엄하게 목숨을 걸고 수련을 거듭했습니다. 그러던 어느 날 사원을 둘러보다가 어떤 사람이 자기에게 선물로 준 커다란 터키옥(玉) 한 덩이를 보았어요. 그가 터키옥 덩이를 바라보고 있을 때 마침 쥐 한 마리가 굴에서 나와 그것을 물어가려고 했지요. 하지만 혼자 힘으로는 움직일 수 없었습니다. 그러자 굴로 돌아가 다른 한 마리를 데리고 와서는 두 마리가 터키옥을 물어가려고 했어요. 그래도 그것은 꿈쩍도 하지 않았습니다. 마침내 두 마리 쥐가 뭐라고 의논하는가 싶더니 여덟 마리나 되는 새끼 쥐들을 데리고 와서 기어코 그 커다란 터키옥 덩이를 끌고 굴

마음 공부에 관하여

안으로 들어가는 것이었어요. 그때 랑리탕빠의 얼굴에 처음으로 웃음이 떠올랐습니다. 난생처음 자기를 열고 갑작스러운 깨달음의 섬광 속으로 뛰어든 순간이었지요.

유머 감각이란 시도 때도 없이 경박하게 우스운 소리나 하는 그런 게 아닙니다. 그것은 양극단의 병치라는 기본적 역설을 내려다봄으로써 공연한 엄격성에 사로잡히지 않고, 그래서 기대와 불안의 게임에 휘말려 들지 않는 것을 뜻합니다. 영성의 길을 가는 경험이 그토록 중요한 것이면서 명상 수련이라는 게 별로 중요치 않은 경험인 까닭이 바로 여기 있는 거예요. 명상 수련이 중요치 않은 것은 당신이 그것에 가치 평가를 내리지 않기 때문이지요. 일단 가치 평가에 휘말리지 않으면서 자기를 완전히 열어두게 되면, 비로소 당신은 주변에서 진행되고 있는 모든 게임을 제대로 보기 시작합니다. 어떻게든 착한 사람이 되고자 스스로 근엄하고 엄숙해지려고 노력하는 사람이 있어요. 그런 사람은 누가 자기를 공격하면 심각하게 반응해서 싸움도 마다하지 않을 겁니다. 존재하는 것들이 본래 별것 아님을 알고 거기에 맞추어 일하면, 만사를 근엄하게 대하며 일마다 거창하게 흥정하는 사람들이 세상을 얼마나 웃기고 있는지가 당신 눈에 들어오기 시작할 것입니다.

○ 선한 일과 옳은 일을 하는 것에 관해 내가 주로 들은 말은, 우선 덕을 쌓아 선하게 되고 악을 버리라는 것입니다. 그렇게 하면 오랜 악습을 버리기가 쉬워진다는 것이었어요. 이런 식으로 접근하는 것에 대해 어떻게 생각하십니까?

● 그 문제를 유머 감각의 관점에서 본다면, '버린다'는 생각 자체가 너무 문자적이고 순진한 것 같군요. 만일 당신이 착한 사람이 되고자 해서 모든 것을 버린다면, 역설적이게도 그것은 전혀 버리는 게 아닙니다. 오히려 더한 무엇을 취하는 거지요. 그게 재미있는 부분이에요. 어떤 사람이 자기가 지금 지고 있는 짐을 버릴 수 있다고 생각한다면, 그것을 버린 자신이 자기가 벗어놓은 짐보다 훨씬 더 무거워져 있는 겁니다. 무엇을 버리기는 차라리 쉬운 일이에요. 그러나 그렇게 무엇을 버린 덕분에 더 무거워진 당신, 대단한 일을 해낸 당신은 어떻게 합니까? 당신은 사람을 만날 적마다 "나는 이것도 버리고 저것도 버렸어"라고 말하거나 아니면 속으로 그렇게 생각하겠지요. '버리기' 자체가 갈수록 더 무거워질 수 있는 겁니다. 등에 배아(胚芽)가 잔뜩 담긴 커다란 배낭을 지고 가는 사람처럼 말이에요. 이윽고 그것들이 빠른 속도로 싹을 틔워 무거운 버섯으로 자라겠지요. 결국 당신은 너무 많은 것을 버렸기 때문에 더 이상 그 무거운 짐을 감당할 수 없는 지경에 도달합니다. 명상 수련도 마찬가지예요. 만일 우리가 명상 수련을 지나치게 중요시해서 반드시 어떤 결실을 맺고 말겠다는 생각을 한다면, 그때부터 명상 자체가 우리의 다리를 걸고 위에서 짓누르는 무거운 짐이 되는 겁니다. 그것은 마치 잔뜩 과식한 것과 같지요. 너무 많이 먹고서는 배가 아파서 이렇게 생각하는 거예요. '차라리 배

가 고팠으면 좋겠군. 배가 고프면 적어도 몸은 가벼울 것 아닌가? 지금 나는 너무 많이 먹어서 배가 아프다. 아무것도 안 먹은 상태라면 좋겠는데.' 마음 공부를 너무 열심히 하면 안 됩니다. 그것은 진정한 '버리기'와 정반대인 자기기만이 될 수 있거든요.

○ **깨달은 사람은 비극에 대한 감성을 극복한 건가요?**

● 비극을 포기하려고 깨달은 사람이 될 것까지는 없습니다. 당신이 비극의 최고조에 이르렀을 때 거기서 유머를 볼 수 있어요. 음악을 들을 때 크레셴도가 이어지다가 갑자기 멈추면, 그때 음악의 중요한 부분인 침묵을 듣게 되지요. 그건 무슨 엉뚱한 경험이 아닙니다. 매우 일반적이고 상식적인 경험이에요. 그래서 나는 그것이 무엇보다 중요한 경험이라고 말한 겁니다. 거기에 우리의 가치 판단을 덧붙이지 않기 때문이지요. 그 경험은 엄연히 거기 있는 겁니다. 물론 우리는 에고의 비꼬는 투를 사용해 그 경험이 엄연히 거기 있으니까, 그만큼 대수롭지 않으니까, 그러니까 더없이 값지고 특별한 경험이라고 말할 수도 있겠지요. 이것은 당신이 무슨 대단한 일을 겪고 있음을 입증하는 하나의 개념화된 방법일 뿐입니다. 그건 대단한 일이 아니에요.

○ **말씀하신 유머 감각이 이른바 돌연한 깨달음이라고 하는 것과 관계가 있나요?**

● 있지요. 웃으면서 죽어간 사람 이야기가 있습니다. 그는 평범한 사람이었는데, 선생에게 아미타 부처님이 무슨 색깔인지를 물어보았어요. 전통적으로 아미타 부처님은 붉은색으로 칠해져 있지요. 그런데

그만 아미타 부처님 색깔이 잿빛이라고 하는 줄로 선생의 말을 잘못 알아들었던 겁니다. 그래서 명상을 할 때마다 늘 잿빛 아미타 부처님을 마음에 그리곤 했지요. 이윽고 그가 죽게 되었습니다. 침상에서 임종하기 직전, 확실히 알아두려고 다른 선생에게 아미타 부처님 색깔이 무엇이냐고 물어보았지요. 선생이 그에게 아미타 부처님은 붉은색이라고 대답하자 그는 갑자기 웃음을 터뜨리며 이렇게 말했답니다. "나는 그분이 잿빛인 줄만 알았는데, 뭐요? 붉은색이라고요?" 그는 계속 웃음을 터뜨리다가 결국 웃으면서 숨을 거두었다는 얘기예요. 문제는 무겁기만 한 '근엄'을 극복하는 데 있어요. 갑작스러운 폭소와 함께 깨달음을 얻은 사람들 얘기는 그 밖에도 많이 있습니다. 양극단의 대치를 한눈에 보아버리는 거지요. 한 은수자(隱修者)가 있었는데, 몇 킬로미터 떨어진 마을에 그를 신봉하는 후견인이 살면서 음식이라든가 다른 생필품을 대주었답니다. 그런데 보통 때는 아내나 자녀를 시켜서 은수자에게 필요한 것들을 대주던 후견인이 어느 날 직접 자기를 만나러 온다는 거예요. 그 소식을 듣고 은수자는 생각했지요. '고마운 분이 몸소 오신다니 잘 보여야지. 청소도 좀 하고 목욕도 하자.' 그래서 대청소를 하고 나자 방 안팎이 깨끗해졌고 성물들도 반들반들 윤기가 흐르게 되었습니다. 깨끗한 기름 등잔에서는 밝은 불꽃이 타올랐지요. 은수자가 방에 앉아 사방을 둘러보자 모든 게 너무나도 바뀌어서 자기가 다른 곳에 앉아 있다는 느낌이 들었어요. 그러자 갑자기 자기가 위선자라는 생각이 드는 겁니다. 그래서 급히 부엌으로 가서 검댕과 재를 가지고 나와 방 안팎을 엉망으로 만들었지

마음 공부에 관하여

요. 이윽고 후견인이 도착했습니다. 그는 정돈도 되어 있지 않고 청소도 되어 있지 않은 자연스러운 방 안 풍경에 큰 감명을 받았어요. 그러나 은수자는 그에게 맞장구를 칠 수가 없었지요. 그래서 한바탕 크게 웃으며 이렇게 말했답니다. "나는 방 청소를 하고 목욕도 하고 깨끗한 방에 당신을 모시려 했어요. 그런데 갑자기 내가 그런 식으로 당신한테 쇼를 하고 있다는 생각이 드는 겁니다." 그러자 두 사람이 함께 배를 움켜잡고 웃었다는 거예요. 은수자와 후견인 두 사람 모두에게 깨달음의 위대한 순간이 닥쳤던 거지요.

○ 당신은 강의 시간마다 우리가 어쩔 수 없이 빠져들어 간 불가피한 상황을 드러내 보여주는군요. 거기서 빠져나올 방법이 있다고 말씀하시는 겁니까?

● 우리가 어디서 빠져나오는 것에 대해 말하고 있는 것이라면, 그러면 우리는 도피·구원·깨달음이라고 하는 꿈에 대해, 환상에 대해 말하고 있는 것입니다. 우리는 실질적일 필요가 있어요. 지금 여기서 우리의 마음이 어떻게 병들어 있는지를 진단해야 합니다. 우리 자신이 지금 어떻게 잘못되어 있는지를 제대로 알면 '나가는 길'을 저절로 알게 됩니다. 그러나 만일 우리의 목적을 이루는 것이 얼마나 아름답고 좋은지에 대해 말하게 되면, 우리는 심각해지지 않을 수 없고 그것이 우리에게 장애가 되는 거예요. 사람은 실질적이어야 합니다. 그것은 몸이 아파서 의사를 찾아가는 것과 같아요. 의사는 당신 몸을 진찰해서 어디가 어떻게 잘못되었는지를 알아내야 합니다. 그가 알아야 할 문제는 당신 몸의 어디가 괜찮은지, 어디가 건강한지가 아닙니다. 그건

상관없는 문제예요. 당신이 의사에게 어디가 아픈지를 말해주면 곧
장 병에서 나오는 길이 나타나는 겁니다. 부처님이 첫 번째 가르침으
로 네 가지 성스러운 길[四聖諦, 사성제]을 가르친 까닭이 바로 여기에
있어요. 사람은 '두카(Duhkha)', 즉 고(苦)를 먼저 깨달아야 합니다. 고
를 깨달음으로써 괴로움의 원인과 거기서 해방되는 길을 차례로 알
게 되는 거지요. 부처님은 깨달음이 얼마나 좋은 것인지를 말함으로
써 가르침을 시작하지 않았습니다.

○ 일반적인 가치판단의 패턴에 따르면, 당신이 이번 강의에서 언급한 잘못과 장애
들이 지난번 강의에서 말한 것들보다 어쨌든 진보된 것으로 생각되는데요. 맞습
니까?

● 맞아요. 사람이 이 길에 발을 들이고 나서 일단 무엇을 깨닫게 되면,
보살들의 경우가 그렇듯이 그 깨달은 바를 분석하려는 성향이 있을
수 있습니다. '금강삼매[Vajra Samadhi]'라고 부르는 날카로운 한 방을
맞게 되기까지 자기를 들여다보고 분석·평가하기를 계속하는 거지
요. 이것이 명상의 마지막 삼매(三昧) 상태입니다. 깨달음의 성취를
'벼락같다'고 말하는 까닭은 그것이 어떤 난센스를 나타내는 게 아니
기 때문이에요. 그것은 모든 놀이를 단칼에 자르고 들어가는 것입니
다. 우리는 부처님 생애에 관한 이야기에서 마라의 유혹을 보게 되는
데 참으로 더없이 간교한 유혹이지요. 첫 번째 유혹은 육신의 소멸에
대한 두려움이고, 마지막 유혹은 마라의 딸들이 던지는 유혹입니다.
그 유혹이, 그 영적 물질주의 유혹이 더없이 간교한 것은 '내가' 깨달

마음 공부에 관하여

음을 성취했다고 생각하게 만들기 때문이에요. 만일 우리가 내가 무엇을 성취했다고, 내가 그것을 '해냈다'고 생각한다면, 보기 좋게 마라의 딸들이 던지는 유혹에, 영적 물질주의 유혹에 넘어가는 겁니다.

에고가 만들어지는 다섯 단계

우리가 처음부터 끝까지 불자의 길을, 출발하는 자의 마음에서 깨달은 자의 마음까지 탐색하고자 할 때 내 생각에는 아주 구체적이고 현실적인 무엇으로 시작하는 게 최선이지 싶습니다. 이른바 '에고'라고 부르는 것이 바로 그것인데요. 에고의 본성이 어떤 것인지도 알지 못하면서 그보다 앞선 주제들을 연구한다는 건 어리석은 일이라 하겠습니다. 티베트에는 머리통이 푹 삶아지기 전에 혓바닥 고기를 떼어가봤자 헛일이라는 속담이 있지요. 모든 영적 수련은 우리가 그것을 가지고 작업을 하는 재료인 에고에 대한 기본적인 이해로부터 출발할 필요가 있습니다.

만일 우리가 작업하는 재료에 대해 아무것도 모른다면 공부해봤

마음 공부에 관하여

자 소용이 없고 목표에 대한 사유들이 모두 망상이 되고 말 것입니다. 에고에 대한 이해 없이 이루어진 사유들이 나름대로 진보된 생각의 틀을 갖추거나 영적 체험을 서술할 수도 있겠지만, 그러나 그래봤자 인간의 나약한 면을 드러내 뭔가 특별하고 다채로운 것을 경험하고 싶은 욕망과 기대를 보여줄 따름입니다. 만일 우리가 이렇게 특별하고 극적인 '깨달음'의 경험을 꿈꾸면서 마음 공부를 시작한다면, 우리는 기대와 선입견을 먼저 세우게 될 것이고, 그래서 막상 마음 공부의 길로 들어섰을 때 '지금 무엇이냐'보다는 '나중에 무엇이 될 것이냐'에 마음이 사로잡혀 있겠지요. 지금 있는 그대로의 자기 자신으로 시작하지 않고 뭔가 나중에 이루어질 것에 대한 기대와 꿈을 출발점으로 삼는 것은 자신의 모자라는 점을 가지고 놀이를 시작하는 것과 마찬가지로 바람직한 일이 아닙니다.

그러므로 우리가 무엇이며 왜 마음 공부를 하고 있는지에 대한 질문으로 시작할 필요가 있습니다. 일반적으로 모든 종교 전통들이 그것에 대해 아뢰야식(阿賴耶識), 원죄, 인간의 타락 또는 에고의 바탕 등 여러 가지로 다양하게 말하고 있지요. 많은 종교가 이 재료(에고)에 대해 좋지 않은 투로 말하고 있지만, 나는 그게 그토록 고약하거나 무서운 물건은 아니라고 생각합니다. 우리는 지금 있는 그대로의 자신에 대해 부끄러워할 이유가 없어요. 중생인 우리는 놀랄 만한 배경을 지니고 있습니다. 그 배경이 특별히 밝거나 평화롭거나 지성적이지 못할 수는 있습니다만, 그렇다 해도 우리 모두에게는 경작할 토지가 충분히 있고 거기에 무엇이든지 심을 수 있는 겁니다. 그러므로 이 주제를 다룸에 있어서 우리의 에고-심리학에 대해 그것을 비난하거나 제거하려고 해서는 안 됩니다. 다만 그것을 있는 그대로 보고 알면 되는 거예요. 실로 에고에 대한 이해야말로 불교의 바탕이라 하겠습니다. 이제부터 에고가 어떻게 형성되는지 알아보겠습니다.

맨 밑바탕에 '그냥 열려 있는 공간'이 있습니다. '기본 바탕'이지요. 그것이 참된 우리[眞我, 진아]입니다. 에고가 만들어지기 전의 가장 근본적인 마음 상태는 그렇게 기본적인 열려 있음, 기본적인 자유, 텅 비어 있는 질(質)입니다. 우리는 지금, 그리고 언제나 이 열려 있음을 지니고 있습니다. 일상생활 속에서 우리가 생각하는 방식을 예로 들어봅시다. 어떤 사물을 볼 때 그것에 대한 논리나 개념화가 생겨나기 전에 먼저 순간적인 지각이 있지요. 열려 있는 바탕에서 문득 사물을 지각하는 겁니다. 그런 다음에 우리는 깜짝 놀라 곧바로 그것에 무엇을 덧붙이려고 서두르기 시작하지요. 이름을 알아보려고 하거나 그것을 어떤 범주에 넣으면 될까 궁리하는 겁니다. 이렇게 해서 사물들이 생겨나게 됩니다.

이 형성 과정은 고정된 실체의 모습을 띠고 있지 않습니다. 오히려 환각으로 이루어져 '자아'니 '에고'니 하는 것에 대한 그릇된 믿음을 지니게 하지요. 미혹된 마음은 그것 자체를 고정된 사물로 보는 경향이 있지만, 그것은 다만 일어나는 사건들의 집적일 따름입니다. 불교에서는 그것을 가리켜 오온(五蘊, 다섯 가지 쌓여 있음)이라고 하지요. 우리는 이 오온의 형성 과정을 살펴볼 수 있습니다.

출발점은 누구에게도 속하지 않은 활짝 열린 공간입니다. 그 활짝 열린 공간에 결부된 '원초적 밝음'이 언제나 있어요. 산스크리트어로 '밝음[明]'을 뜻하는 '비드야(Vidya, 정밀함/예민함/공간에 대한 예민함/물건을 넣어두는 방에 대한 예민함)'가 사물을 교환합니다. 그것은 완전하게 텅 비어 있어서 아무리 춤을 추고 돌아다녀도 걸려 넘어질 위험이 없는 무도장과 같지요. 우리가 바로 그 공간입니다. 그것과 우리는 하나예요. 우리는 비드야, 밝음, 열려 있음과 하나인 것입니다.

그러나 만일 우리가 늘 그렇게만 있다면 혼동이 어디서 오고 어디로 공간이 사라지며 무슨 일이 발생하겠습니까? 실제로는 아무 일도 일어나지 않았어요. 다만 우리가 그 열린 공간에서 너무 지나치게 움직였을 뿐입니다. 텅 빈 공간이다 보니 거기서 춤추고 싶은 충동이 일게 마련인데, 우리의 춤이 너무나도 격렬해져서 공간이 거기 있음을 나타내기에 필요한 만큼보다 더 많이 몸을 회전하기 시작했던 거예요. 이 지점에서 우리는 자의식을 가지고 '내가 공간 안에서 춤을 추고 있다'고 생각하게 된 겁니다.

그때부터 공간은 더 이상 이전의 공간이 아닙니다. 굳어지기 시작하는 거예요. 우리도 공간과 하나인 몸으로 존재하는 대신 공간을 우리와 동떨어진 실체로, 경험할 수 있는 현실로 느끼게 됩니다. 이것이 첫 번째 이원성 경험이지요. 나와 공간이 따로 있어서, 내가 공간 안에서 춤을 추고 있는데 고정되고 동떨어진 공간이 춤추고 있는 나를 감싸고 있는 거예요. 이원성은 '공간'과 '나'를 의미합니다. 더 이상 공간과 하나인 나는 없지요. 이것이 '꼴[色]'의 탄생이요, '남[他]'의 탄생입니다.

여기서 일종의 암전이 발생해서 우리가 무엇을 하고 있는지 스스로 잊게 됩니다. 갑작스러운 정지 내지 멈춤이 있고, 우리는 사방을 둘러보면서 고정된 공간을 발견합니다. 우리는 우리가 그것을 만들어낸 게 아니라고 생각합니다. 여기에 간격이 있게 됩니다. 자기가 만들어놓은 공간에 사로잡혀 그 속에서 자기를 잃어버리기 시작하는 거예요. 이렇게 불이 나가고 우리는 문득 눈을 뜹니다.

눈을 떠서 더 이상 공간을 텅 빈 열려 있음으로, 부드럽고 통풍이 잘되는 그런 곳으로 보려고 하지 않습니다. 텅 빈 열려 있음에 대해 아무것도 모릅니다. 그것을 일컬어 '아비드야(Avidya)'라고 하지요. '아(A)'는 아니라는 뜻이고 '비드야'는 밝음을 뜻하니까, '아비드야'는 밝지 않음[無明]이 됩니다. 우리의 '원초적 밝음'이 굳어진 공간에 대한 지각으로 변했기 때문에, 예민하고 정확하고 밝은 지능이 정지되었기 때문에, 그래서 그것을 아드비야라고, 무지(無智)라고 부릅니다. 우리는 고의로 무지합니다. 텅 빈 공간에서 춤추는 것만으로 만족하지 않고 파트너가 있기를 바라지요. 그래서 공간을 우리의 파트너로 삼습니다. 만일 당신이 공간을 춤의 파트너로 삼는다면, 물론 그것이 당신과 함께 춤추기를 바라겠지요. 그것을 파트너로 삼기 위해 당신은 그것을 응고시키고, 흐르면서 열려 있는 그것의 성질을 무시하지 않으면 됩니다. 이것이 아비드야, 무명, 무지입니다. 이렇게 해서 첫 번째 온인 무명의 '꼴'이 만들어지는 거예요.

첫 번째 온인 '꼴'은 세 가지 모양 또는 단계로 이루어지는데, 그것을 다음의 은유로 생각해볼 수 있습니다. 맨 처음 산도 나무도 없이 활

마음 공부에 관하여

짝 열려 있는 들판이 있다고 상상해봅시다. 아무것도 없는 그냥 허허벌판입니다. 그게 바로 우리요, 우리가 있는 방법이에요. 매우 단순한 바탕, 그게 우리란 말입니다. 거기에는 해도 있고 달도 있어서 빛도 있고 색깔도 있고 벌판의 질감도 있게 마련이지요. 하늘과 땅 사이에서 움직이는 에너지에 대한 어떤 느낌도 있을 겁니다. 그것이 이어지고 이어집니다.

그런데 돌연 이 모든 것을 눈여겨보는 누군가가 있는 겁니다. 마치 모래알 하나가 목을 빼고 사방을 둘러보는 것처럼 말이에요. 우리가 바로 그 모래알입니다. 그래서 스스로 동떨어진 존재라는 생각을 하게 됩니다. 이것이 첫 번째 단계인 '무명의 탄생'이지요. 일종의 화학적 반응입니다. 드디어 이원성이 비롯됩니다.

무명의 두 번째 단계는 '안에서 생겨나는 무명'이라고 부릅니다. 하나가 동떨어져 있다고 보게 되자 그 하나가 늘 그런 모습이라는 느낌이 생겨나는 거지요. 이것이 처치 곤란한 자의식을 향한 본능입니다. 또한 그 하나가 모래알 한 알갱이로서 계속 동떨어져 있는 핑계이기도 하지요. 그것은 무명의 공격적인 형태를 띱니다만, 정확하게 성난 감각에서 부리는 공격성은 아닙니다. 아직 그 정도까지는 발전되지 않았어요. 스스로 어딘지 거북스럽고 균형을 잃은 감이 있어서 제 바탕을 든든하게 하고 자신을 위한 도피처를 만든다는 뜻에서 공격적입니다. 그것은 자기가 동떨어진 개아(個我)라고 보는 태도예요. 활짝 열린 공간의 들판에서 분리된 존재로 자기를 세우는 겁니다.

무명의 세 번째 단계는 '자기를 관찰하는 무명', 곧 자기 자신을 바라보는 무명입니다. 자기 자신을 밖에 있는 대상으로 보는 것인데, 여기서 '남'이라는 관념이 처음 생겨나지요. 마침내 바깥 세계라고 부르는 것과 관계를 맺기 시작합니다. 이렇게 해서 이들 무명의 세 단계가 꼴의 무명이라는 온을 쌓는 거예요. 자기가 바탕에서 떨어졌다고 생각하는 하나가 꼴로 이루어진 세계를 만들기 시작하는 것입니다.

'무명' 또는 '무지'라는 말을 쓸 때, 그것이 어리석음을 뜻한다고 봐서는 안 됩니다. 어떤 점에서 무명은 매우 지적입니다. 말하자면, 사람의 선입견을 있는 그대로 보는 대신 그것에 빈틈없이 반응하는 겁니다. 있는 그대로 '놔두는' 경우가 절대 없어요. 자기가 누군지 모르고 있기 때문입니다. 이것이 무명에 대한 기본 정의입니다.

두 번째로 전개되는 에고 형성 과정은 자기의 무명을 수호하려는 방어 기제를 세우는 거예요. 이 방어 기제가 바로 두 번째 온인 '느낌 [受]'입니다. 이미 열린 공간에 대해 아무것도 모르게 된 우리는 무엇인가 움켜잡으려는 성질을 충족시키기 위해 단단히 굳어진 공간의 질을 느끼고 싶어 하지요. 물론 공간은 그냥 텅 빈 공간을 의미하지 않습니다. 거기에는 색깔도 있고 에너지도 있어요. 아름답고 생생한 색깔과 에너지의 장엄하고 힘찬 운동이 있습니다. 그러나 우리는 그 모든 것에 대해 아무것도 모르고 있지요. 대신 우리가 아는 것은 색깔의 응고된 모양입니다. 그 색깔은 포로가 된 색깔이고 에너지는 포로가 된 에너지예요. 우리가 이미 전체 공간을 응고시켜 그것을 '남'으로 바꿔버렸기 때문입니다. 그래서 우리는 밖으로 손을 뻗어 '남'을 느끼기 시작하지요. 그렇게 함으로써 우리가 존재한다는 사실을 스스로에게 확인시켜주는 거예요. "저기 있는 것을 느낄 수 있으니까 나는 분명히 여기 있는 것이다."

무슨 일이 일어날 때마다 우리는 손을 뻗어 그것이 우리에게 괜찮은 것인지 아니면 위협이 되는 것인지, 아니면 이도 저도 아닌 것인지를 느껴보려고 합니다. '저것'과 '이것'의 관계에 대해 아무것도 느껴지지 않을 때조차 우리는 우리의 바탕을 느껴보려고 하지요. 이것이 우리가 두 번째 온으로 세운 지극히 효율적인 '느낌'이라는 메커니즘입니다.

에고가 형성되는 과정의 다음번 메커니즘은 세 번째 온인 '지각[想]'이라는 충동입니다. 우리는 자신이 창조한 정지된 색깔, 정지된 에너지에 흠뻑 매료되어 그것들과 관계를 맺고 싶어 하게 되고 자신의 창작품을 탐색하기 시작하지요. 효과적으로 탐색을 하려면 느낌을 조절하는 장치인 일종의 스위치보드 시스템이 필요합니다. 느낌이 중앙 스위치보드에 정보를 보내는데, 그것이 바로 지각 행위인 거예요. 그 정보에 따라 우리는 판단을 하고 반응을 하지요. 우리의 반응이 찬성하는 쪽이냐 반대하는 쪽이냐 중립하는 쪽이냐를 결정하는 것은 느낌과 지각의 관료 체계입니다. 어떤 상황이 우리를 위협하고 있다고 느끼고 그렇게 지각하면 곧 그것을 밀쳐버리지요. 우리에게 유익하다고 느껴지면 잡아당기고 이도 저도 아니면 내버려 둡니다. 이것이 바로 세 가지 충동인 탐욕[貪], 성냄[瞋], 어리석음[癡]이에요. 이렇게 지각은 우리가 바깥 세계에서 정보를 받아들이게 하고, 충동은 그 정보에 따라 반응하게 하는 겁니다.

에고 형성 과정의 다음 단계는 네 번째 온인 '개념[行]'입니다. 지각은 직관적 느낌에 대한 자동적인 반응이지요. 그러나 이런 자동적 반응만으로는 사람의 무명을 수호하고 안전을 유지하는 데 충분하지 못합니다. 자기 자신을 제대로 지키고 완벽하게 속이려면 사물을 범주에 가두고 그것에 이름을 지어줄 만한 지적 능력이 있어야 해요. 그래서 우리는 사물과 사건에 '좋다', '나쁘다', '아름답다', '더럽다' 등 딱지를 붙이고는 이에 따라 그것들을 평가하는 겁니다.

이렇게 해서 에고의 구조는 갈수록 무거워지고 강력해지지요. 여기까지는 에고의 형성이 행위와 그것에 대한 반응의 과정으로 진행되었습니다만, 이제부터는 에고가 원초적 본능의 수준을 넘어 좀 더 세련된 기교를 부리면서 형성되는 거예요. 지적인 사유를 하면서 자기 자신을 규정하고 해석하며, 어떤 논리적 상황에 자신을 집어넣기 시작하는 겁니다. 이때 지성의 바탕이 되는 본성은 아주 논리적이지요. 확실히 여기에는 긍정적인 조건을 이루기 위해 일하려는 성향이 있습니다. 예컨대 우리의 경험을 확립하고, 단점을 장점으로 해석하고, 안전의 논리를 짜 맞추고, 자신의 무명을 굳히는 겁니다.

어떤 면에서 원초적 지능은 언제 어느 때나 작용하고 있다고 말할 수 있겠습니다. 그러나 이제 그것은 이원적 고집과 무명에 고용되어 있어요. 에고 형성 과정의 시초 단계에서는 이 지능이 직관적이고 날카로운 느낌으로 작용합니다. 그러다가 뒤에 와서 지성이라는 꼴을 갖추고 작용하는 거예요. 실제로 '에고'라는 물건은 처음부터 없는 것입니다. '내가 있다' 같은 말은 있을 수 없는 거예요. 그건 수많은 허섭스레기의 집적이지요. "그것에 이름을 지어주자. 아무개라고 부르자. 그 것을 '내가 있다'로 부르자"라고 말하는 지성의 산물이요, 눈부신 예술 작품이란 말입니다. 그게 그토록 간교합니다. '나'는 어디까지나 지성 의 산물이고, 지금까지 진행되어온 에고의 형성 과정을 하나인 전체로 통일시키는 그릇이에요.

에고 형성의 마지막 단계는 다섯 번째 온인 '의식[識]'입니다. 이 단계에서 대합병이 이루어지지요. 두 번째 온의 직관적 지능, 세 번째 온의 에너지, 네 번째 온의 지성화가 서로 뒤섞여 생각과 정서를 만들 어내는 거예요. 이렇게 다섯 번째 온의 차원에서 우리는 광범위하고 산만한 생각의 제어되지 않고 합리적이지 않은 형태들과 함께 여섯 가 지 경계[六道]를 보게 됩니다. 이로써 에고의 그림이 완성되지요. 바로 이 상태에서 우리는 불교 심리학과 명상을 공부하고 있는 거예요.

불교 문학에서는 에고의 형성 과정 전체를 설명하는 데 사용하는 은유가 있습니다. 텅 빈 집 안에 원숭이가 갇혀 있는 것으로 이야기는 시작되지요. 그 집에는 다섯 감각을 나타내는 다섯 개의 창문이 있어 요. 원숭이는 호기심이 많아서 창문마다 얼굴을 내밀어보고 쉴 새 없 이 일어섰다 앉았다 하면서 뛰어다니고 있습니다. 그는 텅 빈 집 안에 갇혀 있는 원숭이예요. 그곳은 원숭이가 본래 살던 밀림도 아니고, 바 람 소리와 낙엽 굴러다니는 소리를 듣던 나무숲도 아니고, 단단하게 지어진 집입니다. 모든 것이 완전하게 굳어져 있어요. 사실은 밀림 자 체가 그의 굳어진 집, 그의 감옥이 된 겁니다. 이 호기심 많은 원숭이는 나뭇가지에 높이 앉아 있는 대신 아름답게 떨어지던 폭포가 갑자기 얼어붙은 듯 사방으로 굳어진 세계에 에워싸여 있는 거예요. 얼어붙은 색깔, 얼어붙은 에너지로 만들어진 이 얼어붙은 집은 완벽하게 정지되어 있습니다. 바로 이곳에서 시간이 과거, 현재, 미래로 흐르기 시작하지요. 사물의 유동이 응고된 시간으로, 굳어진 시간관념으로 바뀌는 겁니다.

호기심 많은 원숭이가 암전에서 깨어나지만 완전히 깨어나지는 않습니다. 창문이 다섯 개 있는 단단하고 밀폐된 집에 갇혀 있는 자기를 볼 만큼만 깨어나지요. 원숭이는 동물원 쇠 울타리에 갇혀 있는 것처럼 따분해져서 오르락내리락 울타리 탐색을 시도합니다. 그가 갇혀 있다는 사실은 특별히 중요하지 않아요. 그러나 자기가 갇혀 있다는 관념은 수천 배나 과장되어 있지요. 왜냐하면 그 생각에 매혹되어 있기 때문입니다. 일단 매혹되면, 자기가 밀실에 갇혀 있다는 느낌이 자꾸만 더 생생해지고 더 예민해집니다. 그가 자신의 '감금'을 탐색하기 시작했기 때문이지요. 실제로 그가 계속 갇혀 있는 이유 가운데 하나가 거기에 매혹되어 있어서입니다. 자신의 매혹에 사로잡혀 있는 거예요. 물론 처음에는 그에게 굳어진 세계를 믿게끔 만든 갑작스러운 암전이 있었습니다. 그러나 지금은 굳어진 세계를 당연시해서 자기가 만든 함정에 빠져 있는 겁니다.

물론 이 호기심 많은 원숭이가 언제나 탐색하느라고 분주하기만 한 건 아니에요. 스스로 동요하기 시작하고, 뭔가 너무 반복만 되고 지루하다는 느낌을 느끼면서 신경증적이 되기 시작하는 겁니다. 즐거운 여흥에 굶주린 그는 벽의 재질을 만져보고 핥아보면서 단단해 보이는 그것이 진짜로 단단하다는 사실을 확실히 해두려고 합니다. 이윽고 자기가 갇혀 있는 공간이 굳어져 있음을 확신한 원숭이는 움켜잡거나 떠다밀거나 무시하는 방식으로 그것과 관계를 맺기 시작하지요. 그것을 자신의 경험으로, 자신의 발견으로, 자신의 이해로 삼아 움켜잡으려고 하면, 그게 곧 탐욕입니다. 반대로 그것이 자기를 가두어놓은 감옥 같아서 발로 차고 두드려 부수고 맞서 싸우고 또 싸우면, 그것이 곧 성냄이지요. 성냄은 상대를 두드려 부수는 정신 상태만이 아닙니다. 오히려 그것은 밀폐된 공간을 상대로 자기를 옹호하고 방어하려는 몸짓이에요. 원숭이는 자기를 해치려는 적수가 다가오고 있다는 느낌 때문에 그러는 게 아닙니다. 그저 감옥에서 벗어나고 싶은 거지요. 끝으로 원숭이는 자기가 갇혀 있거나 주변 환경에 뭔가 매혹적인 것이 있음을 무시할 수가 있습니다. 귀머거리나 벙어리가 되어 자기를 둘러싸고 벌어지는 모든 일에 무관심하고 게을러지는 거예요. 이것이 바로 어리석음입니다.

약간 뒤로 물러나, 원숭이가 그 집에서 태어난 상태로 암전에서 깨어난 것 아니냐고 말할 분이 있을지도 모르겠군요. 그는 자기가 어떻게 이 감옥에까지 오게 됐는지 모릅니다. 그래서 탁 트인 공간을 굳어진 벽으로 만든 게 자기 자신임을 잊고는 처음부터 자기가 여기 있어 왔다고 확신하는 거예요. 그러고 나서 벽의 질감을 느끼는데, 그것이 두 번째 온인 '느낌'이지요. 그 뒤에 탐욕·성냄·어리석음으로 자기가 만든 집과 관계를 맺는데, 그것이 세 번째 온인 '지각'입니다. 이렇게 자기 집과 관계 맺는 세 가지 방법을 개발한 그는 그것에 딱지를 붙여 범주의 틀에 넣기 시작하지요. "이것은 창문이야. 이 구석은 편안해. 저 벽은 나를 위협하니까 나빠." 그는 자기 집, 자기 세계에 욕심을 내느냐 싫어하느냐 무관심하냐에 따라 딱지를 붙이고 범주에 넣고 평가하는 개념화의 얼개를 개발합니다. 이것이 네 번째 온인 '개념'이에요.

원숭이가 여기까지 온을 형성해온 과정은 매우 합리적이고 또 예측 가능한 것이기도 했습니다. 그러나 다섯 번째 온인 '의식'에 들어가면서 형성 과정의 틀이 깨어지기 시작하지요. 생각의 패턴이 불규칙해지고 예측 불가능해지면서 망상과 꿈에 빠져들기 시작하는 겁니다.

'망상'이니 '꿈'이니 말할 때, 그것은 우리가 사물과 사건에 그것들이 반드시 가져야 할 필요가 없는 가치들을 부여한다는 뜻입니다. 우리는 어떤 것이 이렇다거나 저래야 한다고 견해를 한정시켜놓지요. 그것이 바로 투영입니다. 거기 있는 사물에 우리가 만든 형태를 투영하는 거예요. 그렇게 우리 스스로 만든 세계 속에, 가치와 견해들이 서로 갈등하는 세계 속에 완벽하게 빠져드는 겁니다. 이런 뜻에서 망상은 사물과 사건에 대한 잘못된 해석이요, 현상 세계에서 그것이 지니고 있지 않은 의미를 읽는 것이라 하겠습니다.

이것이 원숭이가 다섯 번째 온의 차원에서 경험하기 시작하는 내용이에요. 집에서 벗어나 보려고 시도하지만 번번이 실패하고는 낙심하고 절망해서 완전히 제정신이 아니게 되는 겁니다. 싸우느라 너무 많이 지쳐서 긴장을 풀고 차라리 망상 속을 헤매며 돌아다니고 싶은 강한 유혹을 느끼게 되지요. 이렇게 해서 여섯 로카[Six Lokas] 또는 여섯 가지 경계가 만들어지는 것입니다. 불교에서는 전통적으로 이 여섯 가지 경계에 대해 매우 자세한 논의가 있어 왔지요. 이른바 지옥계, 아귀계, 축생계, 아수라계, 인간계, 천상계가 그것입니다. 이 모두가 서로 다르게 비친 투영이고, 우리 스스로 만들어낸 꿈의 세계입니다.

도망치려고 애썼다가 실패하고, 답답하게 밀폐되어 고통도 겪어 본 원숭이는 마침내 어떤 좋고 아름답고 매혹적인 것을 원하게 됩니다. 그래서 그가 처음으로 만들게 되는 환각 또는 망상이 '데바 로카(Deva Loka)', 아름답고 놀라운 것들로 가득 차 있는 천상계지요. 자기 집에서 나와 이리저리 풍요로운 들판을 거닐면서 맛있는 과일도 따 먹고 나뭇가지들 사이로 그네도 타면서 자유롭고 안락하게 사는 것을 꿈꾸는 거예요.

그러다가 이번에는 질투하는 신들의 경계인 아수라계를 꿈꾸게 됩니다. 하늘의 극락을 맛본 원숭이는 그토록 지극한 행복을 언제까지나 유지하고 싶어 하지요. 결국 편집증에 걸려버린 그는 누군가 와서 자기 보물을 빼앗아갈까 봐 염려되어 질투심을 느끼게 됩니다. 그는 자기 자신에 대해 자부심을 가지고 있으며 자신이 만든 천상계를 즐기고 있었는데, 이것이 그를 이끌어 아수라계의 질투 속으로 들어가게 하는 것입니다.

그 뒤에 원숭이는 그 경험을 땅에 기초한 것으로 지각하게 되지요. 단순히 질투와 자부심 사이를 오락가락하는 대신 인간 세계인 지상계에서 평안함을 느끼기 시작합니다. 여기가 바로 속된 일상생활이 반복적으로 이루어지는 인간계입니다.

그러나 여기서도 원숭이는 뭔가 많이 우둔하고 뭔가 급히 흐른다는 느낌을 느끼게 되지요. 이는 그의 경험이 천상계에서 아수라계를 거쳐 인간계까지 진행되는 동안 망상이 더욱더 견고해졌기 때문입니다. 그래서 이 모든 형성 과정이 더 무겁고 어리석게 느껴지기 시작하는 거예요. 이 지점에서 원숭이는 축생계로 태어납니다. 자부심과 질투심의 쾌락을 즐기는 대신 기어 다니거나 음메 하고 울거나 으르렁거리며 짖어대는 겁니다. 이것이 축생의 단순성이에요.

여기서 진행 과정은 더욱 격렬해지고 원숭이는 마침내 극심한 굶주림을 경험하기 시작합니다. 이제 더 이상 하계로 내려가고 싶지 않은 그가 즐거운 천상계로 돌아가고 싶은 갈망에 목이 말라 있기 때문이지요. 그래서 한때 즐겼던 것들에 대한 향수에 흠뻑 젖어 강렬한 굶주림과 목마름을 느끼기 시작합니다. 이것이 바로 '프레타 로카(Preta Loka)', 곧 굶주린 귀신의 세계인 아귀계입니다.

여기서 원숭이는 모든 믿음을 상실하고 자기 자신과 세계를 함께 의심하기 시작합니다. 모든 것이 무서운 악몽이지요. 그렇게 무서운 악몽이 참된 현실일 수 없음을 깨닫고, 그런 것을 만들어낸 자신을 미워하기 시작합니다. 이것이 여섯 가지 경계의 마지막인 지옥계에 대한 꿈이에요.

여섯 가지 경계가 진행되는 전체 과정을 통해 원숭이는 산만하고 종잡을 수 없는 생각, 관념, 환상과 온갖 사고 패턴들을 경험해왔습니다. 다섯 번째 온인 의식의 차원에 이르기까지는 심리 상태의 전개 과정이 매우 정규적이고 예측 가능한 것이었지요. 첫 번째 온에서부터 에고의 모든 형성 과정이 지붕 위에 기왓장을 얹듯이 매우 조직적인 패턴을 좇아서 이루어졌다는 말입니다. 그런데 바야흐로 다섯 번째 온의 차원에 이르러 원숭이의 마음 상태는 마구 헝클어지고 이지러져서, 갑자기 조각 그림 맞추기가 엉망이 되어버리고 사고 패턴들이 종잡지 못할 정도로 예측 불가능해지는 거예요. 이것이 바로 우리가 명상에 대해 배우고 연습하겠다고 나설 때의 마음 상태가 아닌가 생각해봅니다. 바로 여기가 우리의 마음 공부를 출발해야 하는 자리인 거예요.

나는 해탈과 자유에 대해 말하기 전에, 그 길의 바탕인 에고와 우리의 혼돈 상태를 먼저 토론하는 것이 매우 중요하다고 생각합니다. 만일 내가 해탈의 경험에 대해서만 말한다면 그것은 아주 위험한 일일 수 있어요. 지금 우리가 에고의 형성 과정을 살펴보는 까닭이 여기에 있습니다. 그것은 우리 정신 상태에 대한 일종의 심리학적 자화상이라고 하겠습니다. 지금까지의 이야기가 그리 유쾌하거나 아름답지 않았을지도 모르겠습니다만, 그래도 이것은 우리가 직면해야만 하는 사실이에요. 우리가 걸어야 할 길의 빠뜨릴 수 없는 도정(道程)이라는 말입니다.

○ **말씀하신 '암전'에 대해 좀 더 설명해주시겠습니까?**

● 특별히 심오한 얘기는 아닙니다. 첫 번째 온 차원에서 우리가 너무나도 열심히 일해서 공간을 응고시키게 되었다는 얘기예요. 너무 빠른 속도로 일을 해서 지능이 갑자기 무너져 내린 겁니다. 일종의 역(逆) 깨달음이요, 무명의 체험이라고 하겠습니다. 당신이 너무 일을 열심히 해서 돌연 실신 상태에 빠진 거예요. 이것은 당신이 실제로 '성취한' 어떤 것입니다. 당신의 걸작품이지요. 그것을 완벽하게 성취하고 나서 당신은 거기에 사로잡혔습니다. 일종의 역 삼매경을 성취한 셈이에요.

○ **실제로 살아가기 위해서는 죽음을 깨달아 알아야 한다는 말씀입니까?**

● 반드시 죽음을 분석해서 그것이 무엇인 줄 알아야 한다고는 말하지 않겠습니다. 그러나 자신을 있는 그대로 보아야 하는 건 사실입니다. 우리는 흔히 자신의 좋은 점, 아름다운 면만을 보려고 하지 있는 그대로의 자신을 보지 못하는 경우가 있어요. 매우 위험한 일입니다. 우리가 하는 마음 공부란 자기를 끝까지 들여다보아 내가 얼마나, 그리고 어떻게 나를 속이고 있는지 알아보려는 시도라고 하겠습니다. 에고의 지능은 놀랄 만큼 많은 재주를 피우지요. 어떤 것도 일그러뜨릴 수 있으니까요. 우리가 자기를 분석하거나 에고의 초월이라는 걸 생각하면 에고는 곧장 그것을 가져다가 또 다른 자기기만으로 바꾸어버립니다.

○ **원숭이가 망상을 시작할 때, 그것은 그가 전에 알았던 망상일까요? 어디서 그 망상이 오는 건가요?**

● 그것은 우리 모두가 지니고 있는 일종의 본능입니다. 제2의 본능, 원초적 본능이지요. 고통이 있으면 우리는 곧장 그것의 반대인 쾌락을 망상하는 거예요. 자기 자신을 지키고 자기 울타리를 세우려는 강렬한 충동이 있는 겁니다.

○ **의식의 차원에 갇혀 있는 우리로서는 당신이 말하는 열린 공간으로 돌아갈 수 있기까지, 결국 이 차원에서 희망도 없는 싸움과 갈등을 계속할 수밖에 없는 겁니까?**

● 물론 우리는 언제나 싸울 것이고 거기엔 끝이 없습니다. 우리가 견뎌야 할 투쟁의 연속에 관해 영원히 이야기를 계속할 수도 있어요. 당신이 방금 말한 대로 원초적 열린 공간을 찾으려고 애쓰는 것 말고는 다른 대답이 있을 수 없습니다. 그러지 않는 한 우리는 '이것'에 반대되는 '저것'을 생각하는 심리적 태도에서 벗어나지 못할 테고, 그것이 바로 장애물입니다. 우리는 항상 상대방인 적수와 싸우고 있지요. 한 순간도 싸움을 포기하지 않습니다. 문제는 '나'와 내 적수 사이의 싸움을 계속 시키는 이원성에 있어요. 명상 수련이란 완전히 다른 길을 가는 거예요. 마음 공부를 하는 사람은 살아가는 방식과 태도를 완전히 바꿔야 합니다. 말하자면 자신의 정책을 철저히 바꾸는 거예요. 이것은 아주 고통스러운 일일 수 있어요. 갑자기 이런 생각이 들 수도 있지요. '만일 내가 싸우지 않는다면 어떻게 적들을 상대해야 하지?

나는 싸우지 않는 게 좋아. 그러나 저들은 어떤가? 저들은 여전히 저기 있는데 말이야.' 재미있는 착상이라고 하겠습니다.

○ **벽이 있고 자기가 거기 갇혀 있는 걸 아는데도 더 갈 데가 없다는 건 매우 위험한 자리 같네요.**

● 바로 그거예요. 위험해 보이지만 실은 위험하지 않습니다. 벽이 단단하고 거기에 당신이 갇혀 있음을 아는 것이 가슴 아픈 일이긴 하겠지만, 그것이 흥미로운 점이에요.

○ **원숭이가 열린 공간으로 돌아가고 싶어 하는 것은 본능적이라고 하지 않으셨나요?**

● 물론 그렇습니다. 그런데 원숭이가 자기 자신을 더 이상 가만히 있게 놔두려고 하지 않는 거예요. 그는 계속해서 싸우거나 아니면 다른 환각에 빠져들거나 합니다. 결코 멈추는 법이 없어요. 무엇 하나 있는 그대로 느낄 수 있도록 자기를 내버려 두지 않습니다. 바로 이게 문제예요. 그냥 모든 일을 멈추고 빈틈이 자리 잡도록 허용하는 것이 명상 수련의 첫걸음이라고 말하는 이유가 여기 있습니다.

○ **당신은 지금 스스로 감옥에 갇혀 있다고 말씀하시면서, 또 그것을 잘 알고 계십니다. 그렇게 알아차림으로써 장벽은 저절로 사라지는 건가요?**

● 우리가 어떻게 우리의 딜레마에서 벗어날 것인지 그 방법을 찾아내야 한다는 데 문제가 있는 건 아닙니다. 지금 해야 하는 일은 우리가

갇혀 있는 이 밀폐된 방들에 대해 생각하는 거예요. 그것이 배움의 첫 걸음입니다. 우리가 누군지를 실제로 알고 그것을 적절하게 느껴야만 하는 겁니다. 여기서 우리가 다음에 배울 과제가 떠오르는 거예요. 아직은 해탈에 대해 말하지 않는 게 좋겠습니다.

○ **밀폐된 방이라는 게 사람의 지성이 만들어낸 지적 조작이라는 말씀입니까?**

● 원초적 지성의 격렬함은 언제나 우리를 자극하지요. 그러므로 원숭이의 이 모든 행위는 우리가 벗어나야 할 무엇으로 볼 게 아니라 원초적 지성이 만들어낸 산물로 보아야 할 겁니다. 벽에서 벗어나려고 애를 쓰면 쓸수록 장벽은 더욱 단단해집니다. 장벽과 싸우는 데 에너지를 쓰는 만큼 오히려 장벽을 더욱 강하게 해주는 거예요. 왜냐하면 장벽이 단단해지려면 우리의 눈길이 거기에 모아져야 하니까요. 장벽에 눈길을 주면 줄수록 거기에서 벗어날 희망은 사라지고 말 겁니다.

○ **방에서 다섯 개의 창문을 내다볼 때 원숭이가 보는 것은 무엇입니까?**

● 글쎄요, 동서남북을 보겠지요.

○ **그것들이 원숭이에게 어떻게 보입니까?**

● 네모난 세계로 보입니다.

○ **그 집 바깥은 어떻게 보일까요?**

● 역시 네모난 세계지요. 창문을 통해서 보고 있으니까요.

○ **그는 모든 것을 거리를 두고 보지 않습니까?**

● 그렇겠지요. 그래도 역시 네모난 그림에 지나지 않습니다. 결국 벽에 걸려 있는 그림과 같은 것이니까요. 안 그렇습니까?

○ **원숭이가 LSD 같은 환각제를 조금 복용하면 어떻게 될까요?**

● 벌써 복용했습니다.

감옥에서 벗어나려면 벽을 받아들여야 한다

지난번에 우리가 원숭이와 헤어졌을 때 그는 지옥계에 있었지요. 거기서 자기가 만든 집의 벽을 뚫고 밖으로 나가려고 발로 차고 할퀴고 떠다밀고 별짓 다 하는 모습이었습니다. 지옥계에서 겪는 원숭이의 경험은 정말 겁나고 무시무시한 것입니다. 벌겋게 달구어진 철판 위를 걷거나, 검은 쇠사슬에 묶여 몸이 토막 나거나, 쇠로 된 뜨거운 방에서 볶이거나, 커다란 가마솥에 삶아지고 있는 자기를 보는 거예요. 이 밖에도 지옥에서 겪는 여러 가지 환각은 모두가 밀실 공포증과 공격성의 분위기에서 생겨나는 것들입니다. 숨 쉴 공기도 없고 옴짝달싹할 틈도 없는 작은 공간에 갇혔다는 느낌에 사로잡혀 있는 거지요. 밀실에 갇혀 있다고 생각한 원숭이는 감옥의 벽을 무너뜨리려고만 하는 게 아니라 끝없이 계속되는 고통에서 벗어나고자 자신을 죽이려 합니다. 그러나 절대로 자신을 죽이지 못하지요. 오히려 자살 기도로 고통만 커집니다. 원숭이가 벽을 무너뜨리거나 지배하려고 애를 쓰면 쓸수록 벽들은 더욱 단단해지고 완강해집니다. 마침내 어느 시점이 되면 원숭이의 공격성은 맥이 빠지고, 그래서 벽들과 싸우는 대신 아예 그것들을 상대하지 않게 되지요. 고통에서 벗어나려고 싸우는 일 없이 마비되고 얼어붙은 상태로 고통 안에 머물러 있는 겁니다. 여기서 그는 가혹하고 황량하고 거칠기만 한 지경에 머물면서 온갖 고초를 다 경험합니다.

그러나 이윽고 원숭이는 투쟁에 기진맥진해지기 시작합니다. 지옥 경험의 격렬함이 시들해지면서 비로소 원숭이는 휴식을 취하게 되지요. 그리고 갑자기 좀 더 넓고 여유 있는 길이 나타날 가능성을 보는 거예요. 그는 이 새로운 상태를 향해 배가 고파집니다. 여기가 프레타 로카, 즉 아귀계입니다. 이제 원숭이는 구조에 대한 굶주림과 목마름을 느낍니다. 지옥계에서는 싸우느라 바빠서 구조받을 가능성 따위 생각할 짬이 없었는데, 이제는 좀 더 안락하고 여유 있는 상태에 대한 극심한 굶주림을 느끼면서 그 굶주림을 채워줄 여러 가지 방법들을 그려보는 거예요. 자기한테서 꽤 멀리 떨어져 있는 어떤 넓은 공간을 상상합니다. 그러나 막상 그곳에 이르러 보면 무시무시한 사막일 뿐이지요. 아니면 멀리 커다란 과일나무가 있는 것을 보고 가까이 갔다가 나무에 열매가 하나도 맺혀 있지 않거나 가까이 못 오도록 누가 지키고 있는 것을 보게 됩니다. 아니면 싱싱하게 기름져 보이는 골짜기로 날아가지만, 그곳이 독충들이나 부패한 음식물의 악취로 가득 차 있는 것을 보는 거예요. 이 모든 환각 속에서 그는 굶주림을 채울 가능성을 보지만, 그곳에 이르러 곧장 낙심하게 되지요. 즐거움을 맛볼 것 같은 순간마다 자신의 목가적인 꿈에서 난폭하게 깨어납니다. 그러나 굶주림이 너무나도 절박해서 한풀 꺾이기는커녕 오히려 더욱 목마르게 미래의 만족에 대한 환상을 찾아 여기저기 휘젓고 다니는 거예요. 실망에서 오는 고통은 원숭이를 자기 꿈에 대한 애증 관계로 몰아갑니다. 자기 꿈에 매료되었다가, 그것이 이루어지지 않는 데서 오는 아픔이 너무 커서 매료되었던 것만큼 미워하게 되는 거지요.

자기가 원하는 것을 찾지 못하는 데서 오는 고통만이 아귀계의 괴로움은 아닙니다. 그보다 더 큰 고통은 도무지 꺼질 줄 모르는 굶주림, 바로 거기에서 옵니다. 어쩌면 원숭이는 쌓여 있는 많은 음식을 발견해도 손가락 하나 대지 않을 거예요. 아니면 그것을 다 먹어 치우고 더 먹을 것이 없나 찾겠지요. 왜 그런가 하니, 근본적으로 지금 원숭이는 배고픔을 '채우기'보다 배고픔 자체에 '매료'되어 있기 때문입니다. 고픈 배를 채우려는 시도가 좌절됨으로써 그는 다시 배고플 수 있게 되는 겁니다. 그래서 지옥계에서 공격성이 그랬듯이, 아귀계에서는 굶주림이 원숭이에게 뭔가 자신이 진짜로 존재한다고 생각하게 할 그럴듯한 구실을 마련해주지요. 그는 그 구실을 잃을까 봐 겁이 납니다. 열려 있는 공간의 어떤 세계로 들어가는 것을 두려워하는 거예요. 아무리 고통스럽고 절망스럽더라도 자신에게 익숙해진 감옥을 떠나고 싶지 않은 겁니다.

그러나 자신의 환각을 충족시키려는 시도가 계속해서 좌절되면,

결국 원숭이는 골이 나기도 하고 동시에 체념을 하게 됩니다. 굶주림을 채우려는 열망을 포기하고 습관적으로 세상에 반응하는 상태에서 휴식을 취하게 되지요. 삶의 경험에 다른 식으로 접근하는 방식이 있지만 모두 무시하고서 똑같은 방식으로만 모든 것에 반응하는 겁니다. 그런 식으로 자기 세계를 제한하는 거예요. 개는 뭐든지 닥치는 대로 냄새를 맡습니다. 고양이는 텔레비전에 관심이 없습니다. 여기가 어리석음의 경계인 축생계지요. 이제 원숭이는 자기를 둘러싸고 있는 것들에 자신을 묶어놓고 다른 영역으로 진출하기를 거부합니다. 그러고는 익숙한 목표들, 익숙한 자극들에 매달리는 겁니다. 자신의 안전하고 익숙한 세계에 중독이 되어 익숙한 목표에만 눈길을 모으고 끈질기고 흔들림 없이 그것을 추구합니다. 그래서 축생계를 흔히 돼지로 상징하지요. 돼지는 코앞에 닥치는 것은 무엇이든 먹고 봅니다. 좌우를 살피지도 않고 그저 앞만 보면서 그 짓을 하는 거예요. 진흙 구덩이든 다른 어떤 장애물이든 그런 건 아무래도 상관없습니다. 그냥 코로 휘저으면서 닥치는 대로 무엇이든 먹습니다.

그러나 마침내 원숭이는 자기가 즐거운 것과 괴로운 것을 분간하고 선택할 수 있음을 알아차리기 시작합니다. 그래서 즐거운 경험과 괴로운 경험을 나눠놓고는 즐거움은 최대로, 괴로움은 최소로 경험하려고 노력하게 되지요. 여기가 인간계, 곧 분간하는 욕정의 경계입니다. 원숭이는 좀 더 영리해져서 생각이 깊어지고 이런저런 대책을 모색합니다. 더 많이 희망하고 더 많이 두려워하게 되지요. 여기가 욕정과 지성의 경계인 인간계인 것입니다. 이제 원숭이는 상당히 지적인 존재가 되었습니다. 단순히 움켜잡기만 하는 게 아니라 탐색하고 감촉을 느끼고 이것과 저것을 비교합니다. 어떤 것을 가지고 싶다고 마음먹으면 그것을 잡으려고 시도하고 잡아당겨서 소유하지요. 예를 들어, 만일 원숭이가 아름다운 비단 옷감을 원한다면 여러 상점에 가서 비단 옷감들을 손으로 만져보며 어느 것이 자기 마음에 드는지 알아봅니다. 그러다가 마음으로 찾던 비단을 만나면 이렇게 말하지요. "그래. 바로 이거야. 예쁘지? 이 비단을 사야겠어." 원숭이는 비단을 사서 집으로 돌아와 친구들을 불러다가 느낌이 어떠냐고 물어보기도 하고 그 아름다운 촉감을 자랑하기도 합니다. 인간계에서 원숭이는 어떻게 하면 즐거움을 주는 것들을 손에 넣을까, 언제나 그것만을 생각하지요. "침대에서 안고 잘 곰 인형을 사야겠어. 사랑스럽고 포근하고 보드랍고 따뜻하고 보기만 해도 껴안고 싶은 놈으로!"

그러나 원숭이는 비록 자기가 지능을 소유하고 어느 정도 쾌락을 얻을 만큼 자기 세계를 조작할 수 있긴 하지만, 언제나 즐겁기만 한 것은 아니고 원하는 것을 모두 손에 넣을 수도 없다는 사실을 발견하게 됩니다. 질병과 늙음과 죽음이 그를 에워싸고 있으며 온갖 좌절과 절망이 떠나지 않는 거예요. 쾌락이 언제나 고통을 제 짝으로 삼고 있는 겁니다.

그래서 그는 아주 논리적으로, 고통은 전혀 없고 온전히 즐겁기만 한 하늘이 있지 않을까 추론을 시작합니다. 이렇게 해서 지극한 부와 힘과 명예의 획득이 그가 생각해낸 하늘이 되는 거지요. 그것이 어떤 것이든 좌우간에 그는 장차 있을 자기 세계를 좋아하게 되고, 그래서 성공과 경쟁에 사로잡힙니다. 이것이 질투하는 신들의 경계인 아수라계지요. 원숭이는 인간계의 즐거움과 괴로움을 초월한 이상향을 꿈꾸고, 거기에 이르고자 언제나 남보다 더 나으려고 애를 씁니다. 이렇게 완벽한 상태에 이르려는 끊임없는 노력과 투쟁 속에서 원숭이는 자신을 남과 견주어봄으로써 자기가 얼마나 나아갔는지 재어보게 되지요. 자기 생각과 감정을 좀 더 잘 지배하게 되고, 그 결과 더욱 향상된 집중력을 가지고 인간계에서보다 훨씬 성공적으로 자기 세계를 조작할 수 있게 됩니다. 그러나 어디서나 최고가 되어야 하고 언제나 상황의 지배자가 되어야 한다는 생각은 그를 불안과 염려에 사로잡힐 수밖에 없도록 만들지요. 그는 자기 영역을 지배하고 성공을 위협하는 모든 것을 극복하기 위해 끊임없이 싸워야 합니다. 자기 세계를 지배하기 위한 싸움을 중단할 수 없는 거예요.

승리하겠다는 욕망과 패배할지도 모른다는 불안은 그에게 살아 있음을 실감케 하지만 동시에 짜증을 불러일으킵니다. 원숭이는 자신의 궁극적 목표를 놓쳐버리고 그저 남보다 더 나아야 한다는 욕심에 이리저리 끌려다닙니다. 경쟁과 성공의 노예가 되는 거지요. 자기 능력 밖에 있어 보이는 쾌락과 매혹의 경지를 찾으면서 그것을 자기 영역 안으로 끌어들이려고 애를 쓰지만, 그 목표를 이룬다는 게 너무나도 어렵다는 사실을 알게 된 원숭이는 한숨을 쉬며 자기를 좀 더 단련시키지 않았다고, 좀 더 열심히 노력하지 않았다고 스스로를 비난하고 저주합니다. 그렇게 이루어지지 않는 이상(理想), 자기 비난, 실패에 대한 두려움의 세계에 갇히고 마는 것입니다.

마음 공부에 관하여

마침내 원숭이는 자신의 목표를 이루어 백만장자도 되고 나라의 지도자도 되고 저명한 예술가도 되지요. 처음에는 목표를 달성해도 여전히 얼마만큼 불안을 느끼지만 얼마 되지 않아 드디어 자기가 해냈다는 사실, 자기가 지금 하늘에 있다는 사실을 깨닫기 시작합니다. 이에 원숭이는 휴식을 취하면서 자신의 성취를 인정하고 누리게 됩니다. 바람직하지 않은 것들은 감히 범접을 못 하지요. 이것은 최면술에 걸려 있는 것 같은 상태입니다. 여기가 바로 지극히 복되고 더없이 높은 데 바 로카, 즉 천상계입니다. 상징적으로 표현하면, 그곳 신들의 몸은 빛으로 이루어져 있습니다. 더 이상 지상의 일 따위가 그들을 성가시게 하지 못합니다. 사랑하고 싶으면 그냥 서로 바라보며 웃는 거예요. 그것으로 둘은 흡족해지지요. 먹고 싶으면 먹고 싶은 음식에 마음을 향하면 됩니다. 사람들이 바라던 이상 세계의 모습입니다. 모든 것이 쉽고 자연스럽게 자동으로 발생합니다. 원숭이 눈에 들어오는 모든 것이 영롱한 색깔로 빛나고, 귀에 들어오는 모든 것이 황홀한 음악이요, 느껴지는 게 모두 쾌락입니다. 이로써 그는 일종의 자기 최면을 성취해 바람직하지 않거나 짜증 나게 하는 것은 무엇이든지 차단해버리는 집중 상태에 도달한 것입니다.

그때 원숭이는 자기가 천상계의 감각적 쾌락과 아름다움을 넘어서 형태 없는 신들의 경계인 선정 또는 삼매경으로 들어갈 수 있다는 사실을 발견하지요. 여기가 여섯 가지 경계의 정점이라 하겠습니다. 그는 자기가 순수하게 정신적인 쾌락을 성취할 수 있음을 깨닫습니다. 그것은 지극히 미묘하고 또 오래가는 쾌락이지요. 온 우주를 포함시킬 만큼 감옥의 장벽을 확장시킴으로써 변화와 죽음을 정복할 수 있음을 깨닫는 겁니다. 이윽고 무한한 공간이라는 관념 위에 머물면서 무한한 공간을 바라봅니다. 그는 여기 있고 무한한 공간은 저기 있습니다. 여기 있는 그가 저기 있는 공간을 보는 거예요. 자신의 선입견으로 세계를 보아 무한한 공간을 만들어내고는 그것으로 자기 자신을 먹여 기릅니다. 그런 다음 무한한 의식이라는 관념에 집중하는 단계로 넘어가지요. 이제 그는 무한한 공간에서 살아갈 뿐만 아니라 그 무한한 공간을 인식하는 지능 위에서 또한 살아가는 겁니다. 이렇게 에고가 자신의 지휘 본부에서 무한한 공간과 무한한 의식을 관찰하는 거예요. 에고의 제국은 완벽하게 확장되어 있어서 중앙 정부에서조차 변경(邊境)이 어디까지인지를 상상할 수 없을 정도입니다. 드디어 에고가 거대하고 거창한 짐승이 되었습니다.

에고가 자신을 하도 넓게 확장시켜서 그 경계선을 따라가지 못할 지경이 됩니다. 어디에 경계선을 그으려고 하면 거기에 포함되지 않은 영역이 또 있는 것처럼 여겨지는 거예요. 마침내 어디에도 경계선을 그을 방법이 없다는 결론에 이릅니다. 제국의 크기를 인식하기는 커녕 상상조차 할 수 없게 된 겁니다. 그 안에 모든 것이 포함되어 있기 때문에 이것 또는 저것이라고 규정지을 수도 없습니다. 그래서 에고는 이것도 아니고 저것도 아니라는 생각, 스스로를 인식할 수도 없고 상상할 수도 없다는 생각에 머물게 되지요. 그러나 인식할 수도 상상할 수도 없다는 생각 또한 하나의 인식이라는 사실을 발견할 때, 더 이상 그런 상태에 머물러 있을 수 없게 됩니다. 그래서 에고는 이것 아닌 것도 아니고 저것 아닌 것도 아니라는 관념에 머물게 되는 거예요. 그 무엇도 단언할 수 없다는 생각이야말로 에고가 양육하고 자랑스레 여기는, 그래서 자기 존재를 계속 유지하는 데 사용하는 관념입니다. 이것이 끝없는 윤회에 미혹된 마음이 손에 넣을 수 있는 가장 높은 차원의 깨달음이요, 성취입니다.

이렇게 원숭이는 가장 궁극적인 차원의 성취를 이룹니다. 하지만 그의 성취가 기반으로 삼고 있는 이분법을 넘어서지는 못했습니다. 원숭이의 집 장벽은 여전히 굳건하고, 미묘한 감각 속에 '타자'로 거기 있는 것입니다. 당분간은 자기가 투영한 것들과 그럴듯한 일치를 통해 조화롭고 평화롭게 지복을 맛보겠지만, 모든 것이 미묘하게 고정되어 있고 닫힌 세계 안에 있음은 여전합니다. 그는 이제 자신의 장벽만큼 굳어졌고 에고질 상태에 이르렀습니다. 여전히 자신을 안전하게 하고 강화하는 일에 사로잡혀 있으며, 세계와 자기 자신에 대한 고정관념에 묶여 있고, 오온이라는 환각을 진지하게 다루고 있는 거예요. 자신의 의식이 타자 위에 머물러 있기에 계속해서 자기가 성취한 바를 체크하고 유지하지 않으면 안 됩니다. "이곳 천상계에 있는 것이 얼마나 평온한 일인가! 드디어 내가 해냈어. 진짜로 해낸 거야. 그런데 잠깐…… 내가 진짜로 해낸 걸까? 아, 저기 그것이 있어. 그래. 내가 해낸 거야. '내가' 해냈다고!" 원숭이는 자기가 열반을 성취했다고 생각합니다. 그러나 실제로 그가 도달한 곳은 일시적인 에고질 상태에 지나지 않습니다.

얼마 지나지 않아 몰입되었던 상황이 시들해지면서 원숭이는 다시 공포에 질리게 됩니다. 위협을 느끼고 어리둥절해지고 상처받기 쉬

위진 상태에서 질투하는 신들의 경계인 아수라계로 뛰어들지요. 그러나 질투하는 신들의 불안과 시샘이 너무나도 견디기 힘겨워서 원숭이는 자기가 무엇을 잘못했는지 찾아내는 일에 사로잡힙니다. 그렇게 인간계로 돌아오는 거예요. 그러나 인간계도 역시 괴롭기만 하거든요. 무슨 일이 일어나고 있는 건지, 무엇이 잘못되었는지를 끊임없이 찾고 물어보지만 그럴수록 고통과 혼미는 가중되지요. 이윽고 원숭이는 인간 지성의 비판하고 분석하는 관점과 망설임에서 도망쳐 소경처럼, 귀머거리처럼 주변에 무엇이 있든 관계치 않고 자기에게 익숙한 방식으로만 돌진하는 축생계로 뛰어듭니다. 그러나 주변 상황에서는 끊임없이 일이 생기고 뭔가를 향한 굶주림이 싹을 틔우면서 천상계에 대한 그리움이 강렬해지고, 그리로 돌아가려는 열망이 불처럼 타오르는 겁니다. 이때 원숭이는 천상계에서 즐겁게 노는 것을 환상으로 그립니다. 그러나 자신의 굶주림을 환상으로 채우는 일은 금방 바닥이 나고 그는 다시 강렬한 굶주림을 느끼게 되지요. 굶주림은 끊임없이 이어지고, 마침내 원숭이는 거듭되는 굶주림과 절망에 압도당해 욕망을 채우기 위한 좀 더 강력한 투쟁 속으로 뛰어듭니다. 그의 공격성이 하도 심해서 그를 둘러싼 환경도 그에게 똑같은 강도로 공격을 해오고, 그리하여 뜨겁고 질식할 것 같은 분위기가 조성되는 거예요. 원숭이는 다시 지옥으로 돌아온 자신을 보게 됩니다. 이렇게 해서 지옥에서 천당까지 갔다가 다시 천당에서 지옥까지 한 바퀴를 완전히 돌았지요. 바로 이 투쟁·성취·실망·고통의 끝없는 순환이 윤회의 수레바퀴요, 이분법적 집착에서 오는 업의 사슬입니다.

원숭이는 이 끝없어 보이는 업의 사슬에서 어떻게 벗어날 수 있을까요? 업의 사슬 또는 윤회의 수레바퀴를 끊을 수 있는 가능성은 인간계에서 생겨납니다. 인간의 지성과 행위를 분별하는 능력이 전체 투쟁 과정에 대해 의문을 품을 수 있도록 틈을 마련해주는 것입니다. 인간계에서 원숭이는 무엇을 가진다는 것에 대해 의문을 품고 자기가 경험하고 있는 세계의 정체성에 대해 의문을 품게 됩니다. 이를 위해서는 전체를 한눈에 보는 알아차림과 초월적인 지식이 필요합니다. 전체를 한눈에 보는 알아차림은 원숭이가 투쟁이 발생하는 공간을 볼 수 있게 해주고, 이를 통해 그것이 얼마나 아이러니하고 유머러스한 것인지 보기 시작하지요. 단순히 그냥 투쟁하는 대신 투쟁을 경험하면서 그것이 얼마나 쓸데없는 짓인지 보기 시작하는 거예요. 자신의 환각을 보면서 웃는 겁니다. 자기가 벽을 상대로 싸우지 않을 때 벽은 불쾌한 것도 아니고 완강한 것도 아니며 오히려 따뜻하고 부드럽고 쉽게 뚫고 들어갈 수 있는 것임을 보기 시작합니다. 다섯 개의 창문을 뛰쳐나가거나, 벽을 무너뜨리거나, 심지어 그것들 안에 갇혀 있을 필요가 없다는 사실을 발견하지요. 그는 그것들을 통과해서 어디로든 갈 수 있습니다. 자비심 또는 '카루나(Karuna)'를 '부드럽고 고상한 마음'이라고 부르는 이유가 여기 있어요. 그것은 부드럽고 열려 있고 따뜻한 통교 과정입니다.

초월적인 지식의 맑고 투명함은 원숭이가 벽들을 다른 방식으로 보게 해주지요. 그는 세계가 자기 바깥에 있는 무엇이 아니며, 문제를 일으킨 것은 '나'와 '남'을 나눠놓는 자신의 이분법적 태도였음을 깨닫게 됩니다. 비로소 자기 자신이 벽을 단단하게 만들고 있으며, 자신의 욕심을 통해 스스로를 감옥에 가두고 있음을 이해하기 시작합니다. 그래서 마침내 자기가 만든 감옥에서 벗어나기 위해서는 거기서 벗어나려는 욕심을 버리고 벽을 있는 그대로 받아들여야 한다는 사실을 깨닫게 되는 거지요.

○ 만일 당신이 싸워야 한다고 전혀 생각하지 않는다면, 집에서 나올 마음이 아예 없다면 어떻게 되는 겁니까? 어쩌면 집 밖에 있는 것들이 무서워서 장벽을 보호벽으로 삼고 있는 것일지도 모르지요.

● 만일 당신이 벽들을 다정한 시선으로 볼 수 있다면, 거기에 당신을 가두는 벽들은 없는 겁니다. 당신이 자기를 보호해주는 벽을 가지고 싶어 하는 만큼 더 이상 거기엔 벽이 없는 거예요. 이는 매우 역설적입니다. 당신이 벽을 싫어할수록 벽은 더욱 강하고 두꺼워지고, 당신이 벽을 친구로 삼을수록 그만큼 벽은 사라집니다.

○ 선과 악, 시(是)와 비(非)를 분별하는 것과 같이 즐거움과 괴로움의 분별도 같은 뿌리에서 나오는 것인지요? 이런 분별은 개인의 주관적인 태도에서 나오는 건가요?

● 내 생각에 즐거움과 괴로움은 같은 배경에서 태어납니다. 보통 사람들은 즐거움은 좋은 것으로 괴로움은 나쁜 것으로 여기지요. 그래서 즐거움은 천당에서 맛보는 영적인 복락에 연결되고 괴로움은 지옥에 연결됩니다. 만일 어떤 사람이 괴로움을 거절해서 즐거움을 얻으려는 노력 자체가 모순이요 아이러니임을 알면서도 극심한 괴로움을 두려워하고 즐거움을 향해 치달린다면, 그건 매우 우스운 일이 아닐 수 없습니다. 괴로움과 즐거움에 대한 사람들의 태도에는 유머 감각이 부족한 것 같습니다.

○ 당신은 앞에서 우리가 환상으로 현상 세계를 만들고는 거기서 뛰쳐나오고 싶

어 한다고 말씀하셨습니다. 제가 알기로 불교에서는 현상 세계가 모두 공(空)의 나타남에 지나지 않는다고 가르치는데요. 그렇다면 뛰쳐나오고 말고 할 곳이 없는 것 아닌가요?

● 문제는 에고의 지각 안에서는 현상 세계가 매우 실제적이며 압도적이고 단단하다는 데 있습니다. 실제로 환상은 환상이지요. 그러나 원숭이한테는 그 환상이 아주 현실적이고 단단하거든요. 그의 미혹된 관점으로 보면 생각조차도 매우 단단하고 구체적인 것이 될 수 있습니다. 색이 공이고 공이 색이니까, 따라서 이 모든 환상이 존재하지 않는다고 말하는 건 좋지 않습니다. 신경이 잔뜩 날카로워진 원숭이에게 그런 말을 해보세요. 천만의 말씀이지요. 그에게는 색이 아주 단단하고 무겁기만 합니다. 그는 지금 거기에 너무나도 사로잡혀 있어서 다른 것을 바라볼 여유가 없어요. 자신의 존재를 보강하기에 급급한 실정입니다. 그는 결코 틈을 허용하지 않습니다. 그러니 영감을 받거나 다른 세계를 들여다보거나 상황을 다른 각도에서 이해한다는 건 있을 수 없는 일이지요. 원숭이의 관점에서 보면 꿈이 곧 현실입니다. 당신이 꿈을 꿀 때 당신은 진짜로 무서워하지요. 그러나 깨고 보면 한바탕 꿈에 지나지 않습니다. 우리는 두 가지 서로 다른 논리를 동시에 사용하면 안 됩니다. 우리의 미혹을 꿰뚫어 보기 위해, 그것의 모순성을 보기 위해 총체적으로 보아야 합니다.

마음 공부에 관하여

에고를 뛰어넘는 네 가지 성스러운 진리

원숭이의 여러 기질을 호기심 많고 정열적이고 공격적이고 기타 등등 다채롭게 그려보았습니다. 이제는 그가 처한 궁지에서 어떻게 헤어날 것인지를 생각해볼 차례가 되었습니다.

사람들은 오온에 대한 깊은 명상으로 에고가 무엇이며, 그것을 어떻게 초월할 것인지 알게 됩니다. 다섯 번째 온인 의식은 끊임없이 헤매는 신경질적이고 종잡을 수 없는 생각들로 이루어져 있지요. 여섯 가지 경계를 통해 이어지는 원숭이의 환각을 따라 비뚤어진 생각, 메뚜기처럼 종잡을 수 없는 생각, 과장하기를 좋아하는 생각 따위의 오만 가지 생각들이 일어났다가 사라졌다가 다시 일어나는 겁니다. 바로 이 혼란스러운 지점이 우리의 출발점입니다. 이 혼란을 가라앉히기 위해 우리는 부처님이 처음으로 굴린 법륜(法輪)인 '네 가지 성스러운 진리'에 대한 가르침을 조심스럽게 배울 필요가 있습니다.

네 가지 성스러운 진리란 다음과 같습니다. 괴로움에 대한 진리, 괴로움의 원인에 대한 진리, 목표에 대한 진리, 그리고 그것에 이르는 길에 대한 진리. 우리는 괴로움에 대한 진리로 시작합니다. 원숭이의 혼란스러움과 불안정함에서 시작해야 한다는 말입니다.

우리는 괴로움이 실제로 있음을 인정하는 것으로 출발해야 합니다. 괴로움을 산스크리트어로는 '두카(Duhkha)'라고 하는데 '괴로움', '불만족', '고통'을 뜻하는 말이지요. 불만족은 마음이 끝도 시작도 없는 듯한 길을 돌고 돌아야 하는 데서 생겨납니다. 과거의 생각, 미래의 생각, 현재의 생각들이 끊임없이 이어지는 거예요. 여기서 짜증이 나게 되지요. 아무리 생각을 굴려봐도 뭔가 계속 모자라고 불완전하다는 느낌이 꼬리를 뭅니다. 아무튼 뭔가 온전치 못하고 충분치 못한 겁니다. 그래서 그 틈을 메꾸려 하고 채우려 하고 더 많은 쾌락과 안전을 얻고자 애를 쓰게 되지요. 이렇게 계속되는 수고가 짜증과 고통의 바탕이 됩니다. 마침내 사람은 그냥 '나'로 있는 것 자체가 싫고 짜증스러워지는 거예요.

괴로움의 진리를 아는 것은 사람 마음의 노이로제를 아는 것과 같습니다. 우리는 너무 많은 에너지에 이리저리 끌려다닙니다. 밥을 먹거나 잠을 자거나 일을 하거나 놀거나 간에 우리의 삶 속에는 괴로움이 있고 불만족이 있고 고통이 있지요. 쾌락을 즐길 때는 그것을 잃을까 봐 두려워서 더 많은 쾌락을 얻으려 하거나 그것을 지키려고 애를 씁니다. 고통스러울 때는 그것에서 벗어나려고 발버둥 칩니다. 이래도 저래도 만족스럽지 못한 경험을 하는 거예요. 모든 행위 속에 불만족이나 고통이 내포되어 있는 것입니다.

우리는 인생의 진미를 마음껏 맛볼 수 있을 만한 여유를 허용하지 않는 삶을 스스로 만들어갑니다. 끊임없이 비즈니스를 해야 하고, 끊임없이 설계를 해야 하고, 끊임없이 삶의 품위를 높이기 위해 뭔가를 해야 합니다. 그것이 첫 번째 고상한 진리인 두카입니다. 괴로움을 이해하고 그것과 마주하는 게 첫 발걸음이지요.

이렇게 자신의 불만족과 짜증을 알아차렸으면, 왜 그렇게 되었는지 그 원인을 찾아보아야겠지요. 우리의 생각과 행동을 자세히 살펴봄으로써 우리가 자기 자신을 유지하고 지키기 위해 끊임없이 싸우고 있음을 발견하게 됩니다. 바로 이 싸움이 괴로움의 뿌리임을 알게 되지요. 이렇게 해서 우리는 괴로움이 어떤 과정으로 형성되는지를 보는데, 그것은 에고가 어떤 과정으로 형성되는지를 보는 것과도 같습니다. 이것이 두 번째 고상한 진리인 괴로움의 원인에 대한 진리입니다.

앞에서 영적 물질주의 이야기를 할 때 말했듯이, 에고가 모든 고통의 원인이니까 마음 공부란 에고를 정복하고 파멸시키는 것이라고 잘못 생각하는 이들이 많더군요. 그들은 에고를 제거하고자 많은 수고를 합니다만, 그런 수고 자체가 또 다른 에고의 표현에 지나지 않는 겁니다. 우리는 이리저리 헤매고 다니면서 어떻게 해서든지 우리 자신을 향상하고 발전시키려고 애를 쓰는데, 그런 애씀 자체가 문제라는 사실을 깨닫게 될 때까지 그 짓을 멈추지 않지요. 우리의 이런 투쟁에 틈이 생길 때, 생각에서 벗어나려고 애쓰기를 그만둘 때, 악하고 불순한 생각들에 반대해서 경건하고 착한 생각들 편들기를 그칠 때, 그냥 생각 자체를 있는 그대로 보게 될 때, 그때 비로소 통찰은 우리에게 다가오는 겁니다.

우리는 우리 안에 온건하고 깨어 있는 질(質)이 있음을 깨닫기 시작합니다. 실제로 이 질은 우리가 더 이상 싸우지 않을 때만 자신을 드러내지요. 이렇게 해서 세 번째 고상한 진리인 목표에 대한 진리를 발견하는데, '애쓰지 않는 것'이 그것입니다. 우리는 다만 자기 자신을 안전하게 지키고 단단하게 결속시키려는 노력을 내려놓기만 하면 되는 거예요. 그러면 깨어 있는 상태에 있게 되지요. 그러나 우리는 곧 이러한 '놓아버리기'가 아주 짧은 동안에만 가능하다는 사실을 알게 됩니다. 자신을 '놓아버리기' 위해서 에고는 자신을 낡은 신처럼 벗어놓고 괴로움에서 해탈로 길을 떠나야 합니다.

그래서 우리는 네 번째 고상한 진리인 명상 수련을 시작하게 되지요. 명상 수련은 마음의 황홀 상태로 들어가기 위한 시도도 아니고 어떤 특별한 대상에 사로잡히기 위한 시도도 아닙니다. 인도와 티베트에는 이른바 의식 집중을 위한 명상법이 개발되어 있습니다. 이 명상 수련은 마음을 다스려 한데 모으기 위해 어떤 대상에 의식을 집중하는 방법이지요. 이 수련을 하는 학생들은 한 사물을 선정해 그것을 보고 생각하고 상상하면서 모든 의식을 그리로 모읍니다. 이렇게 함으로써 어느 정도 마음의 고요를 얻을 수 있음은 사실입니다. 나는 이런 수련을 가리켜 '정신적 체조 훈련'이라고 부르는데, 주어진 상황 전체를 상대로 하지 않기 때문입니다. 그것은 이것과 저것, 주체와 객체를 떨어뜨려 놓고 그 위에서 하는 수련이지요. 이분법적 인생관을 넘어서지 못한 수련이라는 말이에요.

반면에 삼매 수련에는 의식 집중이 포함되지 않습니다. 이건 아주 중요합니다. 의식을 집중하는 수련은, 비록 그러려고 목적하지는 않았다 해도 대체로 에고를 강화시키게 됩니다. 여전히 의식 집중 수련은 마음으로 어떤 대상이나 목적을 설정해야 할 수 있고, 그러면서 우리 자신이 스스로 주인공이 되는 거예요. 꽃이나 돌이나 불꽃을 응시하는 가운데 자신의 안정됨과 고요함을 더욱 강화하려고 노력하는 것입니다. 길게 볼 때 이런 수련법은 위험한 것이 될 수 있어요. 자신의 의지력에 의존하다가 지나치게 견고하고 고정된 방법에 얽혀들 수 있기 때문입니다. 이런 수련 방법은 개방된 에너지나 유머 감각이 결여되어 있기 쉽지요. 너무 무겁고 교조적이 되기 쉬워서 자기 자신에게 훈련을 강요하는 결과를 가져오는 거예요.

진지하고 근엄할 필요가 있지 않느냐고 생각할 수도 있겠지요. 그러나 이런 생각은 자칫 우리 머릿속에 경쟁심을 심어줄 수 있고 내 마음을 더 많이 통제할수록 더 많이 성공적이라는, 오히려 교조적이고 권위주의적인 접근 방식이 아닐 수 없습니다. 이런 식으로 생각하다 보면 우리는 언제나 미래에 초점을 맞추게 됩니다. 그것은 에고한테 아주 익숙한 태도지요. "나는 이러이러한 결과를 보고 싶어. 내게는 아주 효과가 만점인 이론이나 이상적인 꿈이 있어." 우리는 미래에 살려고 하고 이상적인 목표를 성취하는 것에 대한 기대로 인생관이 다채로

위집니다. 바로 그 기대 때문에 우리는 지금 이 순간을 제대로 보고 받아들이고 알아차리지 못하는 거예요. 이상적인 목표에 매혹되어 눈이 멀고 사로잡히는 겁니다.

에고의 경쟁적인 기질은 우리가 살고 있는 이 물질주의적 세계에서 그대로 드러나 보이지요. 백만장자가 되고 싶은 사람은 먼저 심리적으로 백만장자가 되려고 합니다. 백만장자인 자기 모습을 그려보고는 그 목표를 이루기 위해 열심히 노력하는 거예요. 자기가 그것을 이룰 수 있는지 없는지 상관하지 않고 그 방향으로 자신을 밀고 나갑니다. 이런 태도는 결국 지금 이 순간을 제대로 살지 못하게 하지요. 너무 많이 미래에 살고 있기 때문입니다. 우리는 명상을 할 때도 이와 같은 잘못을 저지를 수 있어요.

참된 명상 수련이 에고에서 벗어나는 길인 이상, 미래의 깨달은 마음 상태에 너무 많은 관심을 기울이지 않는 것이 첫 번째 요령입니다. 온전한 명상 수련은 본질적으로 지금 여기 이 순간의 상황과 그 상황에 대처하는 수단들, 그리고 현재의 마음 상태에 기반을 두고 이루어져야 합니다. 에고를 초월하는 것에 관심을 두는 모든 명상 수련이 현재 순간에 초점을 모읍니다. 그래서 그것이 매우 효과적인 생활 방식이 되는 거지요. 만일 당신의 현재 상태와 주변 상황에 대해 온전하게 깨어 있다면, 당신은 어느 것 하나 잃어버리는 일이 없을 겁니다. 우리는 이렇게 깨어 있기 위해 여러 가지 명상 테크닉을 활용할 수 있습니다. 그러나 그 모든 테크닉은 다만 에고에서 벗어나는 수단들일 뿐이에요. 테크닉은 아이에게 준 장난감과 같습니다. 아이가 자라면 장난감을 버리게 마련입니다. 명상 테크닉은 어떤 제한된 목적을 이루기 위해 잠정적으로 필요한 것입니다. 온전한 명상 수련은 우리와 지금 여기 사이의 관계에 바탕을 두고 이루어져야 합니다.

당신은 스스로를 명상 수련으로 떠밀어 넣어서는 안 됩니다. 그냥 있게 하세요. 이런 방식으로 수련을 하면, 공간과 그곳으로 통하는 느낌이 저절로 일어나면서 미혹된 상태에서도 제 기능을 다하고 있는 원초적 지성 또는 불성이 느껴지게 됩니다. 그러면 비로소 네 번째 고상한 진리인 '길에 대한 진리'를 이해하게 되는 거예요. 그것은 자기 걸음을 알아차리는 것과 같은 아주 단순한 진리입니다. 먼저 당신은 자기가 서 있는 것을 알아차립니다. 그런 다음 오른발이 땅에서 떨어져 앞으로 나가 다시 땅을 딛고 땅을 밀어내는 것을 알게 됩니다. 다시 왼발이 땅에서 떨어져 앞으로 나가 다시 땅을 딛고 땅을 밀어내지요. 지금 이 순간 우리가 하는 모든 몸짓에는 헤아릴 수 없이 많은 동작이 포함되어 있습니다.

또한 그것은 호흡을 알아차리는 수련과 똑같습니다. 콧구멍으로 들어왔다가 다시 나가서 공기 속에 흩어지는 자신의 숨결을 알아차리는 거예요. 그것은 매우 정교하고 질서정연한 과정을 통해 이루어지고 있습니다. 단순한 행동 하나에서 그 정밀함을 알아차리는 겁니다. 이렇게 해서 하루하루 살아가며 무슨 일을 하든지 그것이 얼마나 아름답고 뜻깊은 것인지를 깨닫기 시작합니다.

예를 들어 차 한 잔을 따른다면, 팔을 뻗고 손을 내밀어 주전자 손잡이를 잡아 들어 올려서 차를 따르는 동작을 자세히 알아차리는 겁니다. 이윽고 잔에 차가 차오르면 기울였던 주전자를 바로 세워 따르기를 멈추고 주전자를 바닥에 놓습니다. 그 모든 순간 동작들이 나름대로 존엄한 것임을 알아차리는 거예요. 우리는 그것들이 얼마나 단순하고 정밀한 동작인지 오랫동안 잊고 살았습니다. 우리의 모든 동작이 똑같은 단순함과 정밀함을 지니고 있으며, 그렇기 때문에 한없이 아름답고 존엄한 것입니다.

대화하는 과정도 그것의 단순함과 정밀함을 눈여겨본다면 매우 아름다운 것이 될 수 있지요. 말하다가 잠깐 멈추는 순간들이 그대로 하나의 구두점이 되는 겁니다. 말하고, 공백을 받아들이고, 다시 말하고, 공백을 받아들이고, 다시 말하고……. 성급하게 빨리빨리 말하지 않고 여유를 두고 공백을 받아들이는 것 자체가 아름다운 거예요. 상대방의 반응을 알아차리려고 갑자기 말을 끊거나 서둘러 정보를 얻으려고 궁리하지 않아도 됩니다. 다만 공백을 받아들이세요. 대화를 할 때는 말을 하는 것 못지않게 공백이 중요합니다. 말이나 생각이나 웃음이나 몸짓 같은 것으로 상대방에게 말을 재촉해서 부담을 주어서는 안 됩니다. 공백을 받아들이고, 빙그레 웃고, 뭔가 말을 하고, 다시 공백을 받아들이고, 다시 말하고, 그리고 말을 마치는 겁니다. 구두점을 찍지 않고 편지를 쓴다고 생각해보세요. 그러면 대화가 혼란스러워지겠지요. 공백을 받아들이는 것에 대해 초조해하거나 따로 신경을 쓸 필요가 없습니다. 그냥 자연스럽게 그것을 받아들이는 거예요.

이렇게 순간순간 모든 동작과 상황을 자세히 알아차리는 수련을 '사마타(Shamatha)' 명상이라고 합니다. 사마타 명상은 소승의 길 또는 작은 수레와 연결됩니다. 숙련되고 협소한 길이지요.

'사마타'는 '평화로움'을 뜻하는 말입니다. 부처님이 한 여인에게 우물에서 물을 길어 올리면서 사마타에 이르는 방법을 가르쳐주었다는 이야기가 있지요. 물을 길어 올릴 때 자신의 팔과 손의 움직임을 자세히 알아차리라고 가르쳐주었습니다. 그런 수련은 행동의 즉시성을 알아차리는 수련인데, 그래서 사마타가 평화로운 상태로 들어가게 하는 명상으로 알려진 것입니다. 순간마다 지금 여기에서 이루어지고 있는 움직임을 알아차릴 때, 거기에는 활짝 열려 있음과 평화 말고는 다른 무엇이 있을 수 없습니다.

○ 공백을 나타나게 하는 것에 대해 좀 더 말씀해주시겠어요? 무슨 말씀인지는 알겠는데, 그것을 어떻게 허용한다는 건지 잘 모르겠습니다. 어떻게 그것을 "있게 할" 수 있지요?

● 사실 이 질문은 우리의 다음 주제인 보살의 길, 자비와 자유의 대승적인 넓은 길로 이어집니다. 그러나 그 질문에 소승적으로 단순하게 답하면, 어떤 상황이 벌어지든지 충분히 만족하고 외부에서 재미를 보려 하지 말아야 합니다. 일반적으로 우리는 말을 할 때 상대방과 대화를 하기보다 그에게서 좋은 반응을 얻고 싶어 하지요. 다른 사람으로 자기를 먹여 살리려는 겁니다. 대단히 자기중심적인 대화법이에요. 우리는 이런 욕망을 버려야 합니다. 그럴 때 자동으로 공백이 오는 거예요. 노력해서 공백을 만들 수 있는 게 아닙니다.

○ 당신은 우리가 수행의 길에 들어갈 준비를 갖추어야 한다고 말씀하셨습니다. 그러면서 서둘러 들어가서는 안 된다고, 멈추어 쉴 줄 알아야 한다고 하셨어요. 이 준비에 대해 좀 더 말씀해주시겠습니까?

● 처음에 우리는 영적인 구도행이 매우 아름답고 우리의 모든 질문에 답을 제공할 것이라는 생각을 합니다. 그런 기대와 희망을 넘어서야 해요. 우리는 스승이 모든 문제를 풀어주고 의혹을 벗겨주리라 생각합니다. 그런데 막상 스승을 만나보면, 그는 우리의 모든 문제에 답을 주지 않거든요. 많은 일을 우리에게 맡기고 네가 알아서 하라고 하는 거예요. 그래서 우리는 낙심도 하고 실망도 하지요. 우리 자신을 영적 물질주의에 참여시킬수록 그만큼 더 많은 기대를 갖게 됩니다. 마음

공부가 우리에게 희망과 위로와 지혜와 구원을 가져다줄 것이라고 기대하는 거예요. 이런 문자적이고 에고 중심적인 태도는 철저하게 뒤집혀야 합니다. 마침내 그 어떤 깨달음을 얻겠다는 희망을 모두 포기할 때, 바로 그때 우리 앞에 길이 열립니다. 그것은 누군가의 도착을 기다리고 있는 상황과 같지요. 당신은 그를 기다리다가 그가 오리라는 희망을 모두 버리고, 그가 오리라는 건 어디까지나 내 환상이었다고 생각하고는 자리를 뜨려고 합니다. 바로 그때 그가 나타나는 거예요. 깨달음이란 이런 식으로 이루어지는 겁니다. 우리의 모든 희망과 기대를 벗어버리는 일입니다. 반드시 인내가 필요합니다. 너무 세차게 자신을 수행의 길로 밀어 넣어서는 안 됩니다. 그냥 기다리세요. 현실을 이해하려고 너무 애쓰지 말고 공백을 받아들이세요. 우리가 왜 이 길에 나섰는지, 그 동기를 먼저 들여다볼 필요가 있어요. 열린 마음으로, '선'과 '악'을 초월한 마음으로 출발한다면 야망은 필요치 않습니다. 두카의 기원을 알게 될 때 깨달음에 대한 갈급한 욕구가 일어나게 마련입니다. 그래서 자신을 강하게 밀어붙이게 되지요. 그런데 그 밀어붙이는 강도가 너무 세면 마음 공부 자체가 고통과 혼란과 윤회의 길이 되고 마는 겁니다. 자신을 구원하는 일에 지나친 열성을 기울인 탓이지요. 너무 예민하게 긴장해서 무엇을 배울 수 없게 되고, 성급하게 나가려는 마음이 앞서서 발걸음을 떼어놓을 수 없게 되는 거예요. 마음 공부를 서두르는 대신 자신을 철저하게 준비시킬 필요가 있습니다. 그냥 기다리세요. 기다리면서 구도행의 전체 과정을 살펴보는 겁니다. 공백을 받아들이세요. 요점은 미혹된 상태에서도 빛을 비추는 근본 지성이 우리에게 있다는 사실입니다. 원숭이 이야기를 생각해보세요. 그는 집에서 벗어나기를 바랐고, 그래서 벽과 창문을 두드리고 기어오르고 조사하며 매우 바쁘게 움직였지요. 원숭이를 움직인 막강한 에너지가 우리를 밖으로 내몰고 있는 원초적 지성입니다. 이 지성은 당신이 가꾸어야 하는 씨앗 같은 게 아니에요. 그것은 구름 사이로 빛을 비추는 태양 같은 겁니다. 우리가 틈을 허용할 때 자동적이고 직관적인 깨달음이 우리에게 다가옵니다. 이것이 부처님이 경험한 내용이었어요. 부처님은 힌두교의 스승들 밑에서 여러 가지 요가 수련을 했지만, 그런 테크닉만 가지고서는 완전한 깨달음을 얻을 수 없다는 사실을 알았습니다. 그래서 요가 수련을 그만두고 자신의 방식을 찾기로 했지요. 자기 속에서 제 길을 가고 있는 근본 지성의 힘을 빌리기로 했던 거예요. 이 근본 지성을 아는 게 반드시 필요합니다. 그것은 우리에게 사람들을 비난하지 말라고, 누구도 근본적으로 악하거나 결핍된 사람은 없다고 말해줍니다.

○ **단순해지고 공백을 경험하면서 동시에 어떻게 현실을 살아갈 수 있을까요?**

● 아시다시피 열린 공간을 경험하기 위해 우리는 단단한 땅을, 색(色)을 경험해야 합니다. 그 둘은 서로를 의존해 존재합니다. 우리는 흔히 열린 공간을 낭만적으로 생각해서 함정에 빠지지요. 열린 공간을 어떤 황홀한 장소로 여기지 않고 그 공간을 땅에 연결 지음으로써 그런 함정에 빠지지 않을 수 있습니다. 공간은 그것을 한정 짓는 땅의 경계가 없이는 경험될 수 없는 거예요. 열린 공간을 그림으로 표현하려면 그

것을 지평선 위에 그리지 않을 방법이 없어요. 그러므로 마음 공부를 하면서 일상생활로, 안방과 부엌으로 자신을 계속 데리고 가야 합니다. 일상생활의 단순성과 정밀함이 그토록 중요한 까닭이 여기에 있습니다. 만일 당신이 열린 공간을 알아보았다면, 곧 당신의 익숙하고 오래된 일상생활로 돌아가서 그것을 더욱 자세히 살펴보고, 그 안에 스며들어 그것들의 모순과 함께 광대무변성을 볼 수 있어야 합니다.

○ **기다리는 동안 생겨나는 조급함은 어떻게 처리해야 할까요?**

● 조급함은 과정 전체를 알지 못하고 있음을 뜻합니다. 모든 행동이 갖고 있는 완전성을 본다면 더 이상 조급하지 않을 겁니다.

○ **내게는 번잡스러운 생각도 있지만 고요한 생각도 있습니다. 이 고요한 생각들을 길러야 하는 건가요?**

● 명상 수련을 할 때는 모든 생각이 똑같아요. 경건한 생각, 아름다운 생각, 종교적인 생각, 고요한 생각, 그것들 역시 생각에 지나지 않습니다. 고요한 생각을 기르고 이른바 번잡스러운 생각을 억압하려고 해서는 안 됩니다. 네 번째 고상한 진리인 법의 길을 말할 때, 그것은 우리가 종교적이고 고요하고 선한 사람이 되어야 한다는 뜻이 아니에요. 고요해지려고, 착해지려고 애를 쓰는 것은 그 자체가 번잡스럽게 갈등하며 다투는 모습들 가운데 하나입니다. 종교적인 생각들이 감독이나 심판자라면 세속적인 생각들은 배우나 행위자지요. 예를 들어 당신은 명상을 하다가 평범하고 지저분한 생각을 하게 되고, 그와 동

시에 감시자가 있어서 이렇게 말하는 거예요. "이래서도 안 되고 저래서도 안 된다. 너는 명상으로 돌아와야 해." 이렇게 경건하고 근사한 생각 또한 생각일 뿐이고, 당신은 그 생각을 길러서는 안 되는 겁니다.

○ **대화를 할 때 말과 함께 공백을 사용하는 것에 대해 좀 더 설명해주세요.**

● 보통 사람들은 다른 사람과 말할 때 일종의 노이로제 같은 속도에 휘말려 들고 맙니다. 자연발생적인 공백이 이 속도를 뚫고 들어와 우리가 상대방에게 무엇을 강요하거나 재촉하지 못하게끔 해야 합니다. 특히 우리는 자기가 흥미 있고 관심 많은 것을 말할 때, 그냥 말을 하는 게 아니라 상대방을 타고 짓누르지요. 자연발생적인 공백은 늘 거기 있어요. 다만 우리의 생각이라는 구름에 가려 있을 뿐이지요. 그 생각의 구름에 틈이 생길 때마다 공백은 빛을 비춥니다. 그렇게 처음 열린 공백을 알아차리고 그것을 받아들이면, 그 틈으로 근본 지성이 나타나 일을 시작하는 거예요.

○ **많은 사람이 괴로움의 진리를 알고 있으면서 두 번째 발걸음인 괴로움의 원인에 대한 진리로 나아가지 않습니다. 왜 그럴까요?**

● 내 생각에 그것은 편집증 문제인 듯싶습니다. 우리는 도피하려고 합니다. 고통을 영감의 원천으로 보려고 하는 대신 거기서 도망치려고 한단 말입니다. 고통 자체만으로도 충분히 나쁜데, 왜 그것을 파헤치려고 하겠어요? 물론 고통을 충분히 겪고 거기서 도망칠 수 없다는 사실을 알았을 때 그것을 이해하기 시작하는 사람들도 있긴 합니다.

그러나 대부분 사람은 고통에서 벗어나기에 급급해서 그것을 찬찬히 들여다보지 못하지요. 들여다볼 엄두조차 나지 않는 거예요. 보려고 할수록 겁만 나는 겁니다. 일종의 편집증이지요. 그러나 석가모니 부처님처럼 눈 밝은 사람이 되려면 열린 마음과 지성으로 탐구하는 사람이 되어야 합니다. 비록 추하고 역겹고 고통스러운 것이라 해도 그것을 뚫고 들어가서 탐색해야 하는 거예요. 이 과학자다운 마음이 매우 중요합니다.

○ **깨달은 사람은 어디에서 동기가 주어집니까?**

● 영감으로 오는 동기는 생각 너머에서, 선이니 악이니 바람직하다느니 그렇지 않다느니 하는 생각들 너머에서 옵니다. 생각 너머에 우리의 기본 바탕이자 성품이요 배경인 근본 지성이 있고, 공간에 대한 느낌이 있고, 모든 상황에 대처하는 열린 방식이 있습니다. 이런 동기는 머리에서 오는 게 아니라 직관적으로 오는 것입니다.

○ **사람이 물리적 환경을 통제해서 자기 마음에 어떤 작용을 할 수 있는 겁니까?**

● 당신이 어떤 환경에서 무엇을 하든지 간에 물질과 마음 사이에 소통하는 길이 있습니다. 하지만 사람이 물리적 장치에만 의존할 수는 없는 일이지요. 외부의 무엇을 조정해서 마음을 다스릴 수는 없는 거예요. 그런데 너무나 많은 사람이 그러고 있는 걸 봅니다. 예복을 입고 세상을 등진 채 매우 엄격한 삶을 살면서 모든 인간의 일반적인 습관을 포기하는 거예요. 하지만 결국 그들은 자신의 번잡해진 마음을 상

대해야 하지요. 번잡함은 마음에서 나오는 겁니다. 그러기에 밖으로 눈을 돌리기보다 마음으로 시작해야 해요. 물질세계를 조정함으로써 번잡한 마음을 다스리려 하지만 그게 뜻대로 되지 않을 겁니다. 인생 무도장에서 물질은 마음에 영향을 주고 마음은 물질에 반응하지요. 거기에서 끊임없는 변화가 일어나는 거예요. 사람이 바위에 손을 얹으면 대지의 든든함이 그 바위에서 느껴질 겁니다. 어떻게 하면 바위처럼 든든하게 소통할 수 있을까, 그걸 배워야 해요. 꽃 한 송이를 손에 들면 그 특이한 모양과 색깔의 꽃잎들이 우리의 심상에 그대로 연결됩니다. 외부세계의 상징들을 결코 외면해서는 안 돼요. 하지만 초기에 자신의 노이로제를 다스리려고 시도할 때, 우리는 곧장 가되 물질을 어떻게 조정해서 마음의 문제를 해결할 수 있으리라고 생각해서는 안 됩니다. 예컨대 어떤 사람이 심리적으로 균형이 깨어지고 혼란해져서 앞에서 말한 원숭이처럼 되었으면, 그에게 부처님 옷을 입히고 명상하는 자세로 앉아 있게 해도 그 마음은 여전히 같은 방식으로 사방을 뛰어다닐 거예요. 나중에 그가 스스로 자신을 가라앉혀 단순한 원숭이가 되면, 그때는 그를 조용한 장소로 데려가거나 안거(安居)하게 하는 것이 확실히 효과적일 수 있습니다.

○ **내 안에서 추한 나를 볼 때, 어떻게 그를 받아들여야 할지 모르겠습니다. 나는 그를 받아들이기보다 바꾸거나 피하려고 합니다.**

● 당신은 추한 당신을 감추려고 해서는 안 됩니다. 그를 바꾸려고 해서도 안 돼요. 오히려 더욱 자세히 탐색해보세요. 당신이 스스로 발견한

당신의 추한 모습은 하나의 선입견입니다. 당신이 그것을 추하다고 본 거예요. 그러고 있는 당신은 여전히 '선'과 '악'이라는 관념에 잡혀 있습니다. 당신은 선이니 악이니 하는 말로부터 벗어나야 합니다. 언어와 개념을 넘어서 있는 그대로의 당신 속으로 깊게 더 깊게 들어가야 해요. 첫눈에 띄는 것만 가지고서는 충분하지 못합니다. 당신의 모습을 자세하게, 판단 없이, 언어나 개념을 쓰지 말고 깊이 들여다보아야 합니다. 자기 자신한테 활짝 열려 있는 것이 곧 세계에 활짝 열려 있는 것입니다.

애쓰지 않고 저절로 되는 경지, 바라밀

이제까지 우리는 단순하고 정확하게 살기 위한 소승적 명상법에 대해 생각해보았습니다. 사물이 있는 그대로 존재하는 공간과 틈을 받아들임으로써 비로소 우리는 단순하고 정확하게 사는 법을 알기 시작합니다. 이것이 명상 수련의 시초입니다. 우리 마음을 가득 채우고 있는 '잡담들'의 구름을, 산만한 생각의 분주함을 무찔러 흩어버림으로써 다섯 번째 온으로 뚫고 들어가기 시작한 거지요. 그다음 단계는 감정들을 다루는 일입니다.

산만한 생각은 끊임없이 신체 조직의 근육을 먹여 살리는 혈액 순환에 견줄 수 있어요. 그렇게 우리의 감정들을 살리고 있는 겁니다. 생각들은 감정들을 서로 연결시키며 지탱시켜주지요. 그렇게 우리는 하루하루 살아가면서 감정의 더 다채롭고 격렬한 표출에 의해 강조되는 정신적 잡담의 끊임없는 흐름을 경험하는 거예요. 생각과 감정은 세계에 대한 우리의 기본적인 태도와 세계와 관계 맺는 우리의 방식을 드러내며, 그 안에서 우리가 살아가는 환상의 경계인 환경을 형성합니다. 이 '환경들'이 바로 여섯 가지 경계입니다. 비록 그 가운데 어느 한 경계가 개인의 심리 상태를 전형적으로 보여주기는 하지만 그 밖에 다른 경계들에 연관된 감정들도 끊임없이 경험하게 되지요.

이 경계들을 제대로 다루기 위해서 우리는 좀 더 넓게 상황을 관망해야 합니다. 이렇게 넓은 시각으로 보는 것이 바로 위빠사나(Vipashyana) 명상이에요. 우리는 한 가지 행위를 자세하고 꼼꼼하게 볼 뿐 아니라 전체 상황을 한눈에 볼 수 있어야 해요. 위빠사나는 어떤 행동이 발생하게 되는 분위기를 함께 보는 것입니다. 만일 우리가 자기 행동을 자세하게 살핀다면, 어떻게 그런 행동이 나오게 되었는지를 또한 보게 될 겁니다. 한 가지 상황을 좁은 폭에서 보면 좀 더 넓은 폭에서도 보게 되지요. 여기서 넓게 관망하는 마하위빠사나(Mahavipashyana) 수련법이 전개됩니다. 상황을 자세하게 살펴보는 것보다 전체를 한눈에 꿰뚫어 보는 거예요. 그렇게 우리는 환상들에 휩쓸리지 않고 그것들의 패턴을 보게 됩니다. 더 이상 우리의 투영들과 싸울 필요가 없다는 사실, 그것들과 우리 사이를 가로막는 장벽이 우리 자신의 창작품이라는 사실을 발견하는 거예요. 에고의 비실재성을 꿰뚫어 보는 것이 곧 반야요, 초월적인 지식입니다. 이 반야를 한번 경험할 때 우리는 휴식을 취하게 되고 더 이상 에고의 존재를 유지하기 위해 애쓸 필요가 없음을 깨닫게 되지요. 바야흐로 자기를 활짝 열고 관대해질 수 있는 겁니다. 우리가 스스로 만들어낸 그림자를 다루는 또 다른 방법을 알게 됨으로써 아주 큰 기쁨을 맛봅니다. 이것이 보살도(菩薩道)를 성취하는 첫 번째 단계예요. 마침내 우리는 열린 길이자 따뜻한 길인 대승의 길, 보살의 길에 들어선 겁니다.

마하위빠사나 명상을 하면 우리와 사물들 사이에 매우 광대한 공간이 있음을 알게 됩니다. 상황과 우리 사이에 넓은 공간이 있고, 그 공간에서 무슨 일이든지 발생할 수 있다는 사실을 깨닫습니다. 관계나 투쟁에 연계된 어떤 일도 일어나지 않는 거예요. 달리 말하면, 어떤 경험에 우리의 관념이나 이름이나 범주를 덮어씌우지 않고 모든 상황에서 공간의 열려 있음을 느낀다는 말입니다. 이렇게 해서 깨어 있음은 매우 정확하고 모든 것을 포용하는 것으로 바뀌지요.

마하위빠사나 명상이란 사물을 있는 그대로 있게 하는 것을 뜻합니다. 우리는 모든 사물이 있는 그대로 '있기' 때문에 우리 쪽에서 따로 무슨 노력을 할 게 없다는 사실을 깨닫기 시작합니다. 사물을 굳이 어떤 식으로 보아야 할 필요가 없어요. 그것들은 본래 그런 식이니까요. 그래서 우리는 열린 공간을 제대로 인식하게 됩니다. 우리에게 움직여 나갈 공간이 얼마든지 있으며, 우리가 이미 알고 있기 때문에 새삼 무엇을 알려고 할 필요가 없음을 알게 된다는 말입니다. 그러기에 대승의 길은 열린 길이요, 넓은 길이에요. 그 길을 걷는 사람은 자기 자신을 깨어 있도록 허용하고 자신의 본능이 그대로 표출되도록 허용하는 열린 마음을 지닙니다.

앞에서 우리는 통교를 위해 공간을 허용하는 것에 대해 말했지요. 그러나 이런 종류의 수련은 매우 정교하고 자아를 의식하면서 하는 수련입니다. 마하위빠사나 명상법을 수련할 때 우리는 통교하고 있는 자기를 관찰하거나 정교하게 틈을 허용하거나 무엇을 의도적으로 기다리는 게 아니라, 말하자면 그냥 통교하고 있으면서 간격을 두고 있는 거예요. 그냥 두고 더 이상 마음 쓰지 마세요. 그냥 두는 일도 일삼아서 하지 마세요. 열어놓고 그냥 두세요. 아무것도 소유하지 마세요. 그러면 깨달은 상태가 샘처럼 자연발생으로 솟아납니다.

대승 경전들은 자기를 열어놓을 준비가 빈틈없이 되어 있는 사람들, 자기를 열어놓을 준비가 거의 다 되어 있는 사람들, 자기를 열어놓을 잠재력을 갖춘 사람들에 대해 말하고 있지요. 자기를 열어놓을 잠재력을 갖춘 사람들이란, 이 주제에 깊은 관심이 있지만 자신의 본능이 솟구쳐 나올 틈을 아직 허용하지 못하는 지성인들을 가리킵니다. 준비가 거의 다 되어 있는 사람들이란, 마음을 활짝 열어놓았지만 필요 이상으로 자기를 관찰하는 사람들입니다. 준비가 빈틈없이 되어 있는 사람들이란, 비밀스러운 언어인 여래의 암호를 들은 사람들을 말하는데 이미 그것을 실현한 이들도 있고 이미 건너간 이들도 있지요. 그것은 누구에게나 가능한 길, 활짝 열려 있는 여래의 길입니다. 그러므로 언제 어떻게 또는 왜를 상관하지 말고 그냥 열어놓으세요. 그것은 아름다운 일이요, 벌써 누군가에게서 일어난 일입니다. 우리라고 왜 안 되겠어요? 왜 '나'와 다른 여래들 사이를 구분 짓고 서로 다른 존재인 양 바라보는 겁니까?

'여래(如來, Tathagata)'는 '그것이 그러함을 체험한 사람'을 뜻합니다. 여여(如如, Tathata)를 체험한 사람이 여래란 말이지요. 다른 말로 하면, 여래라는 이름 자체가 우리에게 영감을 주고 하나의 출발점이 되는 겁니다. 그 이름에서 우리는 벌써 누군가가 그것을 성취했고 이미 그것을 체험했다는 사실을 전해 듣게 되니까요. 이 본능이 어떤 사람을 일깨워 그의 지성 속에 내장되어 있던 여래를 태어나게 했다는 얘기예요.

보살의 길은 자기 속에 여래성(如來性)이 힘있게 살아 있음을 확신하는 용감한 사람들을 위한 길입니다. '여래'라는 말을 듣고 퍼뜩 잠에서 깨어난 사람은 지금 보살의 길을 가고 있는 사람입니다. 불성을 신뢰하고 자신의 여행을 모두 마칠 수 있다는 확신에 찬 용감한 전사들의 길을 가고 있는 거예요. '보살(菩薩)'이라는 말은 '보리(菩提)의 길을 갈 만큼 충분히 용감한 사람'을 뜻합니다. '보리'는 '깨어나다', '깨어난 상태'를 가리키는 말이지요. 이 말은 보살이 완전하게 깨어난 사람이라는 뜻이 아니라 깨어난 사람들의 길을 기꺼이 걸어가고 있는 사람이라는 뜻입니다.

이 길은 자연발생으로 이루어지는 여섯 가지 초월적인 행위들로 구성되어 있어요. 보시, 지계, 인욕, 정진, 선정, 그리고 반야가 그것입니다. 이것들은 흔히 육바라밀(六波羅蜜, Six Paramitas)이라고 하지요. '파람(Param)'은 '건너편' 또는 '강 건너 기슭'을 뜻하고, '이타(Ita)'는 도착한다는 뜻입니다. 그러니까 '바라밀'은 '강 건너 언덕에 도착한다'는 말이 되어 보살의 행위들이 에고의 자기중심성을 초월하는 이해와 전망을 보여준다는 뜻을 지닙니다. 보살은 착하고 친절한 사람이 되려고 애쓰지 않습니다. 저절로 자비행을 베푸는 거예요.

기꺼이 내어주기: 보시 바라밀

일반적으로 불경을 공부하는 사람들이 보시를 자기보다 못한 사람에게 친절을 베푸는 것으로 잘못 이해하는 경우가 있습니다. 누군가 아픔을 겪고 있는데 자기는 그보다 형편이 좀 나아서 그를 구해줄 수 있다고 보는 거예요. 이것이야말로 누군가를 내려다보는 아주 단순한 사고방식이지요. 보살이 베푸는 보시는 그렇게 판에 박힌 것이 아닙니다. 그것은 아주 강하고 힘 있는 무엇이에요. 그것은 통교입니다.

통교는 성가심을 초월해야 합니다. 그러지 않으면 가시나무 덤불 속에 안락한 잠자리를 마련하려고 하는 것과 다를 바 없으니까요. 바깥에 있는 모양, 힘, 빛 따위의 침투하는 성질이 우리에게 와서 피부를 찌르는 가시처럼 통교를 시도하는 우리 속으로 침투해 들어오는 거예요. 그러면 그 격렬한 성가심을 가라앉히려 하게 되고 결국 통교가 막히고 마는 것입니다.

통교는 방사(放射)가 되어야 하고, 받아들이고 교환하는 것이어야 해요. 외부의 자극을 받아들일 때마다 우리는 우리에게 다가오는 것들과 통교하는 대신 그것들의 본질을 제대로 옹글게, 그리고 분명하게 보지 못합니다. "아니야. 싫어. 넌 나를 성가시게 해. 사라지라고!"라고 말하면서 통교하자고 다가오는 바깥 세계를 즉각 거부하지요. 이런 태도야말로 보살의 보시에 정반대인 것입니다.

보살은 성가심과 자기방어를 초월하는 보시의 완벽한 통교를 경험해야 합니다. 그러지 않으면 가시가 우리를 찌를 때마다 자신이 공격받는다고 생각해서 스스로를 방어해야만 합니다. 그리하여 우리에게 주어진 통교의 호기(好機)를 버리고 도망쳐서 강 건너 언덕을 바라볼 엄두조차 내지 못하고 마는 거예요. 우리는 자꾸 뒤를 돌아보고 달아나려고만 하지요.

보시는 기꺼이 주는 것입니다. 철학적이거나 종교적인 동기 따위 없이 그냥 주어진 상황에서 그때그때 요구되는 일을 하되, 그 대가로 무엇을 받게 될까 겁내지 않는 거예요. 이 길의 한복판에서 자기 열림이 저절로 이루어집니다. 스모그나 먼지나 사람들의 증오나 욕정 같은 것들이 우리를 덮치지 않을까 겁내지 않고 그냥 자기를 활짝 열어두는 겁니다. 완벽하게 굴복하고 내어주는 거예요. 이것은 우리가 아무것도 판단하거나 평가하지 않는다는 뜻입니다. 만일 우리가 자신의 경험을 판단하거나 평가하려고 한다면, 얼마만큼 자기를 열어놓을 것이며 얼마만큼 닫아둘 것인지를 결정하려고 한다면, 자기 열림은 의미를 잃게 되고 바라밀이니 보시니 하는 것들이 모두 허사가 되고 말 것입니다. 우리의 행위는 그 어느 것도 초월하지 못할 것이고 더 이상 보살의 행위라고 할 수 없겠지요.

우리는 제한된 생각, 제한된 개념으로 세계를 보면서 '이것'에 반대하는 '저것'이 있다는 관념을 벗어나지 못한 채 살고 있습니다. 어떤 사물을 볼 때 그것의 제 모습을 있는 그대로 보려 하지 않고, 자동적으로 자기 관점에 맞도록 일그러뜨려서 보려고 하지요. 그러고는 우리 안에 있는 사물의 모양과 눈에 보이는 모양이 일치하면 흐뭇해하는 겁니다. 그렇게 판단하고 평가해서 받아들이거나 거절하는 거예요. 이런 식으로는 절대로 진정한 통교가 이루어질 수 없습니다.

참된 보시는 우리에게 있는 모든 것을 그대로 내어주는 것입니다. 우리의 행위는 완전히 열려 있고 완전히 노출되어 있어야 해요. 판단 하는 것은 우리가 할 일이 아닙니다. 받아들이는 몸짓을 하는 것은 (보 시를) 받는 쪽에서 할 일이에요. 만일 그쪽에서 우리의 보시를 받아들일 준비가 되어 있지 않다면 받아들이지 않을 겁니다. 준비가 되어 있으 면 와서 받겠지요. 이것이 보살의 무아행(無我行)이라는 거예요. 그는 자기에게 이런 질문을 하지 않습니다. "내가 혹시 잘못을 저지르고 있 는 건 아닐까?" "나는 지금 조심하고 있는 걸까?" "누구에게 나를 열어 놓아야 하지?" 그는 어느 쪽도 편들지 않아요. 비유하자면, 보살은 시 체처럼 누워 있습니다. 사람들이 와서 그를 보고 이리저리 조사도 해 봅니다. 그는 사람들 손에 자기를 그대로 내맡깁니다. 이토록 고상한 행위, 완벽한 행위, 그 어떤 위선이나 철학적·종교적 판단도 들어 있지 않은 행위, 그것이 보살의 행위예요. 그래서 모든 것을 초월한다고, 바 라밀이라고 말하는 겁니다. 아름다운 길이지요.

상황과 하나 되기: 지계 바라밀

여기서 그치지 않고 더 나아가 계율을 지키는 지계 바라밀을 살펴보면 같은 원리가 적용되고 있는 것을 볼 수 있어요. 계율을 지킨다는 게 고 정된 법조문이나 규범에 자신을 붙들어 매는 것이 아니라는 얘깁니다. 완전히 자아가 없고 완벽하게 열려 있는 사람이 보살이라면 새삼 무슨 법조문을 따라야 하겠습니까? 그 사람 자체가 규범이요 법인데 말이에요. 보살은 남을 파멸하거나 해치는 일이 불가능한 사람입니다. 초월적인 보시를 몸으로 실현하는 사람이기 때문이지요. 그는 자신을 완전히 열어놓은 사람이고, 그래서 '이것'과 '저것'을 나누지 않습니다. 그냥 '있는' 것을 좇아서 행동할 뿐이에요. 다른 사람이 볼 때 그는 항상 옳게 처신하고 제때 제 일을 하는 사람으로 보입니다. 그러나 막상 우리가 그를 본받으려고 하면 아마도 불가능할 것입니다. 그의 마음이 너무나도 정교하고 예리해서 절대로 잘못을 저지르지 않기 때문이지요. 절대로 기대하지 못했던 문제에 휩쓸려 들지 않고 파괴적인 방식으로 혼란을 빚지도 않습니다. 비록 혼란스러운 일이 생긴다 해도 그 혼란스러움에 들어가 그것과 일체가 되고, 어느새 문제는 스스로 해결되어 있는 거예요. 말하자면, 보살은 소란스러운 물결에 빠져들지 않고 강을 건널 수 있는 그런 사람이지요.

만일 우리가 자기를 완전히 열고서 자기 자신을 관찰하지 않으며 주어진 상황들을 있는 그대로 받아들여 그것들과 통교한다면, 우리의 행위는 순수하고 절대적이고 고상할 것입니다. 그러나 노력을 해서 순수한 행동을 하려고 시도한다면 우리의 행동은 서툴러지겠지요. 비록 동기가 순수하다 해도 그렇게 하는 행위 속에는 서투른 억지가 들어 있게 마련입니다. 보살의 경우에는 모든 행위가 물처럼 흐르는데, 조금도 억지스러운 구석이 없습니다. 모든 것이 제자리에 딱 들어맞아요. 마치 누군가가 여러 해에 걸쳐 전체 상황을 정리해놓은 것처럼 말입니다. 보살은 미리 계획을 세우고 처신하지 않습니다. 다만 통교할 뿐이에요. 그는 자기를 세상에 열어놓는 보시에서 출발해 주어진 상황에 들어가 그것과 하나가 됩니다. 흔히들 보살의 몸짓을 코끼리의 걸음걸이에 견주곤 하지요. 코끼리는 서두르지 않습니다. 한 걸음 한 걸음 천천히 밀림을 통과하는 데 거침이 없어요. 보살들은 바른길을 좇아 항해합니다. 넘어지거나 잘못하는 일이 절대로 없어요. 발걸음마다 견고하고 분명하지요.

물 흐르듯 관계 맺기: 인욕 바라밀

보살의 다음 바라밀은 인욕입니다. 우리는 보살의 여섯 가지 바라밀을 동떨어진 것으로 나누어놓을 수 없습니다. 한 바라밀이 다음 바라밀 안으로 들어가 그것과 하나가 되는 거예요. 그러므로 인욕 바라밀의 경우, 그것은 자신을 통제하려고 노력하거나 좀 더 열심히 일하는 사람, 또는 아주 많이 참고 견디는 사람이 되려고 하거나 자신의 육체적·정신적 약점을 무시하고 마지막 피 한 방울이 남을 때까지 애쓰고 또 애쓰는 그런 행위가 아닙니다. 인욕 바라밀 역시 보시나 지계와 마찬가지로 그 속에 숙련된 방법을 내포하고 있어요.

초월적인 인욕은 결코 아무것도 기대하지 않습니다. 아무것도 기대하지 않음으로써 조급함에 떨어지지 않게 되지요. 일반적으로 우리는 많은 것을 기대하고, 그래서 자기 자신을 밀어붙입니다. 이런 행위는 대부분 충동적으로 촉발됩니다. 어떤 아름답고 매력적인 것을 보면 그것을 향해 자신을 밀어붙이고 결국 조만간에 되밀리는 거예요. 앞으로 더 많이 밀어붙일수록 뒤로 더 많이 밀려나지요. 충동이라는 것이 그렇게 지혜 없이 밀어붙이는 힘이기 때문입니다. 충동에 따르는 행동은 앞을 보지 않고 달리는 사람이나 무턱대고 목적지에 닿으려고 애쓰는 맹인의 행동과 비슷합니다. 보살의 행위는 절대로 반응을 일으키지 않아요. 아무것도 바라지 않고 모든 것에 매력을 느끼기 때문에 어떤 상황에도 순응할 수 있습니다. 초월적인 인욕의 배경에 있는 힘은 미숙한 충동 따위에 휘둘리지 않습니다. 그것은 코끼리의 걸음처럼 매우 느리고 분명하고 한결같지요.

인욕 또한 공간을 느낍니다. 아무것도 보살을 놀라게 할 수 없으므로 새로운 상황들을 두려워하지 않습니다. 파괴적이고 혼란스럽든, 창조적이고 바람직하든, 아니면 스스로 불러들인 것이든, 어떤 일이 닥쳐도 보살은 당황하거나 충격을 받지 않아요. 상황과 자기 자신 사이의 공간을 알고 있기 때문이지요. 일단 상황과 자신 사이의 공간을 알게 되면 그 공간에서는 무슨 일이든지 일어날 수 있습니다. 무슨 일이 일어나든 공간의 복판에서 일어나는 거예요. '여기' 또는 '저기'에서 일어나는 일이 없다는 말입니다. 여기와 저기가 서로 관계가 좋은 사이든 다투는 사이든 말이에요. 그러므로 초월적인 인욕은 세계와 물 흐르는 듯한 관계를 유지하는 것, 그래서 아무하고도 싸우지 않는 것을 의미합니다.

기쁨으로 충만하기: 정진 바라밀

이제 우리는 다음 단계인 정진 바라밀로 나아갑니다. 정진이란 어떤 상황에서도 주어진 기회를 놓치지 않는 것을 뜻하지요. 다른 말로 하면, 샨티데바가 《입보리행론》에서 말한 대로 그것은 기쁨에 찬 에너지로 충만한 상태입니다. 이 에너지는 우리가 그렇게 해야만 하는 일을 위해 노력할 때 쓰는 에너지가 아니라 그 자체가 기쁨이요 즐거움인 에너지입니다. 그것이 기쁘고 즐거운 에너지인 까닭은 보살이 인생 자체를 끊임없는 창조 과정으로 보고 있기 때문이에요. 그의 생애가 온통 보시에 열려 있고, 지계로 활성화되고, 인욕으로 힘을 얻어 이제는 기쁨으로 가득 차는 단계에 이른 것입니다. 그에게는 흥미롭지 않은 상황이 없고 변하지 않는 상황이 없어요. 보살이란 활짝 열린 마음으로 깊은 흥미를 느끼며 인생의 모든 것을 바라보는 사람이기 때문입니다. 그는 아무것도 평가하지 않습니다. 그러나 이 말이 그가 멍청이라는 뜻은 아니에요. 그가 '더 높은 의식'이나 '가장 높은 삼매경'에 몰입되어 낮과 밤을 가리지 않고 아침과 점심을 분간하지 않는다는 뜻도 아닙니다. 만사에 흐리멍덩한 사람이 된다는 뜻도 아니에요. 오히려 그는 개념화되고 말로 표현된 가치들을 있는 그대로 보면서 개념과 언어의 평가들 너머를 함께 보는 사람입니다. 그는 우리가 서로 다르게 보는 것들의 동일성을 봅니다. 모든 상황을 전체적인 관점에서 내려다보기에 인생이 어떻게 전개되든 커다란 흥미를 가지고 임하는 것입니다. 그래서 보살은 결코 애써 노력하지 않아요. 그냥 살지요.

그는 보살의 길에 들어서면서 모든 중생이 마음의 깨달은 상태를 얻어 성불하기 전에는 깨달음을 성취하지 않겠다고 서원합니다. 이렇게 자기를 내어주고 열어놓고 희생시키는 고상한 행위로 시작했기에 그는 이 길을 좇아 걸으면서 인생에 지치거나 싫증을 내는 일 없이 날마다 모든 상황에 커다란 관심을 기울이는 거예요. 이것이 곧 기쁨으로 모든 수고를 아끼지 않는 정진입니다. 우리가 부처 되기를 포기하고, 인생을 참되게 살아갈 시간을 지금 가지고 있으며, 정신없이 달려가는 속도를 초월했다는 사실을 깨닫는 거기에 정진의 엄청난 에너지가 있어요.

흥미로운 일은 비록 보살이 깨달음을 성취하지 않겠다고 서원했지만, 그 자신이 너무나도 정확하고 예민하기 때문에 일 분 일 초도 헛되이 보내지 않는다는 사실입니다. 그는 언제나 삶을 옹글고 꽉 차게 살아가지요. 그 결과는 자기가 어디에 있는지를 깨닫기 전에 이미 깨달음을 성취했다는 것입니다. 그런데 부처가 되지 않겠다는 그의 뜻은 참으로 이상하게도 그가 성불한 뒤에도 계속되지요. 그래서 자비와 지혜가 그에게서 솟구쳐 나와 그의 에너지와 확신에 힘을 줍니다. 만일 우리가 상황들에 지치지 않는다면 우리의 에너지는 기쁨에 넘칩니다. 자기를 온전히 열고 삶의 순간들에 늘 깨어 있으면 멍청하게 보내는 때란 있을 수 없는 거예요. 이것이 비르야, 곧 정진입니다.

한결같이 깨어 있기: 선정 바라밀

다음은 선정 바라밀입니다. 선정에는 두 가지 형태가 있어요. 하나는 보살의 선정인데, 자신의 자비로운 에너지로 말미암아 끊임없이 깨어 있어서 전체적인 관점으로 모든 것을 봅니다. '선(禪)'이라는 말은 '깨어 있음' 또는 '깨어 있는' 상태에 있음을 뜻하지요. 그러나 흔히 말하는 명상 수련을 하고 있는 상태만을 가리키는 것은 아닙니다. 보살은 황홀경이나 몰아지경에 빠지기를 스스로 원하지 않습니다. 다만 삶의 상황들에 있는 그대로 깨어 있을 뿐이에요. 특히 보시, 지계, 인욕, 정진을 놓치지 않고 명상을 계속하는 일에 깨어 있지요. 언제 어디서나 한 결같이 깨어 있는 겁니다.

선정의 다른 한 형태는 신들의 경계에 의식을 집중하는 것입니다. 이 형태의 선정과 보살의 선정이 다른 점은, 비록 인생의 모든 상황에 놓치지 않고 깨어 있지만 보살은 그 어느 것에도 머물러 있지 않는다는 점이에요. 그는 자신의 명상 활동에 권위를 부여하지도 않고, 명상 또는 다른 어떤 행위를 하고 있는 자기 자신을 바라보지도 않습니다. 그래서 그의 행위는 언제나 명상이고 그의 명상은 언제나 행위인 거지요.

지혜로써 밝게 보기: 반야 바라밀

다음 바라밀은 반야, 혹은 지혜(智慧)입니다. 반야는 전통적으로 모든 미혹을 잘라버리는 양쪽에 날이 선 칼로 상징되지요. 보살이 앞의 다섯 가지 바라밀을 완벽하게 갖추었다 해도 반야가 부족하면 그의 행위는 온전치 못한 것입니다. 경전에서는 앞의 다섯 바라밀이 반야의 바다로 흘러 들어가는 다섯 강줄기와 같다고 했어요. 또 다른 경전에는 전륜성왕(轉輪聖王) 또는 우주의 황제가 서로 다른 네 군대를 이끌고 전쟁을 하는 얘기가 있지요. 황제가 앞에서 이끌지 않으면 군대는 방향을 잃고 맙니다. 달리 말하면, 반야란 그 안으로 다른 모든 바라밀이 들어가서 녹아버리는 근본 바탕인 거예요. 그것은 보살의 행위—보시, 지계, 인욕 그 밖의 모든 행위—에 붙어 있는 개념화된 모양들을 잘라 버립니다. 보살이 체계적이고 적절하게 행동할 수 있지만, 만일 의심과 망설임을 잘라버리는 칼인 지혜가 없다면 그 행위는 결코 모든 것을 초월하는 참된 보살행이 될 수 없습니다. 그러기에 반야는 모든 것을 밝게 보는 눈이요, 무엇을 하고 있는 자기를 바라보는 에고의 눈과 정반대되는 것입니다.

보살은 관찰자 또는 에고를 변형시켜서 분별하지 않는 지혜인 반야바라밀(般若波羅蜜, Prajna Paramita)로 만들지요. '프라(Pra)'는 뛰어나다는 뜻이고 '즈나(Jna)'는 안다는 뜻이니까, '프라즈나'라고 하면 모든 것을 아는 탁월한 지혜, 완벽한 지식이 됩니다. '이것'과 '저것'에 고착되어 있는 의식이 잘려져 나간 자리에 아는 반야와 보는 반야라는 두 얼굴의 지혜가 돋아나는 거예요.

아는 반야는 감정들과 상관이 있습니다. 그것은 서로 충돌하는 감정들——사람이 자기 자신을 향해 가지는 태도들——을 잘라버려서 자기가 누구인지를 드러내 보여줍니다. 보는 반야는 이 세상의 온갖 선입견과 편견들을 넘어서지요. 그것은 상황을 있는 그대로 봅니다. 그러기에 보는 반야는 모든 상황을 가능한 만큼 균형 있게 다루도록 해줍니다. 반야는 아주 조금이라도 '이것'과 '저것'을 나누려는 성향이 있는 생각들을 무찔러주지요. 그래서 양쪽에 날이 선 칼이라고 하는 거예요. 그것은 이쪽으로만 자르지 않고 저쪽으로도 잘라버립니다. 보살은 더 이상 '이것'과 '저것'을 분별 지음으로써 초조해하거나 화를 내는 일이 없습니다. 뒤돌아보며 챙기는 일도 없이 다만 다가오는 상황들을 헤치며 항해를 계속할 따름이지요. 이렇게 해서 여섯 가지 바라밀이 서로 기대어 있는 것입니다.

○ **당신 말하는 명상이란, 자기가 하고 있는 바에 마음을 모아 바라보는 것을 뜻하나요?**

● 다섯 번째 바라밀인 선정은 마음을 모아 깨어 있는 것입니다. 그러나 선정뿐만 아니라 다른 바라밀들도 초월적인 지혜인 반야 없이는 있을 수가 없어요. 반야는 명상 수련에 완전히 다른 빛을 던져줍니다. 어떤 대상 하나에 마음을 모으는 집중 수련보다 더 높고 깊은 수련으로 바꾸어주는 거예요. 반야로 말미암아 당신이 처해 있는 특별한 상황의 전체 환경을 깨달아 알게 되는 겁니다. 지혜는 당신을 더욱 정확하게 해주고 더욱 활짝 열어주지요. 그래서 모든 순간, 모든 발걸음, 모든 동작을 알아차리게 합니다. 그리고 이 정확성과 단순성은 전체 상황을 아는 데까지 당신을 이끌어갑니다. 그러므로 명상은 어느 한 대상에 머물러 있는 것이 아니라 전체 상황에 깨어 있는 것입니다. 그러면서 모든 사건 속에 있는 단순한 진리를 경험하는 거지요. 명상은 그냥 깨어 있기 수련만이 아닙니다. 깨어 있기 수련에 그치면 수련을 더욱 깊고 높게 확장시키기 위해 반드시 필요한 직관적 통찰을 발전시킬 수 없으니까요. 이 대상에 대한 깨어 있음에서 저 대상에 대한 깨어 있음으로 옮겨가야 합니다. 반야를 발전시키는 일은 걸음마를 배우는 것과 비슷하지요. 처음에는 한 가지 사물에 대해 깨어 있다가 두 가지, 세 가지, 네 가지, 다섯 가지, 여섯 가지…… 사물에 대해 깨어 있기를 연습해야 합니다. 그러나 이윽고 걸음마를 완전히 터득해서 제대로 걸을 수 있으려면, 당신이 처해 있는 전체 상황에 두루 깨어 있어서 모든 것을 함께 알아차릴 수 있을 때까지 연습을 계속해야

해요. 그러기 위해서 당신은 어느 것에도 머물러 있지 말아야 합니다. 그래야 모든 것에 깨어 있을 수 있어요.

○ **어떤 사람들하고 갈등이 생겨서 그들을 상대하기 힘들어졌을 경우, 당신은 어떻게 하시나요?**

● 글쎄요. 그들과 통교하고 싶은 당신의 마음, 그게 바로 보시인데요. 그 마음이 강하다면 반야를 동원시켜 왜 그들과 통교하기 힘든지 그 이유를 찾아내야 합니다. 어쩌면 당신의 통교가 일방적인 방향으로 이루어지는 것인지도 모르겠고, 다른 방향으로 통교가 이루어지기를 당신이 바라지 않을 수도 있지요. 아니면 통교를 바라는 당신의 열망이 지나치게 커서 오히려 상대방을 짓누르고 있는지도 모릅니다. 상대방에게 도무지 자기식으로 반응할 여유를 주지 않는 거지요. 물론 당신은 좋은 뜻에서 그러겠지만, 무엇을 남에게 주려는 데 마음을 쏟는 대신 전체 상황을 주의 깊게 두루 살펴보아야 합니다. 문제를 다른 사람의 관점에서도 보는 법을 배워야 해요. 기본적으로 우리는 열린 공간을 마련해야 합니다. 상대방을 내 방식대로 생각하게 만들려는 욕망은 뿌리치기가 정말 힘든 것이지요. 우리는 종종 그러고 있는 자신을 보게 됩니다. 그러나 우리의 통교가 지나치게 상대방을 억압하는 것이 되지 않도록 조심해야 해요. 열린 공간을 마련하는 것이야말로 그렇게 할 수 있는 유일한 방법입니다.

○ **무엇이 우리가 욕망을 버리게 합니까?**

● 당신이 무엇인가 되려는 마음을 포기하지 않는 한 결코 보살이 될 수 없다는 엄정한 사실, 바로 그 진리를 발견하는 것입니다. 이것은 자기 자신을 상대로 게임을 하자는 게 아니에요. 말 그대로 항복해야 합니다. 진짜로 자기를 열고 포기해야 한다는 말입니다. 항복한다는 게 어떤 것인지 그 맛을 한번 보면, 그것을 넘어 더 나아가고 싶은 마음이 솟아나지요. 깨어 있는 마음 상태가 어떤 것인지 조금이라도 경험을 하면, 계속 그 길로 나아가고 싶은 간절한 마음과 노력이 절로 생겨납니다. 그러면서 또한, 앞으로 나가기 위해서는 앞으로 나가려는 생각까지 버려야 한다는 것을 깨닫는 거예요. 보살의 길은 열 가지 단계[菩薩十地]와 다섯 가지 길[五位]로 이루어져 있는데, 마지막 단계에서 당신은 이제 막 깨달은 상태로 들어가려고 하는 자기를 뭔가가 뒤에서 잡아당기고 있는 것을 문득 보게 됩니다. 그리고 그것이 바로 깨닫고자 하는 당신의 마음과 노력이라는 사실을 깨닫는 거예요. 이것이 금강삼매요, 욕망의 소멸입니다.

○ **평범한 인생에서는 무심으로 살아가는 게 권태로움에 연결되는 수가 있습니다. 사람이 보살처럼 아무 데도 마음이 끌리지 않는다면 결국 목석이 되는 것 아닐까요?**

● 어디에도 마음을 두지 않는다는 게 돌이나 해파리가 된다는 뜻은 아닙니다. 보살에게도 에너지가 있어요. 그러나 어떤 일에 마음을 두는 사람의 경우에는, 예를 들어 화가 났을 때 속의 에너지를 행동으로 옮

겨서 화를 내지 않고 그것을 묻어두려고 하면 탈이 나고 말지요. 이럴 때의 에너지는 한쪽으로 기울어진 에너지입니다. 순수한 에너지는 파괴적이거나 건설적인 모습으로 표출되지 않습니다. 사랑에도 미움에도 연계되지 않는 그런 에너지가 있다는 말이에요. 이것이 상황을 정확하고 분명하게 꿰뚫어 보는 에너지입니다. 이런 에너지는 끊임없이 우리 속에서 솟아나는데, 우리가 그것을 제대로 보려고 하지 않는 거예요. 대신 우리는 늘 파괴적이거나 건설적인 모습으로 에너지가 표출되는 줄 알고 있습니다. 그런 에너지도 있지만 그것들을 넘어서는 에너지가 있어요. 현실을 있는 그대로 직면하는 사람에게 멍청한 순간이란 없습니다. 보살의 에너지는 한쪽 방향으로만 기울어진 마음과 무지를 함께 초월한 에너지입니다.

○ **그러나 그 에너지를 어느 방향으로 어떻게 이끌 것인지, 내가 어떻게 알지요?**

● 당신이 전에 보았던 것보다 상황을 훨씬 더 분명하게 보고 있기 때문에, 그것을 있는 그대로 보기 때문에 에너지를 어느 쪽으로 어떻게 이끌 것인지 저절로 알게 됩니다. 전에는 현실을 있는 그대로 보지 않고 당신이 보고 싶은 대로 보았지요. 일단 이 베일이 걷히면 상황을 있는 그대로 보게 됩니다. 그러면 상황과 제대로 옹글게 통교할 수 있어요. 무엇도 억지로 할 필요가 없어요. 세상에는 끊임없이 계속되는 교환과 춤이 있을 뿐입니다. 해가 빛을 비추어 식물이 자라나는 것과 비슷해요. 해에게는 식물을 재배하려는 욕망이 조금도 없지요. 다만 식물이 햇빛에 반응할 따름이고 상황은 자연스럽게 전개되는 겁니다.

○ **자연발생으로 말입니까?**

● 예. 자연발생이지요. 그래서 식물이 자라나듯이 매우 정확하고 과학 적입니다. 자연발생으로 이루어지는 당신의 행동은 빈틈없이 정확한 것입니다.

○ **상황이 공격적인 행동을 가져올 수도 있는 것 아닐까요?**

● 그렇게 생각하지 않습니다. 공격적인 행동은 일반적으로 자기방어에 연결되어 있으니까요. 어떤 상황이든 지금 여기에서 있는 그대로 맞 이하면 충분히 다룰 수 있습니다. 그러니 그것을 통제하거나 자신을 방어하려고 애쓸 필요가 없지요.

○ **그리스도께서는 성전에서 환전상들을 추방하지 않았습니까?**

● 나는 그것이 공격적인 행동이었다고 보지 않습니다. 정직하고 올바 른 행동이었고 매우 아름다운 행동이었어요. 그가 상황을 정확하게 보았고 자신을 관찰하거나 영웅이 되려 하지 않았기에 가능했던 일 이지요. 우리도 그렇게 행동할 필요가 있습니다.

○ **어떻게 하면 고요하고 수동적인 마음 상태와 좀 더 능동적이면서 분별하는 마 음 상태 사이에 전이가 이루어질 수 있을까요?**

● 그 문제를 완전히 다른 방식으로 보는 데 열쇠가 있다고 봅니다. 실제 로 나는 우리의 일상생활이 일반적으로 생각하듯이 그렇게 정확하 고 예리하게 이루어진다고는 생각하지 않습니다. 손으로는 한 가지

일을 하면서 마음은 여러 가지 다른 일들에 사로잡혀 있거든요. 우리는 일상생활에 전혀 다른 방식으로 접근해야 합니다. 사물을 있는 그대로 보는 직관적 통찰이 속에서 우러나도록 허용해야 한다는 말이에요. 처음에는 직관적 통찰이 모호하게 보이기도 하고 너무나도 희미한 빛으로 여겨지기도 할 겁니다. 그러나 직관적 통찰이 깊어질수록 그 모호성은 사라지기 시작합니다.

○ **사물을 있는 그대로 보려면 대상과 함께 그것을 보는 자에 대한 이해도 요구되지 않습니까?**

● 필요하지요. 흥미로운 관점입니다. 어쨌든 사물을 있는 그대로 보려면 어디에도 속하지 않은 곳에 서야 합니다. 사물을 있는 그대로 보려면 도약이 필요한데, 이 도약은 어디에서도 뛰어오르지 않는 도약이어야 해요. 어떤 자리에 서서 본다면, 보는 당신과 보이는 대상 사이의 거리가 의식되지 않을 수 없습니다. 그러므로 '어디도 아닌 곳 한복판'에서만 사물을 있는 그대로 볼 수 있는 거예요. 사람이 자기 혀의 맛은 볼 수 없는 것과 같지요. 생각해보세요.

○ **어디도 아닌 곳 한복판에서만 사물을 있는 그대로 볼 수 있다고 하셨는데요. 그런데 불교 경전들은 강 저쪽 언덕으로 건너가는 것을 말하고 있습니다. 이 문제를 설명해주시겠어요?**

● 그것은 어디에서도 뛰어오르지 않는 도약처럼 하나의 역설입니다. 불교 경전들이 강 저쪽 언덕으로 건너가라고 말하고 있는 건 사실이

에요. 그러나 강 저쪽 언덕이라는 게 없다는 사실을 깨달을 때만 당신은 건너편 언덕에 도달할 수 있습니다. 달리 말하면 우리는 강 건너 언덕이라는 '약속된 땅'을 향해 떠난 나그네인데, 처음부터 우리가 그곳에 있었음을 깨달을 때 비로소 그곳에 도달한다는 말이지요. 대단한 역설입니다.

세상 그 무엇도 두렵지 않게 하는 주문

반야의 칼로 세계에 대한 인간의 관념을 무찌르면, 거기서 우리는 공(空, Shunyata, 없음/비어 있음/이분법과 개념화의 부재)을 발견합니다. 이에 관한 부처님의 가장 널리 알려진 가르침이 《반야심경(般若心經)》이라고 불리는 《프라즈나파라미타-흐리다야(Prajnaparamita-Hridaya)》에 들어 있습니다. 흥미롭게도 이 경전에서 부처님은 거의 한마디도 하지 않습니다. 토론이 끝나갈 무렵에 다만 "말 잘했다, 말 잘했다" 하시고는 웃을 뿐이지요. 자신이 몸소 입을 열어 말하는 대신 다른 사람들에 의해 공에 대한 가르침이 베풀어지도록 상황을 연출한 거예요. 그분은 직접 가르침을 떠맡지 않고 가르침이 발생할 상황을 자연스럽게 만들어 그 안에서 제자들이 영감을 받아 공을 스스로 발견하고 경험하도록 했습니다. 이는 부처님이 설법하는 열두 가지 방식 가운데 하나지요.

이 경전은 자비와 방편을 두루 갖춘 관자재보살(관세음보살)이 반야와 지식을 두루 갖춘 사리자(舍利子) 아라한과 나눈 대화로 이루어져 있습니다. 한문이나 일본어 번역과 티베트어 번역 사이에 상당한 차이가 있긴 합니다만, 관자재보살이 탁월한 반야의 힘으로 공을 깨우쳤다는 점에서는 일치합니다. 경전에서 관자재보살이 과학적 심성과 정확한 지식의 대명사인 사리자와 대화를 하는데, 이는 부처님의 가르침이 사리자의 현미경 아래에 놓여지는 거예요. 모든 가르침이 맹목적 신앙으로 받아들여지지 않고 실험되고 시도되고 입증된다는 말입니다.

관자재보살이 말합니다. "오, 사리자야. 색이 공이요, 공이 색이다. 색은 공과 다르지 않고 공은 색과 다르지 않다." 그분들이 나눈 토론에 깊이 들어갈 필요는 없어요. 그러나 '색'과 '공'에 대한 이 말씀은 찬찬히 살펴보아야 합니다. 이 말씀이 경전의 핵심이니까요. 그렇게 함으로써 우리는 '색'이라는 말의 뜻을 분명하고 적절하게 알 수 있어야 해요.

색은 우리가 그것에 개념을 적용하기 전에 거기 '있는' 것입니다. 그것은 모든 상황에 존재하는, 다채롭고 생생하고 드라마틱하고 느낌을 주면서 '여기 있는 무엇'의 근본 상태입니다. 색은 개울물 위로 떨어지는 단풍잎일 수도 있고, 길가의 도랑일 수도 있고, 대보름날 달빛일 수도 있고, 수북이 쌓여 있는 쓰레기 더미일 수도 있어요. 이 모든 것이 '거기 그렇게 있는' 것이며, 모두가 모양이자 대상이요 그냥 거기 있는 것이라는 점에서 똑같습니다. 그것들에 대한 평가는 뒤에 우리 마음속에서 만들어지는 것이지요. 만일 우리가 그것들을 있는 그대로 본다면 그것들은 그냥 모양일 뿐입니다.

　그러기에 색은 비어 있습니다. 그런데 무엇이 비어 있을까요? 우리의 선입견과 판단이 비어 있는 거예요. 뉴욕 뒷골목의 쓰레기 더미는 더럽고 개울물에 떨어지는 단풍잎은 깨끗하다는 식으로 판단하지 않고 있는 대로 보면, 그것들은 그냥 거기 그런 모양으로 있을 뿐입니다. 그것들 속에 우리의 선입견이 들어 있지 않은 겁니다. 물론 저마다 제 모양으로 있지요! 쓰레기는 쓰레기고 단풍잎은 단풍잎이에요. '있는 것'은 '있는 것'입니다. 우리가 우리의 해석을 집어넣고 보지만 않으면 색은 공이란 말입니다.

　그러나 비어 있음 역시 모양입니다. 이 말은 심한 억지 주장처럼 들릴 겁니다. 우리는 우리의 선입견만 배제하면 모든 것이 '똑같은 것'임을 볼 수 있다고 생각합니다. 그건 아주 아름다운 그림을 우리 앞에 펼쳐주지요. 우리가 좋게 보는 것과 나쁘게 보는 것들이 둘 다 좋은 것이라고요. 예, 좋습니다. 매우 근사하군요. 그러나 이어서 공 또한 색이라고 말하거든요. 그러니 우리는 다시 검토하지 않을 수 없는 겁니다. 단풍잎의 비어 있음 역시 모양이에요. 그것은 진짜로 비어 있는 게 아닙니다. 쓰레기 더미의 비어 있음 또한 모양이지요. 그것들을 비어 있다고 보려는 시도 역시 그것들을 개념으로 옷 입히려는 짓입니다. 모양이 돌아옵니다. 모든 개념을 치워버리고 만물이 그냥 단순히 거기 있는 것이라는 결론을 내리는 일은 참 쉬웠지요. 그런데 그것이 우리 자신을 편안하게 해주는 또 다른 방식인 도피가 될 수 있는 겁니다. 우리는 사물을 있는 그대로 '느껴야' 해요. 쓰레기 더미가 거기 있고 단풍잎이 거기 있는 것을 있는 그대로 알아차려야 한다는 말입니다. 그것들 위에 공이라는 베일을 씌우지 말고 분명하게 느껴야 합니다. 사물들 위에 공의 베일을 씌우는 일은 아무런 도움도 되지 않아요. 우리는 거기 있는 것들의 '있음'을, 그 거칠고 울퉁불퉁한 질을 볼 수 있어야 합니다. 이것이 세계를 보는 매우 정밀한 방법이에요. 먼저 이렇게 우리의 무거운 선입견들을 제거합니다. 그런 다음 '공'이라는 말의 교묘한 찌꺼기들을 씻어버림으로써 우리를 그 어디에도 머물러 있지 못하게 하는 것입니다.

마지막으로 우리는 모양은 그냥 모양이고, 비어 있음은 그냥 비어 있음이라는 결론에 도달합니다. 이것을 경전은 색은 공과 다르지 않고 공은 색과 다르지 않다고, 그것들은 서로 나누어지지 않는다고 말합니다. 우리는 인생에서 철학적 의미나 아름다움을 찾는 것이 자신을 정당화하려는 한 방법에 지나지 않는다는 사실을 봅니다. 사물은 우리가 나쁘다고 생각하는 만큼 '나쁩니다!' 모양은 모양이고 비어 있음은 비어 있음이에요. 사물은 그냥 거기 있는 그대로 있고, 우리는 그것들을 무슨 심오한 빛 안에서 보려고 노력할 필요가 없습니다. 마침내 우리는 땅으로 내려와 사물을 있는 그대로 봅니다. 무슨 대천사들이나 천신들이나 달콤한 천상 음악을 보고 듣는 신비스러운 환상을 경험한다는 얘기가 아니에요. 사물들이 그냥 있는 그대로 보인다는 말입니다. 그러므로 여기서 공은, 모든 종류의 개념과 여과 장치들의 완벽한 부재를 뜻합니다. 색이 공이요 공이 색이라는 개념까지도 없는 거예요. '더 높은' 의식이나 심오함 따위를 갈망하지 않고 세계를 있는 그대로 곧장 봐버립니다. 사물들을 본래 모습 그대로 그냥 인식하는 거예요.

이 가르침을 어떻게 우리의 일상생활에 적용할 수 있을까요? 이것이 우리에게 주어진 문제겠지요. 부처님이 공에 관한 설법을 처음 베풀었을 때 아라한 몇 사람이 충격을 받아 그 자리에서 숨졌다는 이야기가 있습니다. 그들은 좌선을 하면서 공간에 흡수되는 것을 경험했는데, 그러나 여전히 공간에 머물러 있었지요. 무엇인가에 머물러 있는 한 거기에는 경험과 경험하는 자가 여전히 있는 것입니다. 공의 원리에는 그 어느 것에도 머물러 있지 아니함, 이것과 저것을 분별하지 아니함, 어디에도 멈추지 아니함이 내포되어 있어요.

사물을 있는 그대로 본다면, 그것을 뭐라고 해석하거나 분석할 필요가 없습니다. 그것들 위에 어떤 영적 경험이나 철학적 관념 따위를 씌움으로써 그것들을 이해하려고 할 필요가 없는 거예요. 어느 유명한 선사가 말했듯이 "밥 먹을 때는 밥을 먹고 잠잘 때는 잠을 잡니다." 당신이 지금 하고 있는 일을 완벽하게, 꽉 차게 하세요. 그렇게 행동하는 것이 곧 정직하고 성실한 사람, 이것과 저것을 분별하지 않는 곧은 사람, '성자[Rishi]'가 되는 것입니다. 그는 모든 일을 있는 그대로 곧장 하지요. 먹고 싶을 때 먹고 자고 싶을 때 잡니다. 때로 사람들은 부처님을 진실하려고 노력하지 않아도 활짝 열린 상태에서 한결같이 진실한 위대한 성자[Maharishi]라고 부르지요.

지금까지 말한 공에 대한 해설은 나가르주나(Nagarjuna, 龍樹)에 의해 세워진 중관학파(中觀學派)의 견해입니다. 그것은 언어로 정확하게 서술될 수 없는 경험적인 현실에 대한 서술이에요. 언어나 개념들은

마음 공부에 관하여

다만 경험의 어느 국면들을 '가리킬' 따름입니다. 사실 사람이 현실을 "경험하고 있다"고 말하는 것 자체가 벌써 수상쩍은 일이지요. 그렇게 말함으로써 경험과 경험하는 자를 나눠놓고 있으니까요. 결국 사람이 '현실'에 대해 과연 무슨 말을 할 수 있기나 한 것인지 의심스럽습니다. 왜냐하면 누군가 현실에 대해 말을 한다는 것 자체가 현실 바깥에 그가 있어서 현실을 한계나 경계를 가진 대상인 양 보는 것을 뜻하니까요. 그래서 중관학파는 그냥 있는 그대로의 '여여'를 말하는 것입니다. 나가르주나는 현실을 자기 술어로 설명하는 대신 다른 학파들의 술어를 그대로 빌려다가 그들의 주장이 모순임을 입증함으로써 진리에 접근하는 방법을 즐겨 사용했지요.

중관학파의 발전에 영향을 미친 다른 중요한 학파들의 진리와 현실에 대한 접근 방법이 몇 가지 있었습니다. 이런 사상의 흐름은 초기 불교의 학파들뿐만 아니라 신의 존재를 인정하는 힌두교, 베단티즘, 이슬람교, 그리스도교 등 다른 종교적·철학적 전통들 안에서도 발견됩니다. 중관학파의 관점에서 보면 이들 다른 종교의 진리에 대한 접근 방식은 크게 세 가지 범주로 구분될 수 있는데 영원불멸론자, 허무론자, 그리고 원자론자가 그것입니다. 중관학파에서는 이 셋 가운데 앞의 둘을 그릇된 것으로 보고 세 번째 것은 부분적으로 옳다고 보지요.

이들 세 가지 '실재의 본성에 대한 그릇된 개념들' 가운데 으뜸되는 것은 영원불멸론으로 대개 순진한 유신론에서 이를 주장하고 있습니다. 영원불멸론은 어떤 영원한 본질이 현상에 들어 있다고 봅니다. 사물은 생겨나고 죽지만 그 속에 소멸되지 않는 본질을 담고 있다는 거예요. 영원한 존재의 질이 어떤 '사물'에 달라붙어 있어야 하기 때문에 이런 교의를 움켜잡고 있는 이들은 하느님, 영혼, 아트만, 소멸되지 않는 자아 등을 믿기로 동의하지요. 영원한 어떤 존재가 있다고 확신하는 겁니다. 세계와 세계에 대한 인간의 관계를 이해하는 한 가지 고정된 방식을 재확인해서 무엇인가 잡을 수 있고 거기에 머물 수 있는 것이 있다고 보는 거예요.

그러나 영원불멸론적 교의를 신봉하는 자들은 결국에 가서 결코 만날 수 없는 신에 대해, 어디에서도 발견되지 않는 영혼이나 본질에 대해 낙심하고 좌절하게 마련이지요. 그것이 우리를 실재에 대한 좀 더 사변적인 오해인 허무주의로 이끌어가는 겁니다. 이 견해는 모든 것이 무(無)인 신비에서 생겨났다고 봅니다. 때로 이런 주장은, 신격은 알 수 없는 것이라고 말함으로써 동시에 유신론적이기도 하고 무신론적이기도 한 모습을 보여주지요. 태양은 빛을 비추어 생명을 자라게 하고 열과 빛을 마련해줍니다. 그러나 우리는 생명의 기원을 발견할 수가 없어요. 어디에서 우주가 시작되었는지 그 논리적 출발점이 없다는 말입니다. 생명과 세계는 단순히 '마야(Maya)', 즉 환상의 춤이지요. 사물들은 어디도 아닌 곳에서 자연발생으로 생겨났을 뿐입니다. 그래서 이런 접근 방식에서는 무를 매우 중요하게 여깁니다. 이때의 '무'는 명백한 현상들 너머에 있는 알 수 없는 실재를 가리키지요. 우주는 신비스럽게 자리를 잡았고 그것을 설명할 길은 어디에도 없어요. 허무주의는 인간의 머리로 그 신비를 파악할 수 없다고 말하겠지요. 이런 관점에서 실재를 보면, 신비 자체가 하나의 '사물'로 간주되는 것입니다.

어디에도 답이 없다는 생각이 그 위에 머무를 만한 대답으로 자리 잡는 거예요.

허무론적 접근 방식은 숙명론이라는 심리적 태도를 불러일으킵니다. 내가 무엇을 하면 그에 대한 반응으로 어떤 일이 발생한다고 당신은 논리적으로 이해하지요. 당신은 원인과 결과의 연속성을 보고 자신의 힘으로 통제할 수 없는 어떤 연쇄반응이 일어남을 봅니다. 이 연쇄반응의 과정이 '무'의 신비에서 솟아 나오는 거예요. 그러므로 만일 당신이 누군가를 죽인다면, 그것은 그를 죽이게끔 결정된바 피할 수 없는 당신의 업인 것입니다. 마찬가지로 당신이 어떤 선행을 하더라도, 당신이 깨어 있거나 아니거나 상관없이 그 일을 하게 되어 있어서 하는 것일 뿐이지요. 모든 것이 실재에 대한 허무주의적 접근인 이 신비스러운 '무'에서 솟아 나옵니다. 이것은 매우 순진한 견해로 모든 것을 신비에 넘겨주고 말지요. 우리 머리로 이해되지 않는 어떤 사물에 대해 아무런 보장도 얻지 못할 때마다 우리는 공포에 사로잡힙니다. 자신의 불확실성에 두려움을 품게 되고, 그래서 그 틈을 다른 무엇으로 메꾸려 합니다. 그 다른 무엇이 대개는 철학적 믿음—이 경우에는 신비에 대한 믿음—이지요. 아주 열심히 그리고 절박하게 무를 찾아내려고 모든 어두운 구석을 남김없이 뒤져보는 겁니다. 그러나 우리는 겨우 그 부스러기들을 찾아낼 따름이지요. 그 밖에는 아무것도 발견하지 못합니다. 정말로 대단히 신비스러운 일이에요. 개념적인 대답을 찾으려고 애를 쓰는 한 신비의 영역들만 있게 될 것이고, 그 신비 자체가 또 다른 개념인 것입니다.

영원불멸론자든 허무론자든 원자론자든, 그들은 끊임없이 '신비'라는 게 있다고, 자기네가 알 수 없는 무엇이 있다고, 인생의 의미와 우주의 기원과 행복의 열쇠가 있다고 가정하는 거예요. 그 신비를 추구하면서 그것을 알고 붙잡는 사람이 되려고 애를 쓰지요. 그러면서 그것에 이름을 붙여 '하느님', '영혼', '아트만', '브라만' 또는 '공'이라고 부르는 겁니다. 확실히 이것은 실재에 대한 중관학파의 접근 방식이 아닙니다. 그러나 불교의 초기 소승학파는 어느 정도 이 함정에 빠졌지요. 그래서 그들의 접근 방식을 부분적으로만 옳다고 하는 것입니다.

실재에 대한 소승불교학파의 접근 방식은 무상(無常)을 커다란 신비로 봅니다. 생겨난 것은 변하고 죽는다는 거예요. 그러나 사람이 볼 수 있는 것은 무상 자체가 아니라 그것의 겉으로 나타난 형태일 뿐입니다. 그래서 소승불교학파 사람들은 우주를 공간 안에 존재하는 원자들, 시간 안에 존재하는 순간들의 술어로 서술하지요. 그런 점에서 그들은 원자론적 다원론자라고 하겠습니다. 소승불교학파에서는 모양의 임시성과 비본질성에 대한 이해를 공에 대한 이해와 동일시합니다. 그래서 그들의 명상 수련은 두 가지 방식으로 이루어지지요. 하나는 무상의 여러 국면들—태어나고 자라고 늙고 죽어가는 과정—과 그것들의 정교함을 자세히 살펴보는 것이고, 다른 하나는 정신 작용의 무상함을 들여다보는 마음챙김[Mindfulness] 수련입니다. 아라한은 정신 작용과 물질들을 관찰해서 그것들이 순간적인 원자적 발생임을 보기 시작합니다. 그리하여 항구적인 실체나 고정된 물건이 있지 않다는 사실을 발견하지요. 그러나 이런 접근 방식은 서로 관계가 있는 본체들의 존재, '저것'에 관계되는 '이것'의 존재를 개념화하는 잘못을 범하는 것입니다.

우리는 세계의 큰 종교와 철학 체계들에서 이 세 가지 요소들, 영원불멸주의와 허무주의 그리고 원자론적 다원주의를 볼 수 있습니다. 중관학파의 관점에서 볼 때 실재에 대한 이들 세 가지 잘못된 개념들은 인간이 이른바 삶의 '신비'를 풀어보려고 시도하는 한, 가정된 질문에 대답해보려고 노력하는 한 피할 수 없는 결과입니다. 무엇인가를 믿는다는 것은 그 신비에 이름표를 달아주는 단순한 하나의 방법이지요. 대승불교학파인 유가행파(瑜伽行派)는 신비와 현상 세계의 합일을 발견함으로써 이 신비를 제거하려고 했어요.

유가행파의 근간은 인식론에 있습니다. 이 학파에서는 신비가 곧 식(識)이에요. 식과 현상의 합일을 설정함으로써 신비를 풀어내는 겁니다. 그러기에 독자적인 '아는 자'는 존재하지 않아요. 오히려 모든 것이 스스로 알려져 있지요. 있는 것은 다만 '한 마음[One Mind]'이 있을 뿐이요, 그것을 유가행파는 '자기인식(自己認識)'이라고 부릅니다. 생각과 느낌과 사람과 나무가 모두 그것의 얼굴들이지요. 그래서 이 학파를 전통적인 문헌에서 유식학파(唯識學派), 유심학파(唯心學派)라고 부르기도 합니다.

유가행파는 아는 자와 알려지는 것 사이의 경계를 넘어선 불교 사상의 첫 번째 학파였어요. 이 학파를 지지하는 자들은 미혹과 고통이 독자적인 아는 자가 따로 있다는 그릇된 믿음에서 파생된다고 설명합니다. 만일 어떤 사람이 자기가 세계를 안다고 믿는다면, 한 마음이 나누어진 것처럼 보이지만 실제로는 그 마음의 맑은 표면에 때가 묻은 것일 뿐입니다. 미혹에 빠진 사람은 자기가 무엇에 대한 어떤 생각을 가지고 있으며 이런저런 현상에 반응하고 있다고 느끼는데, 그렇게 해서 끝없는 행위와 반응의 상황에 사로잡혀 있는 거지요. 깨달은 사람은 이쪽의 생각과 느낌들, 그리고 이른바 바깥 세계라 불리는 저쪽, 이 둘 모두가 '마음의 작용'임을 압니다. 그래서 깨달은 사람은 주(主)와 객(客), 안과 밖, 아는 자와 알려지는 것, 자(自)와 타(他)의 이원론에 사로잡히지 않습니다. 모든 것이 스스로 알려져 있어요.

　　그러나 나가르주나는 유가행파의 '유심(唯心)'에 논쟁을 걸어 '마음'의 존재 자체를 질문합니다. 그는 반야경(반야를 주제로 삼은 경전의 총칭) 열두 권을 모두 자세히 연구했어요. 반야경은 부처님이 두 번째 법륜을 굴릴 무렵 나온 경전이지요. 나가르주나의 결론은 중관학파의 중심 원리인 '어디에도 머물지 않는' 원리로 요약됩니다. 그는 모든 철학적 견해가 반박될 수 있고 반박되어야 한다고 말했어요. '한 마음'에 대한 관념을 포함해서, 그것이 극단적이든 온건하든 실재에 대한 어떤 대답이나 설명에도 머물러서는 안 된다는 것입니다. 어디에도 머물러 있지 아니함이 대답이라고 말하는 것조차 기만적이기에 머물러 있지 아니함에도 머무르면 안 되지요. 나가르주나의 방법은 일종의 부정철학(否定哲學)인 셈인데, 결코 또 다른 철학이 아니었습니다. 그는 이렇게 말했어요. "지혜로운 자는 중도(中道)에도 머물러 있어서는 안 된다."

　　중관학파는 모든 것을 마음의 얼굴로 보는 유가행파의 이론에 비판적인 견해를 갖고 있습니다. 그들은 말합니다. "마음이 존재하고 모든 것이 마음의 작용이라고 말하려면 마음을 관찰하는 누군가가 있어야 한다. 그래서 마음을 아는 그가 마음의 존재를 입증해야 한다." 따라서 유가행파의 이론은 온통 관찰자 쪽에서 만들어진 것이 되고 말지요. 그러나 모든 것이 스스로 저를 알고 주와 객이 따로 없으며 오직 '한 마음'이 있을 뿐이라는 유가행파 철학의 인식론에 의하면, 주체가 객체에 관해 생각한다는 것 자체가 거짓말이 됩니다. 그러므로 한 마음이 있다는 주장은 불가능해지지요. 눈동자가 눈동자를 볼 수 없듯이, 칼이 저 자신을 자를 수 없듯이, 스스로 아는 인식은 저 자신을 인식하지 못합니다. 유가행파 자체의 견해에 따라 한 마음이 존재하는 것을 아는 사람은 있을 수가 없는 거예요.

자, 그러면 이제 우리는 마음 또는 실재에 대해 무슨 말을 할 수 있을까요? 마음 또는 실재를 지각할 사람이 없으니 '사물'이니 '모양'이니 하고 말하는 것 자체가 거짓이 됩니다. 실재도 없고 실재를 지각하는 자도 없고 실재에 대한 지각에서 파생되는 생각도 없어요. 일단 마음과 실재가 존재한다는 우리의 선입견을 여의면, 그때 상황들이 있는 그대로 여실히 드러납니다. 관찰하는 자도 없고 무엇을 아는 자도 없습니다. 실재는 그냥 그렇게 있고, 바로 이것이 '공'이라는 말에 담겨 있는 뜻이에요. 이러한 통찰에 의해 우리를 세계로부터 떨어뜨려 놓는 관찰자가 제거되는 것입니다.

그러면 어떻게 사람들이 '나'라는 것을 믿기 시작한 것일까요? 중관학파의 설명에 따르면, 모양에 대한 지각이 일어날 때마다 그것을 지각하는 자 쪽에서 즉각적인 반응이 있게 되는데 이 반응은 거의 동시적으로 나타납니다. 일 초를 쪼개고 그것을 또 쪼갠 사이에 반응을 보이는 거예요. 이렇게 사물이 있음을 인식하자마자 우리의 다음 반응은 그것에 이름을 붙이는 것입니다. 물론 이름과 함께 개념이 따라붙지요. 이렇게 대상을 개념화하는 순간 우리는 더 이상 그것들을 있는 그대로 볼 수 없게 됩니다. 우리와 대상 사이에 일종의 끼우개, 여과 장치 또는 베일을 만들어 넣는 거예요. 이것이 명상 수련 중이나 그 뒤에도 깨어 있는 상태를 지속하지 못하게 하는 장애가 됩니다. 이 베일이 우리가 전체를 한꺼번에 보지 못하게 하고 명상 중에 깨어 있지 못하도록 하는 겁니다. 그 까닭은 거듭거듭 사물을 있는 그대로 보는 데 실패하기 때문이지요. 우리는 어쩔 수 없이 이름을 짓고 번역하고 이모저모로 생각을 굴리게 되는데, 이런 행위가 우리를 직접적이고 정확한 지각으로부터 더욱 멀어지게 하는 거예요. 그러므로 공은 단순히 우리가 누구이며 이런저런 대상들과 어떻게 관계를 맺을 것인가를 깨달아 아는 것이 아닙니다. 오히려 그것은 개념적인 끼우개와 불필요한 미혹들을 넘어서는 명징함입니다. 이제 더 이상 어떤 대상에 매혹되거나 주체로서 그 속에 들어가거나 하지 않습니다. 그것은 '이것'과 '저것'으로부터의 자유예요. 남는 것은 확 트인 공간, 이것과 저것을 나누는 이분법의 부재지요. 이것이 중도 또는 중관의 뜻입니다.

공을 경험하려면 먼저 단련과 기술 연마의 좁은 길을 통과해야 합니다. 처음 출발할 때도 기술이 필요하고, 어느 단계에 이르면 떨어져 나오는 기술이 또한 필요합니다. 궁극의 관점에서 보면 배우고 수련하는 전체 과정이 전혀 필요치 않아요. 한번 슬쩍 보는 것으로 에고의 부

마음 공부에 관하여

재를 지각할 수 있습니다. 그러나 우리는 그렇게 간단한 진리를 받아들이려 하지 않지요. 달리 말하면, 안 배우기 위해서 배워야 한다는 말이에요. 전체 과정이 에고를 풀어 없애는 과정입니다. 우리는 생각들과 감정들 다루는 방법을 배우는 것으로 시작합니다. 그런 다음에 비어 있음과 열려 있음에 대한 이해를 통해 거짓된 개념들이 소멸되는 거예요. 이것이 공의 경험입니다. 산스크리트어로 '수냐타(Shunyata)'는 '공백' 또는 '비어 있음'을 의미하는데 말하자면 텅 빈 공간, 모든 개념의 부재를 뜻하지요. 그래서 나가르주나는 《중론(中論)》에서 이렇게 말합니다. "태양이 어둠을 쫓아 없애듯 온전한 현자는 마음의 거짓된 습성을 정복한다. 그는 마음에서 파생된 마음이나 생각을 보지 않는다."

《반야심경》은 '위대한 주문' 또는 만트라(Mantra)으로 마무리됩니다. 티베트어 번역판에는 이렇게 되어 있지요. "그런즉 초월하는 지식의 만트라, 깊은 통찰의 만트라, 비길 데 없는 만트라, 무상의 만트라, 모든 고통을 잠재우는 만트라를 진리로 알지어다. 거기에는 속임이 없기 때문이로다." 이 만트라의 능력은 신비스럽고 마술 같은 문자의 힘이 아니라 그것들이 지니고 있는 의미에서 옵니다. 색이 공이요 공이 색이고, 색은 공과 다르지 않고 공은 색과 다르지 않다는 등 공에 대해 말하고 나서 곧이어 경전이 만트라를 언급하고 있음은 흥미로운 사실이지요. 그것은 우리가 처음 시작할 때 모든 선입견과 허무주의, 영원불멸주의를 씻어 없애고 모든 믿음이 근절되고 초월되어야 하기 때문입니다. 그래서 완전히 노출되었을 때, 모든 옷이 벗겨지고 가면이 벗겨졌을 때, 완전한 벌거숭이가 되고 남김없이 열렸을 때, 바로 그 순간

언어의 힘을 알아보는 거예요. 근본적이고 절대적이고 궁극적인 거짓과 위선의 탈이 모두 벗겨질 때, 그때 스스로 빛을 뿜어내는 보석을 참으로 보기 시작합니다. 열려 있음의 힘차고 생생한 질, 굴복의 살아 있는 질, 포기의 살아 있는 질이 바로 그 보석이지요.

이 경우의 포기란 그냥 내버리고 마는 것이 아니에요. 모든 것을 버림으로써 평화의 살아 있는 질을 느끼기 시작하는 겁니다. 이 특별한 평화는 흐릿한 평화도 아니고 나약한 열려 있음도 아닙니다. 그것은 매우 강하고 흔들리지 않고 아무도 꺾을 수 없는 그런 평화예요. 더이상 위선이 들어올 틈을 허용하지 않기 때문이지요. 그것은 사방팔방으로 미치는 완벽한 평화입니다. 그래서 의심이나 거짓이 자리 잡을 눈곱만큼의 어두운 구석도 없습니다. 완벽한 열려 있음은 완벽한 승리예요. 왜냐하면 완전히 열려 있을 때 우리는 아무것도 두려워하지 않고 자기를 지키려 하지도 않기 때문입니다. 그러므로 이것이야말로 위대한 주문이에요. 간혹 "옴 가테 가테 파라가테 파라삼가테 보디 스바하(Om Gate Gate Paragate Parasamgate Bodhi Svaha)"라고 하는 대신 '수냐타'를 언급하며 "옴 수냐타 마하수냐타(Om Shunyata Mahashunyata)"라고 한다든지 그 비슷한 주문을 외야 하지 않느냐고 생각하는 이들이 있을 겁니다. 그런데 주문은 "가테 가테……"라고 하지요. "갔네, 갔네, 넘어갔네, 완전히 넘어갔네." 이 말은 '수냐타'를 말하는 것보다 훨씬 더 힘이 있습니다. 수냐타라는 말이 철학적인 해석을 암시할 수 있기 때문이지요. 어떤 것을 철학적으로 규명하는 대신 이 만트라는 철학을 넘어서는 무엇을 드러냅니다. 그래서 "가테 가테……"인 것입니다. "갔

마음 공부에 관하여

네, 포기했네, 걷어버렸네, 열렸네." 첫 번째 '가테'는 뒤섞여 있는 감정들의 베일을 걷어버리는 것입니다. 두 번째 '가테'는 실재에 대한 원초적 믿음들의 베일을 겨냥합니다. 그러니까 첫 번째 '가테'는 '색이 공이다'라는 생각을 겨냥하고, 두 번째 '가테'는 '공이 색이다'라는 생각을 겨냥하는 거예요. 만트라의 다음번 말은 '파라가테(넘어갔네, 완전히 드러났네)'지요. 이제 색은 색입니다. '파라가테'예요. 색이 색일 뿐만 아니라 공은 공입니다. '파라삼가테'지요. '완전히 넘어갔네'란 말입니다. 여기서 '보디'는 '완벽하게 깨어 있음'을 의미합니다. 뜻은 '포기했네, 완전히 탈을 벗었네, 벌거벗었네, 완전히 열렸네'지요. '스바하'는 전통적으로 주문을 끝내는 말로써 뜻은 '깨어난다'입니다. "갔네, 갔네, 넘어갔네, 완벽하게 드러났네, 깨어나거라, 깨어나거라."

○ **욕망은 어떻게 태어나는 겁니까?**

● 욕망이 있을 때마다 또 다른 욕망이 태어나지요. 당신은 바라는 마음
을 심습니다. 무엇을 하고 싶어 하고 무엇을 잡고 싶어 하는 거예요.
그러면 그 잡고 싶은 욕망이 나아가 다른 것을 불러들이지요. 여기서
말하는 '태어남'이란 더 많은 미혹, 더 많은 불만, 더 많은 결핍을 의미
합니다. 예를 들어 만일 당신이 돈을 가지고 싶다는 욕망을 품고 그래
서 많은 돈을 벌어들인다면, 당신은 이제 그 돈으로 무엇을 사고 싶다
는 다른 욕망을 품을 겁니다. 한 욕망이 다른 욕망으로 연결되고, 연
쇄반응이 일어나고, 그래서 욕망의 그물이 만들어지지요. 무엇을 바
라고 그것으로 또 다른 무엇을 바라고 그렇게 계속 욕망의 사슬이 이
어지는 겁니다. 그러다가 공을 경험하면, 사물을 있는 그대로 정확하
고 분명히 보게 되면, 그물망이, 거미줄이 끊어지는 거예요. 왜냐하
면 욕망의 공간에서, 결핍의 공간에서 짜여진 거미줄이기 때문입니
다. 그렇게 해서 욕망의 공간을 공의 공간이 대신 차지할 때, 마치 전
혀 다른 공기로 차 있는 행성 또는 전혀 산소가 없는 장소에 도착한
것처럼 모든 형태의 욕망이 말끔하게 소멸되는 것입니다. 이렇게 공
은 새로운 분위기, 집착이나 매달림이 불가능한 새로운 환경을 마련
해주지요. 그러기에 공을 경험하면 더 이상 업의 씨앗을 심을 수 없게
됩니다. 이것이 공이 모든 부처님을 태어나게 한다고 말하는 까닭이
에요. 업에 의해 진행되는 연쇄반응과 소용돌이에 얽혀들지 않는 사
람을 부처라고 하니까요.

○ 많은 사람이 사물을 있는 그대로 보지 않으려고 하는 강한 성향을 지니는 이유가 무엇일까요?

● 우리가 그것을 보게 될까 봐 두려워하기 때문이라고 생각합니다.

○ 왜 그것을 보게 될까 봐 두려워하는 건가요?

● 자기를 먹여 살릴 수 있는 에고의 탯줄이 끊어지지 않기를 바라고 있는 거지요.

○ '공이 곧 색'임을 명상 수련을 통해 깨달을 수 있나요? 아니면 저절로 깨달아지는 것인가요?

● 정신적인 훈련을 통해 공을 지각할 수 있는 것은 아닙니다. 그것은 '그냥 보는' 거예요. 좌선을 하다가 볼 수도 있고 일상생활 속에서 볼 수도 있습니다. 어떤 형식이 따로 있는 건 아니에요. 인도의 위대한 수행자였던 나로빠의 경우에는 스승이 신발을 벗어 자신의 뺨을 갈겼을 때 공을 보았지요. 바로 그 순간 그것을 보았던 겁니다. 각자의 상황에 따라서 달라요.

○ 그런데 그것이 지금 당신이 찾고 있는 것은 아니라고요?

● 진정 예민한 사람이라면, 참으로 그것을 찾고자 애쓰는 사람이라면, 그것을 이해하는 데 온몸을 바친 사람이라면, 그는 그것을 찾는 일을 포기해야 합니다.

○ **공의 개념을 지금 이루어지고 있는 현실에 그대로 적용하기가 어렵습니다.**

● 당신이 공을 경험한다고 해서, 그것이 이 땅에 살면서 사물을 지각하는 일을 더 이상 하지 않는다는 뜻은 아닙니다. 당신은 여전히 지구에 살고 있어요. 다만 눈앞에 있는 것을 더욱 정확하게 보는 겁니다. 우리는 우리가 사물을 있는 그대로 알고 있다고 믿지요. 그러나 우리가 실제로 보는 것은 스스로 각색한 모양입니다. 생명의 정교함에 대해 아직도 우리는 배워야 할 것이 많습니다. 우리가 보고 있는 것은 실체의 매우 서툴게 각색된 모습일 뿐이에요. 공을 경험한다는 것은 온 세상이 공간 속으로 용해되어버리는 것을 뜻하지 않습니다. 다만 당신이 그 공간을 눈여겨보기 시작해서 세계가 얼마간 덜 혼잡해지는 거예요. 예를 들어 어떤 사람과 대화를 하고자 할 때, 우리는 그에게 무엇을 설명하고 납득시키려고 이렇게 저렇게 말하리라 사전에 준비하지요. 그런데 막상 그를 만나 보니, 그 사람 자신에게 아주 많은 생각이 얽혀 있고 그것들로 당신을 마구 휘저어놓아서 미처 당신이 어디 있는지 알아차리기도 전에 완전히 그로 말미암아 얼이 빠지는 겁니다. 그에게 당신의 정리된 생각을 전달하기는커녕 오히려 그의 혼잡에 말려드는 거예요. 이럴 때 공을 경험한 사람은 그 혼잡을 꿰뚫어 봅니다. 그래서 언제 어디서나 맑고 깨끗함과 분명함을 유지하지요.

○ **당신은 공을 경험하면서 여전히 이 세상을 살아가십니까?**

● 물론이지요! 깨달음은 죽음을 뜻하지 않습니다. 그렇지 않다면 깨달음을 일종의 자살 행위라고 해야 하는데, 그런 엉터리가 어디 있습니

마음 공부에 관하여

까? 그것은 세상에서 도망치려는 허무주의적 태도입니다.

○ **깨달은 사람은 모르는 게 없나요?**

● 나는 그 말이 '한 마음' 이론을 가르치는 유가행파에서 내린 잘못된 결론이 아닐까 생각합니다. 그 이론은 다른 여러 종교와 철학 전통들에서도 발견됩니다. 깨달은 사람은 '한 마음'이 되었기 때문에 과거에 있었고, 지금 있고, 앞으로 있게 될 모든 것을 다 안다는 그런 이론이지요. 사람들이 알 수 없는 '신비' 속으로 자기를 묻을 때 이런 종류의 거친 사변을 하게 됩니다. 그러나 나는 과연 '한 마음' 같은 것이 진짜로 있는지 그게 의심스럽군요.

○ **있는 그대로 보는 일을 어떻게 시작할 수 있을까요?**

● 시작하지 않음으로서, 시작한다는 생각을 포기함으로써 시작할 수 있습니다. 만일 당신이 당신의 영역을 지키려고 한다면, "이건 내 경험이야"라고 한다면, 당신은 공을 보지 못할 거예요. 영역이라는 생각까지도 버려야 합니다. 당신은 그렇게 할 수 있어요. 불가능한 일이 아닙니다. 그것은 철학적 사변이 아니에요. 사람은 영역에 대한 생각을 포기할 수 있어요. 시작하지 않을 수 있단 말입니다.

○ **사람이 너무 오래 노력을 해서 탈진 상태에 이르러 포기하는 것을 시작하지 않는 것이라고 할 수 있을까요? 사람이 시도해보기도 전에 포기할 수 있습니까? 거기에 무슨 지름길이 있나요? 원숭이가 장벽들과 환각들을 상대로 그것을 깨**

뜨리려고 몸부림치며 쿵쾅거리는 과정을 모두 거쳐야 하는 것 아닙니까?

● 마땅히 그래야 한다고 생각합니다. 모든 것이 소모되었을 때 비로소 갑작스러운 깨달음이 옵니다. 그것이 갑작스레 온다고 해서 무슨 지름길이 있다는 뜻은 아니에요. 어떤 경우에 사람들은 갑작스러운 깨달음의 섬광을 경험할 수 있지요. 그러나 계속해서 정진하지 않으면 옛 습관이 그를 지배해서 다시 마음이 복잡해질 겁니다. 우리는 여행을 계속해야 해요. 왜냐하면 당신이 말한 대로 무엇을 얻으려고 애쓰다가 마침내 절망하게 될 때 그것을 얻기 때문입니다.

○ **결국 소승적 수련으로 돌아가는 것같이 보입니다.**

● 그래요. 명상은 그래서 힘든 일이고 몸으로 하는 일입니다.

○ **그래도 뭔가 시작하려면 해야 할 일이 있지 않습니까?**

● 해야 할 일이 있지요. 그러나 동시에 당신이 무엇을 하든 그것은 장래 어떤 목적을 이루는 것에 연결되어 있지 않고 '지금 여기'에 연결되어 있는 것입니다. 명상은 땅에 첫발을 내딛는 것이 아니라 이미 당신이 길 위에 있음을 깨닫는 거예요. 지금 이 순간을 꽉 차게 사는 것이란 말입니다. 지금, 지금, 지금이에요. 실제로 당신은 시작할 수가 없어요. 한 번도 길을 떠난 적이 없으니까요.

○ **당신은 깨달은 사람을 업의 사슬에서 해방된 사람이라고 했습니다. 제가 보기에 그분들이 새로운 업의 사슬을 만드는 것 같은데요. 당신의 말이 무슨 뜻인**

지 알고 싶습니다.

- '업'이라는 말은 '창조' 또는 '행위'를 뜻합니다. 연쇄반응이지요. 예를 들어 우리는 장래를 내다보며 오늘 씨앗을 심습니다. 그런데 깨달은 이들은 장래를 위해 씨앗을 심지 않습니다. 자기 자신을 위한 안전장치를 마련할 욕구가 없기 때문이지요. 그들은 장래가 어떻게 전개될 것인지를 알아야 할 필요가 없습니다. '미래'라는 선입견을 극복했거든요. 그들은 옹글게 지금을 삽니다. 미래의 가능성과 함께 과거의 가능성이 모두 지금 안에 있어요. 깨달은 사람들은 도무지 쉴 줄 모르고 편집증적인 마음의 행위들을 완전히 굴복시킨 이들입니다. 그들은 꽉 차게 순간을 삽니다. 업의 씨앗을 심는 일에서 자유롭게 된 이들이지요. 미래가 닥쳐왔을 때도 그들은 그것이 과거에 심은 씨앗의 열매라고 생각하지 않습니다. 모든 때를 다만 현재로 볼 뿐이에요. 그래서 그들은 그 어떤 연쇄반응도 만들어내지 않습니다.

○ **깨달은 상태에 있는 것과 지금 이 순간에 존재하는 것은 서로 다릅니까?**

- 예, 달라요. 깨달음이란 '지금 여기'에 깨어 있는 것입니다. 예를 들어 동물들은 지금 여기에 살고 있지요. 젖먹이들도 지금 여기에 존재합니다. 그러나 개나 젖먹이를 깨달은 이라고 할 수는 없잖습니까? 지금 여기에 존재하는 것과 지금 여기에 깨어 있는 것은 아주 다른 거예요.

○ **동물이나 젖먹이 아이들처럼 현재를 사는 것과 깨달은 사람이 되는 것이 어떻**

게 다릅니까?

● 무엇에 의존해 거기 머물러 있는 것과 깨어 있는 상태에서 오늘을 살아가는 것의 차이라고 생각합니다. 젖먹이나 동물의 경우 오늘에 존재하기는 합니다만, 그것은 오늘에 의존해 거기에 머물러 있는 것입니다. 비록 그것을 의식하지는 못한다 해도 그들은 오늘에 머물러 있음으로써 그것으로부터 어떤 피드백을 얻지요. 깨달은 사람의 경우 '나는 깨달은 존재다'라는 생각에 머물러 있지 않습니다. '내가 있다'는 생각을 완전히 초월한 사람이니까요. 그는 그냥 옹근 존재입니다. 주와 객의 구분을 완벽하게 넘어선 사람이지요.

○ 깨달은 사람은 에고가 없고, 주변 사람들의 아픔과 슬픔을 공감하지만 자신의 아픔이나 슬픔을 지니고 있지 않다면, 그가 아프고 슬픈 사람들을 고통에서 벗어나도록 돕고자 하는 것 또한 '욕망'이라고 할 수 있지 않을까요?

● 그렇게 생각하지 않습니다. 욕망은 누군가가 행복하게 사는 모습을 당신이 보고 싶어 할 때 오는 것입니다. 그 사람이 행복하게 살면 당신은 행복해지지요. 그것은 당신이 그 사람을 행복하게 해주려고 어떤 행위를 한 것이 그를 위해서가 아니라 자신을 위해서 한 것이기 때문입니다. 그의 행복한 모습을 '당신'이 보고 싶어 하는 거예요. 깨달은 사람은 그런 태도로 살아가지 않습니다. 누군가가 도움을 청하면 그냥 돕지요. 거기에 아무런 자기만족이나 자축(自祝)을 끼워 넣지 않는다는 말입니다.

○ 그렇다면 왜 당신이 세운 센터 이름을 '카르마 드종'이라고 붙이셨나요?

● '카르마'에는 '행위'라는 뜻도 있고 '부처의 행위'라는 뜻도 들어 있지요. 그리고 '드종'은 티베트어로 '요새'를 말합니다. 상황들은 미리 사려 깊게 계획되어 나타나는 게 아니라 그냥 그렇게 전개되는 거예요. 그것들은 끊임없이 펼쳐지고 자연발생으로 일어나지요. 그렇긴 해도 그것들 중심에는 어떤 거대한 에너지가 있는 것처럼 보이는데, 그것을 가리켜 카르마라고 할 수도 있습니다. 그것은 누군가에 의해 잘못 이끌려 나온 에너지가 아니라 요새 안에 있는 에너지입니다. 지금 일어나고 있는 일은 일어나야만 했기 때문에 일어나는 거예요. 카르마 드종은 누구를 개종시켜 불교 신자로 만들고자 하는 센터가 아니라 자연스럽게 이뤄지는 관계들로 그 모양을 갖추고 있습니다.

○ 당신은 삼매와 열반을 공의 개념에 연관 지어 어떻게 설명하시겠습니까?

● 여기에 말의 문제가 있습니다. 차이점이 문제가 아닙니다. 다른 강조의 문제지요. 삼매는 완벽한 몰입이고 열반은 완벽한 해탈인데, 둘 다 공에 연결되어 있지요. 공을 경험할 때 우리는 완벽하게 몰입되면서 주객의 이분법을 초월합니다. 동시에 모든 미혹에서 자유로워지는 거예요.

제3의 자비,
무자비한 자비를 보라

공에 대해 이야기할 때, 우리가 사물을 있는 그대로 보는 대신 선입견과 개념과 스스로 각색한 모양 따위를 현상에 덮어씌우고 있음을 알았습니다. 일단 선입견의 베일을 꿰뚫어 볼 수 있게 되면, 우리는 그것이 적합한지 아닌지 알아보지도 않고서 무작정 경험에 손잡이를 장착하는 불필요하고 번잡한 방식임을 깨닫게 됩니다. 달리 말해서, 선입견이란 안전장치의 한 형태인 거지요. 어떤 사물이 눈에 띄면 우리는 곧바로 그것에 이름을 붙이고 범주에 분류해서 넣는 거예요. 그러나 모양[色]은 비어 있습니다[空]. 그것은 제 본질을 있는 그대로 드러내기 위해 우리의 범주 따위를 필요로 하지 않습니다. 모양은 그 자체로서 어떤 선입견도 제 속에 지니고 있지 않아요.

마음 공부에 관하여

그러나 비어 있음 또한 모양입니다. 이렇게 말하는 것은, 이 단계에서 우리가 선입견이 벗겨진 모양을 보는 것에 너무 많은 가치를 부여하고 있다는 뜻이에요. 색을 공으로 보는 것이 마치 우리의 마음이 가서 도달할 최고 경지나 되는 듯, 이런 통찰을 경험하고 싶어 하는 것입니다. 그런 식으로 공을 추구함으로써 그것을 진정한 공이 아니라 또 하나의 사물, 하나의 색으로 만든다는 말이에요. 지나치게 열심히 해서 빚어지는 문제지요.

그러므로 우리가 밟아야 할 다음 단계는 색을 공으로 보고자 하는 마음을 포기하는 것입니다. 이 시점에서 색은 우리의 선입견이라는 베일 밖으로 제 참모습을 드러내게 됩니다. 그 어떤 철학적 의미도 뒤에 감추지 않은 벌거숭이 색이 색으로 드러나는 거예요. 산은 산이요 물은 물이지요. 공 또한 공입니다. 거기에 아무것도 매달려 있지 않은 공이에요. 비로소 우리는 불이(不二)의 경험을 발견한 것입니다.

그런데 이렇게 색은 색이고 공은 공임을 깨달았다고 해도 여전히 우리는 불이를 꿰뚫어 보는 자신의 통찰을 인정하고 있습니다. 여전히 아는 자, 깨달음을 경험한 자에 대한 감각이 남아 있는 거예요. 무엇인가가 사라졌다는, 무엇인가가 부재한다는 인식이 남아 있다는 말입니다. 아주 교묘하게 불이성에 머물러 있는 거지요. 여기서 우리는 대승의 길과 그 안에서 반야가 계속 경험되고 더 이상 자비가 논의되지 않는 탄트라 사이의 중간 단계로 들어갑니다. 그러나 여전히 얼마만큼의 자의식이, 자신의 반야와 자비에 대한 지각이, 자신의 행동에 대한 조사와 평가가 남아 있습니다.

보살의 행위에 대해 이야기할 때 말했듯이 반야는 아주 분명하고 정확하고 지적인 존재 상태를 말합니다. 그것은 상황을 뚫고 들어가 그대로 드러내는 날카롭고 유능한 질을 지니고 있어요. 자비는 그 안에서 반야가 사물을 보는 열린 공간이지요. 반야의 눈에 의해 고무된 행동을 촉발시키는, 상황들에 대한 열린 깨달음입니다. 자비는 매우 힘이 있습니다만, 지성이 자비의 활짝 열린 공간을 필요로 하듯이 자비 역시 반야에 의해 제 방향을 잡아야만 합니다. 반야와 자비, 이 둘은 동시에 이루어져야 하는 거예요.

자비는 근본적인 '두려움 없음[Fearlessness]'을 속에 품고 있습니다. 망설임 없는 두려움 없음이지요. 이 두려움 없음은 끝없는 관용의 모습을 띤다는 점에서, 한 사람의 힘을 남들에게 미침으로써 이루어지는 두려움 없음에 대조가 됩니다. 이 '관대한 두려움 없음'이야말로 자비의 본질로서 에고의 동물적 본성을 초월합니다. 에고가 제 울타리를 치고 싶어 하는 바로 거기에서 자비는 자기를 활짝 열고 모든 것을 환영하지요. 그것은 누구도 배척하지 않는 관용의 몸짓입니다.

당신이 고요함과 평안함뿐만 아니라 따스함까지 경험할 때, 그때 자비가 명상 수련 속에서 제 역할을 감당하기 시작합니다. 자기를 활짝 열고 모든 것을 환영하는 태도를 갖추게 하는 따뜻함에 대한 느낌이 있어요. 그 느낌이 일어날 때 외부의 조건들이 명상 수련에 장애가 될지도 모른다는 두려움이나 불안은 더 이상 지속되지 않습니다.

이 본능적인 따스함은 명상 과정을 통해 펼쳐지는 것인데, 또한 깨어 있음을 경험하는 명상 과정 뒤에도 계속 확산되지요. 이와 같은 참된 깨어 있음으로 당신의 행위와 당신 자신을 떨어뜨려 놓을 수 없게 되는 것입니다. 그건 불가능한 일이에요. 만일 당신의 행위에 의식을 모으려고 노력한다면, 차를 끓이거나 다른 일상 활동을 하면서 동시에 깨어 있으려고 노력한다면, 당신은 꿈을 꾸는 상태로 살고 있는 것입니다. 티베트의 위대한 스승들 가운데 한 분이 말했듯이 "익숙하지 못한 방법으로 깨어 있음과 행동을 한데 묶으려고 하는 것은 물에 기름을 섞으려고 하는 것"과 같습니다. 참된 깨어 있음은 조심스레 지켜나갈 게 아니라 활짝 열려 있어야 해요. 활짝 열린 마음으로 상황 안에서 열린 공간을 경험하는 것입니다. 당신은 일하는 중일지 모르지만 그 일의 과정에 깨어 있음이 또한 작용해야 합니다. 그럴 때 그 일이 자비와 명상의 수련이 되는 거예요.

보통 우리 삶 속에는 깨어 있음이 들어 있지 않습니다. 지금 하고 있는 일에 완전히 몰입되어 환경의 나머지 부분을 잊고 있는 거예요. 그러나 자비와 반야의 능동적인 힘은 활짝 열려 있고 예민하고 날카롭고 침투하는 성질이 있어서, 우리에게 어떤 행위나 사건뿐만 아니라 그것들이 발생된 전체 환경을 파노라마로 보여줍니다. 이것이 다른 사람들과의 통교를 위한 바른 상황을 만들어주지요. 다른 사람들을 대할 때, 우리는 그들이 무슨 말을 하고 있는지 알아야 할 뿐 아니라 그들의 존재가 뿜어내는 전체 어조에 대해서도 자신을 활짝 열어야 합니다. 사람의 말이나 웃음은 그가 말하고 싶은 내용의 작은 한 조각을 표현할 뿐이에요. 그가 지금 어떤 형편에 처해 있는지, 그가 자신을 어떤 식으로 나타내고 있는지를 아는 것도 그의 말을 알아듣는 것만큼 중요합니다. 이런 통교는 말로만 하는 대화보다 훨씬 깊고 넓은 것입니다.

어떤 사람이 지혜로우면서 자비스러울 때 그의 행위는 빈틈없이 정교하게 이루어지며 대단한 에너지를 내뿜습니다. 이 정교한 행위를 '우파야(Upaya)'라고, '방편'이라고들 하지요. 여기서 정교하다는 말은 잔꾀가 많다는 뜻이 아닙니다. 우파야는 상황에 대한 반응으로 그냥 발생합니다. 사람이 자기를 남김없이 열어놓으면 그의 반응은 매우 직선적인 것이 되고, 인습적인 관점에서 볼 때 난폭하게 보일 수도 있지요. 그 이유는 방편이 어떤 난센스도 용납하지 않기 때문입니다. 모든 상황을 있는 그대로 드러내고 상대하는 그것이야말로 지극히 정교하고 정확한 에너지예요. 이 에너지에 의해 우리가 쓰고 있는 덮개나 가면이 벗겨지면 커다란 아픔을 맛보게 될 겁니다. 완전한 벌거숭이로 벗겨진 자기 자신을 봐야 하니 얼마나 당혹스럽겠어요? 그런 순간에는 노골적인 열림과 난폭하리만큼 거리낌 없는 반야와 자비가 아주 차갑고 비인간적인 것으로 보일 거예요.

인습적인 관점에서 보면 자비는 단순히 친절하고 다정한 것을 의미합니다. 경전에서는 그런 자비를 '할머니의 사랑[Grandmother's Love]'이라고 표현하지요. 이런 자비를 수련하는 사람한테서는 지극한 친절과 부드러움을 기대할 수 있습니다. 그는 벼룩 한 마리도 해치지 않을 겁니다. 당신을 따뜻하게 해줄 담요나 가면이 필요하면 그가 그것을 마련해줄 거예요. 그러나 에고의 관점으로 볼 때 참된 자비는 잔인합니다. 저 자신을 지탱하려는 에고의 욕심을 전혀 고려하지 않기 때문이지요. 그래서 그것은 '미친 지혜[Crazy Wisdom]'입니다. 전체적으로 지혜롭지만 또한 광적(狂的)이에요. 자신의 안락을 지키려는 에고의 모든 시도에 조금도 관련되어 있지 않기 때문입니다.

에고는 아주 조리 있는 목소리로 남들에게 친절하라고, 착한 소년 소녀가 되어 어린 동생들을 잘 인도하라고 충고합니다. 우리는 직장에서 월급을 받고 일하며 안락한 셋집을 얻어 살아갑니다. 계속 그렇게 살고 싶어 하지요. 그런데 갑자기 그 안락한 보금자리를 찢어버리는 어떤 사건이 발생하는 겁니다. 우리는 낙심천만해서 어째서 하늘이 이다지도 불친절한가 의문을 품습니다. "왜 하느님은 나를 벌하시는가? 나는 착하게 살아왔고 누구 한 사람 해친 적이 없는데, 왜 이런 일이 내게 일어난단 말인가?" 그러나 인생에는 그보다 더한 무엇이 있습니다.

우리가 안전하게 지키려고 하는 게 무엇입니까? 왜 우리는 우리 자신을 지키는 일에 그토록 열심이지요? 무자비한 자비의 갑작스러운 에너지가 우리를 우리가 만든 안락과 안전에서 잘라버립니다. 만일 이와 같은 충격을 경험하지 않는다면 우리는 성장하지 못할 것입니다. 우리는 규칙적이고 반복적이며 안락한 생활 양식에서 튕겨져 나와야만 합니다. 우리가 명상 수련을 하는 주요 목적은 인습적인 관점에서 보는 대로 정직한 사람 또는 착한 사람이 되어 자신의 안전을 유지하려고 하는 것이 아니에요. 우리는 있는 그대로의 세계에 자기를 활짝 열고 있는 그대로의 세계를 살아가는, 근본적인 차원에서의 자비롭고 지혜로운 사람이 되어야 합니다.

○ **사랑과 자비의 차이에 대해 말씀해주시겠습니까? 그 둘은 어떤 관계인가요?**

● 사랑과 자비는 여러 가지로 해석될 수 있는 모호한 단어예요. 일반적으로 우리는 움켜잡거나 움켜잡히고 싶어 하는 성향을 지니고 살아가지요. 안정을 얻으려고 이런저런 상황에 자신을 내맡기는 겁니다. 그래서 어떤 사람을 어린아이처럼 여기거나 아니면 우리 자신을 젖먹이로 여겨 누군가의 무릎에 기대려고 하지요. 그 무릎은 개인의 것일 수도 있고 조직이나 사회, 또는 선생이나 부모의 것일 수도 있어요. 이른바 '사랑'이라고 하는 것은 이 두 가지 패턴 가운데 하나를 띠게 마련입니다. 누군가에 의해 양육받든지 아니면 누군가를 양육하는 거예요. 이런 것들은 거짓되고 뒤틀린 사랑 또는 자비라고 하겠습니다. 스스로 누군가의 아이가 되어 그에게 속하거나 누군가를 자기 아이로 삼고자 하는 충동은 아주 강해 보입니다. 개인이나 조직이나 제도, 또는 그 무엇이라도 우리의 젖먹이로 삼아 보살피고 젖을 먹이고 자라게 할 수 있어요. 아니면 조직이나 제도가 우리를 먹여 살리는 엄마가 될 수도 있지요. '엄마' 없이 우리는 존재할 수도 없고 살아남을 수도 없습니다. 이 두 가지 패턴은 우리를 즐겁게 해줄 수 있는 온갖 생명 에너지를 제공합니다. 이 에너지는 우연히 사귀게 된 친구와의 우정이나 꼭 해보고 싶은 신나는 일처럼 간단한 것일 수도 있고, 직장이나 결혼의 선택으로 작용할 수도 있어요. 어느 쪽이든 우리는 그 에너지를 잃지 않고 나아가 그것의 일부가 되기를 원합니다.

그러나 또 다른 종류의 사랑과 자비가 있습니다. 제3의 길이지요. 그냥 자기 자신으로 있는 겁니다. 자신을 젖먹이로 환원시키지도 않고,

다른 사람이 자기 무릎에 기대는 것을 요구하거나 허용하지도 않는 거예요. 이 세상에서, 인생에서, 그냥 있는 그대로의 자기가 되는 것입니다. 당신이 당신으로 그냥 있으면 바깥의 상황들도 그냥 그렇게 있겠지요. 그때 비로소 당신은 그 어떤 난센스나 감정적, 철학적, 심리학적 해석 따위에 빠지지 않고 상대와 직접 분명하고 확실하게 통교할 수 있습니다. 이 제3의 길은 창조적 발전을 위한 공간, 춤추고 교환할 수 있는 방을 저절로 허용하는 열림과 통교의 균형 잡힌 길입니다.

자비는 위선이나 자기기만의 장난을 하지 않는 수단이에요. 예를 들어 어떤 사람한테 바라는 게 있어서 그에게 "당신을 사랑해요" 하고 말한다면, 그것은 상대를 자기 울타리 안에 끌어들이거나 자기편으로 넘어오게 하려는 속셈의 표현일 경우가 많습니다. 이런 속셈을 품은 사랑은 막다른 골목에 이르러 한계에 부딪히고 말지요. "비록 지금은 네가 나를 미워하지만, 결국 나를 사랑하고 말 거야. 왜냐하면 내가 널 사랑하고 있으니까. 이렇게 너를 향한 사랑으로 도취되어 있으니까!" 이 말이 뜻하는 게 무엇일까요? 자기가 그를 사랑한다고, 그에게 아무런 해도 입히지 않겠다고 말하고 있으니까, 그가 자기 울타리 안으로 들어오지 않을 수 없다는 그런 얘기지요. 참으로 멍청한 생각 아닙니까? 정신이 제대로 박혀 있는 사람이라면 그런 말에 넘어가지 않을 겁니다. 대신 이렇게 말하겠지요. "네가 정말 있는 그대로의 나를 사랑한다면, 왜 내가 네 울타리 안으로 들어가기를 바라지? 도대체 나한테서 진짜로 바라는 게 뭐야? 만일 내가 네 '사랑'의 울타리 안으로 들어간다면, 네가 나를 지배하고 사랑의 이름으로 무거운 굴레를 씌워 숨 막히는 상황을 만들어낼지 아닐지, 그걸 어떻게 알아?"

사람의 사랑으로 얽혀 있는 울타리가 존재하는 한 사람들은 그의 사랑과 자비를 수상쩍게 생각할 것입니다. 우리를 위해 잔치가 마련되었다지만, 음식에 독이 들어 있지 않은지 어떻게 알 수 있느냔 말이에요. 이 경우는 자기중심으로 뭉쳐 있는 사람의 열림이지, 그냥 활짝 열려 있는 게 아닙니다.

참된 자비의 특징은 아무런 울타리도 한계도 없이 순수하고 두려움 없는 열림에 있습니다. 일부러 이웃을 사랑하거나 친절하게 대할 필요도 없고, 사람들에게 웃으면서 기분 좋게 말해야 할 필요도 없어요. 이런 따위 사소한 게임은 적절치 않습니다. 실제로는 오히려 무뚝뚝하고 당혹스럽기도 하지요. 진정한 열림은 굉장히 스케일이 커서 우주적인 스케일이라고 할 만큼 넓습니다. 자비는 지금 있는 그대로 어른으로 존재하면서 동시에 어린아이의 성품을 여전히 품고 있음을 의미합니다. 전에 말씀드렸듯이, 불교에서는 자비를 하늘에 떠 있는 둥근 달이 수많은 물대접에 반영되는 것으로 상징해 가르치고 있지요. 달은 이렇게 말하지 않습니다. "내게 너를 열어준다면 나는 너에게 빛을 비춰줄 거야." 달은 그냥 빛을 비출 뿐이에요. 누구에게 무슨 덕을 베푼다거나 누구를 행복하게 해주겠다는 마음이 아예 없습니다. 도무지 상대가 되어줄 관객이 없어요. '나'도 없고 '그들'도 없습니다. 그냥 자기를 열어놓았기 때문에 누구에게 무엇을 준다거나 누구한테서 받는다는 그런 생각 없이 저절로 모두에게 선물이 되는 것입니다. 아무것도 바라는 것이나 요구하는 것이 없는 열림, 그것이 바로 활짝 열려 있는 자비예요. 그냥 그렇게 '있기'만 하면 삶이 당신을 관통해서 흐릅니다. 그것이 당신을 이끌어 누군가와 함께 일하고 그와 통교하게 할 것입니다. 있는 그대로의 당신으로 존재할 수 있게 되면 구태여 착한 사람, 경건한 사람, 자비로운 사람이 되려고 무슨 '보험'에 들어야 할 필요가 없다는 말입니다.

○ **무자비한 자비를 말씀하셨는데요. 정말 잔인하게 들리는군요.**

● 인습적인 사랑은 자녀들이 무엇을 원하든 다 들어주려고 애쓰는 순진한 아버지의 사랑과 같은 것입니다. 돈이든 술이든 무기든 음식이든, 자녀를 행복하게 해주는 것이라면 무엇이든지 다 주려고 하겠지요. 그렇지만 자녀들을 행복하게 만들어주려고 하지 않고 그들의 바탕을 건강하게 해주려고 노력하는, 종류가 다른 아버지도 있는 법입니다.

○ **어째서 자비로운 사람들은 무엇이든지 내어주는 데 관심을 기울이는 걸까요?**

● 주는 게 아니라 열어놓는 거예요. 다른 사람들이 거기 그렇게 존재함을 알고 있는 것일 따름입니다. 무슨 생각을 따로 가지고서 그들과 관계를 맺는 것이 아닙니다.

○ **'무자비한 자비'라는 관념 속에 혹시 자기기만이 들어 있을 위험성은 없을까요? 실제로는 자신의 공격성을 발휘하고 있으면서 자기가 지금 무자비한 자**

비를 실천한다고 생각하는 겁니다.

● 얼마든지 그럴 수 있어요. 내가 먼저 영적 물질주의에 대해 충분히 경고하고 일반적인 불교의 가르침을 설명함으로써 지적인 이해의 바탕을 다진 뒤에, 지금에서야 자비를 말한 까닭이 바로 그 위험성 때문입니다. 내가 말한 단계를 다 거치고 나서 어떤 사람이 실제로 무자비한 자비를 행한다면, 그 사람은 명상, 꿰뚫어 보기, 공부, 자기기만 발견하기, 유머 감각 유지하기 등등을 모두 겪은 사람이어야 해요. 이 모든 과정을 다 밟은 뒤에, 이 모든 길고 힘든 여정을 통과한 뒤에, 그때 비로소 발견되는 것이 반야와 자비입니다. 명상 수련을 충분히 닦지 않고서 무자비한 자비를 흉내 내는 것은 아주 위험천만이지요.

○ **우리가 남들에 관해 어느 정도 열려 있음과 자비를 키울 수 있을지 모르겠습니다만, 그래도 그 자비에 여전히 한계가 있으며 틀이 있음을 발견하게 됩니다. 우리가 자신을 희롱하고 있는 게 아님을 확실히 알 수 있는 무슨 방법이 없을까요?**

● 그건 아주 간단합니다. 만일 우리가 자신을 희롱하고 있다면, 사실은 우리 자신과 그러기로 합의를 본 것이에요. 누구나 그런 경험이 있을 겁니다. 예를 들어 우리가 어떤 사람에게 이야기를 과장해서 말하고 있으면, 입을 열기 전에 스스로 이렇게 말한 것입니다. "내가 과장하고 있는 줄 알고 있어. 그래도 나는 이 사람을 납득시켜야 해." 우리는 항상 이런 장난을 하고 있지요. 그러기에 문제는 정직하게 존재하고, 우리를 자신에게 활짝 열어놓는 냉엄한 현실로 내려가는 데 있습

니다. 남에게 나를 열어놓는 일은 문제가 되지 않아요. 우리 자신한테 우리를 숨기지 않고 있는 그대로 열어놓는 그만큼 우리의 열려 있음이 남들에게까지 미치는 겁니다. 자기가 자기를 희롱하고 있을 때 우리는 그걸 잘 알고 있어요. 다만 알면서 자기기만에 대해 짐짓 귀머거리와 벙어리가 되려고 하는 것이지요.

에고를 변성시켜 마침내 열반과 하나 되다

반야의 칼로 고정관념들을 베어버린 다음 보살은 '색은 색, 공은 공'이라는 깨달음에 도달합니다. 이 시점에서 그는 명징한 마음과 정교한 기술로 상황에 대처할 수 있게 되지요. 보살의 길을 따라 여행을 계속하는 동안 반야와 자비는 더욱 깊어지고, 그는 식(識)과 공간 그리고 평화에 대해 더욱 큰 깨달음을 경험합니다. 여기서 말하는 평화는 아무도 깨뜨릴 수 없는 평화입니다. 우리는 자기 속에 그 누구도 손상할 수 없는 평화의 질을 소유하기 전에는 참된 평화를 누릴 수 없습니다. 잠정적이고 허약한 평화는 언제든지 깨어질 수 있지요. 아이들처럼 순진하게 친절하고 평화롭고자 한다면, 어려운 일이나 예상 못 한 상황에 직면할 때 곧장 평안을 잃고 맙니다. 그런 평화에는 자신을 지킬 만한 힘이 내재되어 있지 않기 때문이지요. 그러므로 평화는 뿌리를 깊이 내려 든든하게 안정되어 있어야 합니다. 그것은 땅의 질을 품어야 해요. 만일 우리가 에고로서의 힘을 지니고 있다면, 그것을 쓰지 못해 안달하고 어떻게든지 그것으로 남을 부리려 하겠지요. 그러나 보살인 우리는 남을 부리는 데 힘을 쓰지 않습니다. 그냥 평화롭게 남아 있을 뿐이에요.

이윽고 우리는 보살도의 마지막 열 번째 단계에 도달합니다. 공의 죽음과 '광명'으로 태어남이 그것이지요. 경험으로서의 공은 사라지고 색의 광명한 질이 드러나는 거예요. 반야가 깨달음 또는 참된 앎으로 변합니다. 그러나 여전히 지혜는 경험되지요. 보살을 '지혜를 아는' 상태가 아니라 '지혜로운' 상태로 들어가게 하는 데는 금강삼매의 강한 충격이 필요합니다. 여기가 보리 또는 '깨어남'의 순간이요, 탄트라로 들어가는 입구예요. 깨어난 상태에서 에너지들의 다채롭고 환한 성질은 더욱 눈부시게 밝아집니다. 붉은 꽃 한 송이를 보면 그것을 에고의 콤플렉스 없이, 이름이나 모양에 대한 선입견 없이 볼 뿐 아니라 꽃의 밝은 광휘를 보는 거예요. 우리와 꽃 사이를 가로막는 여과 장치가 갑자기 제거되면서 자동으로 공기가 맑아지고 꽃의 모습이 또렷하고 환하게 보이는 것입니다.

대승불교의 근본 가르침이 초월적인 지식, 반야의 계발에 연관되어 있는 반면 탄트라의 근본 가르침은 에너지와 함께 일하는 것에 연관되어 있습니다. 《바즈라말라의 크리야요가 탄트라(Kriyayoga Tantra of Vajramala)》는 에너지를 "모든 존재의 중심에 거하는 것, 스스로 존재하는 단순성, 지혜를 지속시키는 것. 이 파멸되지 않는 본질이 커다란 즐거움의 에너지요, 그것은 공간처럼 모든 것에 스며들어 있다. 이것이 어디에도 머물러 있지 않은 법신(法身)이다"라고 서술하고 있지요. 이 탄트라에 따르면 "현상 세계를 지각하는 원초적 지성을 떠받치고 있는 것이 이 에너지이다. 이 에너지는 깨달은 마음과 미혹된 마음 둘 다에게 동력을 제공한다. 끊임없이 앞으로 나간다는 점에서 그것은 소멸될 수가 없다. 미혹된 상태에서는 감정과 생각의 추진력이요, 깨달은 상태에서는 자비와 지혜의 추진력이다."

이 에너지와 함께 일하기 위해, 수련자는 항복하는 과정으로 출발해 공의 원리에 입각하여 개념을 초월해 사물을 보는 데로 나가야 합니다. 미혹을 꿰뚫어 '색은 색, 공은 공'임을 보고 마침내 공의 경험 단계를 통과해 사물의 밝고 환하고 다채로운 광휘를 보아야 해요. 이 경지에 이르면 일상생활에서 감각으로 경험하는 것들이 모두 벌거숭이 경험이 됩니다. 무엇을 거치지 않고 곧장 경험하는 거예요. 그와 '그것' 사이에 아무 베일도 드리워지지 않는다는 말입니다. 수련자가 공의 경험을 통과하지 않고서 에너지와 함께 일하면 위험하고 파괴적일 수 있습니다. 예를 들어 육체 에너지를 자극하는 요가 수련을 하는 이들 가운데 열정, 증오, 교만 따위 에너지를 일깨워서 어떻게 표현해야 할지 모를 정도로 극심한 감정에 사로잡히는 경우가 있어요. 경전에는 자기 에너지에 휘둘러서 어디로 가는지도 모르고 내달리는 술 취한 코끼리처럼 된 수련자 이야기가 기록되어 있지요.

탄트라의 가르침은 '색은 색'이라는 초월적 태도의 '저 너머를 보는' 편향된 관점을 능가합니다. 대승불교 전통에서 초월을 말할 때 우리가 의미하는 것은 에고의 초월입니다. 탄트라 전통에서는 에고를 넘어서는 것에 대해 말하지 않아요. 그건 너무나도 이원적인 태도예요. 탄트라는 그보다 훨씬 정밀합니다. 그것은 '거기에 도달하기' 또는 '거기에 있기'를 문제 삼지 않습니다. 탄트라 전통은 '여기에 있기'를 말하고 있어요. 탄트라는 변성(變性)을 말하고 있으며 연금술을 비유로 많이 사용합니다. 예를 들어 납의 존재를 부정하지 않지만, 납이 금으로 변성되는 것을 말하고 있지요. 당신은 그것의 금속성을 바꿀 필요가 없습니다. 다만 그것을 변성시켜야 하는 거예요.

탄트라는 길, 곧 법과 같은 뜻을 지닌 말입니다. 탄트라 수련의 기능은 에고를 변성시켜 원초적 지성이 그것을 통해 빛을 뿜도록 하는 데 있어요. '탄트라'라는 단어의 뜻은 '연속성'입니다. 그것은 염주 알을 꿰는 실과 같습니다. 연속이 곧 길입니다. 그래서 염주 알들이 탄트라 수련의 기본 도구로 사용되지요. 그러니까 우리 속에 있는 불성인 원초적 지성과 함께 에고를 구성하는 오온이 모두 탄트라 수련의 바탕이 된다는 말입니다.

탄트라 지혜는 열반을 윤회 안으로 끌어들입니다. 이 말은 좀 충격적으로 들릴지 모르겠네요. 탄트라 차원에 도달하기 전에는 윤회를 포기하고 열반에 이르려 애써야 해요. 그러나 마침내 당신은 그런 수고의 헛됨을 깨달아야 하고, 그때 비로소 열반과 완전히 하나가 되는 것입니다. 열반의 에너지를 붙잡고 그것과 하나가 되기 위해 당신은 평범한 세계의 동반자가 되어야 합니다. 그래서 탄트라 전통에서는 '평범한 지혜'를 뜻하는 '타말-기이-셰파'라는 말을 많이 사용하지요. "색은 색, 공은 공"이라는 말이 그 평범한 지혜를 완벽하게 보여줍니다. 그게 그거예요. 물질세계를 윤회에 결부되어 있는 어떤 나쁜 것으로 알아 부정해서는 안 되는 겁니다. 당신은 다만 윤회의 본질을 꿰뚫어 봄으로써 열반의 본질을 이해할 수 있습니다. 그러므로 탄트라의 길에는 단순히 이원성을 넘어서는 것이나 불이성에 대한 이해보다 더한 무엇이 내포되어 있어요. 당신은 불이성을 볼 수 있습니다. 동시에 이원성에 대한 부정 너머도 볼 수 있습니다. 그래서 탄트라에서는 '공'이라는 말이 많이 사용되지 않아요. 탄트라 전통에서는 '공' 또는 '비어 있음'보다 '여여'라는 말을 쓰지요. '광휘'를 뜻하는 티베트어 '외셀(Ösel)'이나 산스크리트어 '프라바스바라(Prabhasvara)'가 '공'보다 많이 쓰이고 있습니다.

우리는 이와 같은 탄트라 전통의 준거를 부처님이 마지막 법륜을 굴릴 때 하신 말씀에서 찾아볼 수 있어요. 부처님은 "색이 공이요 공이 색이다"라고 말하는 대신 색은 광휘라고 했지요. 빛 또는 광휘는 '큰 기쁨' 또는 '지복'을 뜻하는 '마하수카(Mahasukha)'와 연결되어 있고, "공은 공이다"라는 것에 대한 온전한 깨달음에 연결되어 있습니다. 색 또한 색이기에 그냥 비어 있음이 아닙니다.

공 이론에서는 에너지의 역동적 성질이 충분하게 표현되지 않습니다. 공에 대한 옹근 발견이 윤회하는 마음과 관련되어서야 의미를 지니기 때문이지요. 공은 윤회에 대안을 제시하고 있으며, 그래서 공의 가르침은 윤회에 속한 마음을 향하고 있는 거예요. 비록 이 가르침이 "공은 색 아님이 아니고 색은 공 아님이 아니다"를 말하기 위해서 "공이 색이요 색이 공이다"라는 말을 넘어서기는 하지만, 색에 이 에너지가 있고 공에 이 에너지가 있다고 말하는 데까지는 나아가지 않습니다. 탄트라 가르침에서는 에너지 원리가 매우 중요한 부분을 차지하고 있지요.

가르침은 그것을 수행하는 사람의 일상생활에 긴밀히 연관되어야 합니다. 우리는 세계와 다른 사람들과 맺는 관계에 대한 생각들, 감정들, 에너지들을 직면하고 있습니다. 생명 에너지를 인식하지 않고서 어떻게 공에 대한 우리의 이해를 일상사에 연결 지을 수 있겠습니까? 생명 에너지와 함께 춤출 수 없다면 우리는 공의 체험을 윤회와 열반에 합일시킬 수 없을 겁니다. 탄트라는 에너지를 억누르거나 파괴하지 말고 그것을 변성시키라고, 달리 말하면 에너지의 패턴과 함께 가라고 가르치지요. 에너지와 함께 가면서 균형을 이룰 때 우리는 그것에 익숙해지기 시작합니다. 옳은 방향으로 옳은 길을 찾기 시작하는 거예요. 이 말은 술 취한 코끼리처럼 난폭한 수련자가 되어야 한다는 뜻이 아닙니다.

에너지와 함께 가면서 거칠 것 없는 수련자의 기질이 잘 드러난 예를 스승 띨로빠와 제자 나로빠 사이에서 찾아볼 수 있지요. 띨로빠는 신발을 벗어 그것으로 나로빠의 얼굴을 갈깁니다. 순간적인 상황을 잘 활용해 알고 싶어 하고 찾고 싶어 하는 나로빠의 에너지를 깨달은 상태로 변성시켜버린 거예요. 나로빠에게는 엄청난 에너지와 지력(知力)이 있었지만, 그 에너지는 종류가 다른 에너지인 띨로빠의 이해와 열린 마음에 상관이 없었습니다. 이 장벽을 뚫기 위해서는 갑작스러운 요동이나 인위적이지 않은 충격이 필요했지요. 그것은 마치 금방이라도 무너질 것처럼 기울어진 빌딩이 갑작스러운 지진으로 말미암아 곧추서는 것과 비슷합니다. 본래의 열려 있음 상태를 회복하는 데 자연스러운 정황이 활용된 것입니다. 사람이 에너지와 함께 갈 때 그의 경험들은 매우 창조적인 것이 됩니다. 지혜와 자비의 에너지가 끊임없이 정확하고 분명한 방식으로 작용하는 거예요.

에너지의 패턴과 성질에 민감해질수록 수련자는 그만큼 더 분명하게 삶의 경험이 지닌 의미와 상징성을 보게 됩니다. 탄트라 수련의 절반 앞부분을 '마하무드라(Mahamudra)'라고 부르는데, 그 뜻은 '거대한 상징'이지요. 여기서 말하는 상징은 종교적, 철학적 원리를 나타내는 표지[Sign]가 아니에요. 그것은 존재하는 무엇의 살아 있는 성질을 드러냅니다. 예를 들어 한 송이 꽃을 보는데, 꽃의 옷과 가면을 벗겨내고 그 속을 꿰뚫어 보면 꽃 색깔이 단순한 색깔을 넘어서는 어떤 메시지를 보내줍니다. 이 색깔에는 어떤 거대한 의미가 있는데, 그 의미가 힘차고 압도적인 방식으로 전달되는 거예요. 이러한 인식에는 개념화된 생각이 들어 있지 않고, 그래서 우리는 마치 눈을 가리고 있던 베일이 거두어진 것처럼 매우 선명하게 사물을 볼 수 있게 되지요.

가면을 벗기고 꿰뚫어 보는 맑은 인식의 눈으로 손바닥에 놓인 돌멩이를 보면, 돌의 단단함을 느끼는 것에서 그치지 않고 그것이 속에 지니고 있는 의미까지 파악하게 됩니다. 그것에서 대지의 단단함과 위엄이 표현되고 있음을 보게 된다는 말이에요. 실제로 그렇게 인식할 수 있을 때 우리는 에베레스트산을 손으로 잡을 수 있는 것입니다. 손바닥에 놓여 있는 작은 돌멩이마다 태산의 단단함을 드러내고 있으니까요. 지금 단단함에 대해 말했는데, 물질의 단단함만 가지고 말하는 게 아닙니다. 정신적인 의미의 단단함, 파멸되지 않는 평안과 에너지의 단단함도 함께 말하고 있는 거예요. 수련자는 대지의 든든함과 넉넉한 수용력을 몸으로 느낍니다. 당신이 거기에 무엇을 심거나 버리든지 대지는 결코 거절하는 법이 없지요. 수련자는 손바닥 위의 돌멩이 하나에서 저 자신을 위해 기념탑을 세우거나 피라미드를 쌓으려는 에고의 자만과 함께 깨달은 마음이 지니는 '평정의 지혜'를 봅니다. 우리가 만나는 모든 상황이 우리 자신의 존재 상태에 생생하게 연결되어 있습니다. 탄트라 미술에서 여러 상징 인물들이 한 손에 산을 잡고 있는 모습으로 그려진 것을 보게 되지요. 재미있어요. 그것은 에고의 변덕에 영향받지 않는 단단한 평안, 단단한 자비, 단단한 지혜를 지니고 있음을 정확하게 보여주는 것입니다.

우리가 인식하는 모든 구조물에는 어떤 정신적 의미가 내재되어 있게 마련입니다. 그것을 발견하고 이해하는 가운데 우리는 엄청난 에너지를 깨닫기 시작하는 거예요. 명상하는 사람은 현상계의 실재와 곧장 통교함으로써 그것을 통해 통찰의 새로운 깊이를 발전시켜 나갑니다. 그는 복잡함의 부재, 이원성의 부재를 볼 뿐 아니라 돌의 석성(石性), 물의 수성(水性)도 봅니다. 사물을 있는 그대로 보지요. 단순히 육신의 감각으로만 보는 게 아니라 그것이 지니고 있는 정신적 의미까지 본다는 말이에요. 그가 보는 모든 것이 정신적 발견의 표현입니다. 거기에는 상징에 대한 폭넓은 이해, 에너지에 대한 폭넓은 이해가 있어요. 상황이 어떠하든 간에 그는 더 이상 결과를 강제하지 않습니다. 삶이 그를 에워싸고 흘러가는 거예요. 이것이 기본적인 '만다라(Mandala) 원리'입니다. 일반적으로 만다라는 한 중심을 에워싼 원으로 그려지지요. 그것은 당신을 둘러싸고 있는 모든 것이 깨달음의 일부분이며 삶의 생생한 실재를 그대로 드러내고 있음을 의미합니다. 사물을 참되고 바르게 온전히 경험하는 유일한 길은 명상 수련을 통해 자연과 인생과 모든 상황에 곧장 연결되는 것입니다. 누가 마음 수련을 해서 높은 경지에 올랐다고 할 때 그 말은 공중에 둥둥 떠다니게 됐다는 의미가 아니에요. 사실인즉, 높이 올라갈수록 우리는 그만큼 더 땅으로 내려가는 것입니다.

명상 수련이 에고의 가두리 장식인 복잡한 사고 양식을 뚫고 들어가는 것으로 시작되었다는 사실을 기억하는 게 중요합니다. 우리는 생각이 이루어지는 복잡한 과정을 꿰뚫어 보았을 뿐 아니라 이름과 이론들 안에서 표현된 개념들의 무거운 '의미'도 함께 보았습니다. 그런 다음 우리는 '이것'과 '저것' 사이에 빈 공간을 만들었고, 그 공간이 우리를 기막히게 해방시켰지요. 공간을 만듦으로써 삶의 체험에 곧장 자기를 연결시키는 금강승(金剛乘) 수련으로 나아가는 것입니다. 이 세 단계가 본질적으로 세 가지 수레[三乘]예요. 방법과 수단의 수레인 소승(小乘), 공 또는 공간의 수레인 대승(大乘), 그리고 직접적인 에너지의 수레인 금강승 또는 탄트라가 그것이지요.

탄트라 전통에서 에너지는 다섯 가지 기본 성질 또는 오방불(五方

佛)으로 분류되는데, 바즈라(Vajra, 아촉불), 라트나(Ratna, 보생불), 파드마(Padma, 아미타불), 카르마(Karma, 불공성취불), 그리고 붓다(Buddha, 비로자나불)가 그것입니다. 오방불은 저마다 특별한 '지혜' 또는 깨어난 마음 상태로 변형되는 정서들에 연계되지요. 또한 색깔, 요소, 풍경, 방향, 계절 같은 자연 현상들과도 연계됩니다.

바즈라는 분노에 연계되고 분노는 거울 같은 지혜로 변형되지요. 우리는 언짢고 소유욕 강하고 공격적인 분노의 성질 너머로 무엇을 감지합니다. 이 직관적인 통찰력이 우리로 하여금 분노의 본질을 의도적으로 바꾸려 하기보다 그것을 정밀함과 열려 있음으로 자동적으로 변형시킬 수 있게 해줍니다. 바즈라는 또한 물의 요소와도 연계되지요. 음습하고 휘몰아치는 물은 분노의 방어적이면서 공격적인 본성을 상징하고, 반면에 맑은 물은 거울 같은 지혜의 예민하고 정확하고 맑은 반영을 암시합니다. 바즈라의 색은 흰색이에요. 분노는 자기를 방어하는 매우 둔하고 직설적인 경험이지요. 그래서 그것은 평평하고 불투명한 백지장과 같습니다. 하지만 그것에는 거울 같은 지혜인 반영의 밝은 광명이 잠재되어 있기도 해요. 바즈라는 동쪽, 새벽, 겨울에 연계됩니다. 겨울 아침, 수정 같은 맑음, 날카롭고 반짝거리는 고드름이에요. 풍경은 비어 있거나 황량하지 않고 온갖 종류의 생각을 유발하는 날카로움으로 가득 차 있지요. 거기에는 관찰자의 눈길을 끄는 것들이 많이 있습니다. 예를 들어 바닥과 나무와 식물들이 저마다 자기 방식으로 얼어붙는 거예요. 나무들은 저마다 흰 눈을 얹고 다른 방식으로 기온에 적응하지요. 바즈라는 모든 대상을 그것들의 결에 따라, 서로 간의 관계에 따라 상대합니다. 모든 것이 저 자신의 술어로 분석되지요. 바즈라의 지능은 탐색되지 않거나 숨겨진 구석을 남겨두지 않습니다. 마치 평지를 흐르는 물과 같이 표면을 완전히 덮으면서도 투명한 상태를 유지합니다.

라트나는 오만함과 땅, 단단함, 산맥, 언덕, 피라미드, 빌딩에 연계됩니다. "나는 완벽하게 안전하다. 나는 나 자신이다." 이것은 자기 자신을 보는 매우 오만한 방식이지요. 사람은 느슨해지는 것을 두려워해 끊임없이 방어벽을 쌓고 성채를 구축합니다. 마찬가지로 라트나는 평정의 지혜로서 모든 것에 두루 스며 있어요. 여러분이 흙으로 빌딩을 짓든 아니면 단순히 땅을 그대로 두든 마찬가지입니다. 대지는 그냥 그대로 남아 있어요. 당신은 어떤 것에도 패배당하거나 위협받지 않습니다. 당신이 오만한 사람이라면 실패와 패배의 가능성에 끊임없이 도전받겠지요. 깨달은 마음 안에서는 자기 자신으로 존속하는 것에 대한 걱정이 평온함으로 바뀝니다. 여전히 대지의 단단함과 안전함을 알고 있지만, 그것을 잃을까 봐 두려워하지 않아요. 모든 것에 열려 있고 안전하고 존엄합니다. 도무지 두려워할 게 없어요. 라트나는 끊임없이 베푼다는 뜻에서 남쪽, 가을, 비옥, 풍요에 연계됩니다. 열매가 익으면 자연스레 떨어져서 누가 먹어주기를 바라지요. 라트나는 그렇게 주는 성질이 있습니다. 감미로운 아침나절의 성질로 열려 있지요. 색은 황색이고 햇살에 연결됩니다. 바즈라가 수정이면 라트나는 금, 호박, 사프란이에요. 그것은 질감보다 깊이감, 현실성을 가지고 있습니다. 반면에 바즈라는 순수한 질감, 근원적인 깊이라기보다는 아삭아삭한 성질이지요. 라트나는 무르익어서 묵중합니다. 마치 고목이 땅에 쓰러져 썩으면서 사방에 버섯들이 자라게 하고 온통 잡초들로 무성하게 하는 것과 같아요. 그 속에 짐승들이 보금자리를 마련하는 통나무예요. 색은 누렇게 바뀌고 껍질이 벗겨져 대단히 풍요롭고 견고한 실내를 드러내지요. 만일 여러분이 이 통나무를 옮겨다가 정원을 꾸미려 해도 안 될 겁니다. 부스러져서 조각날 테니까요. 너무 무거워서 다른 데로 옮길 수도 없어요.

파드마는 열정, 움켜잡는 성질, 소유욕에 연결됩니다. 열정 뒤에는 하나를 향한 본능, 다른 무엇과 완벽하게 하나가 되려는 바람이 있지요. 그러나 열정은 히스테릭한 성질과 신경증적 성질을 가지고 있습니다. 하나로 통합된 진짜 상태를 무시하고 상대와 하나가 되기 위해 그것을 소유하길 원하지요. 열정이 제 목적을 스스로 망가뜨리는 거예요. 사람이 열정의 지혜로운 측면인 분별하는 깨어 있음의 경지에 들면 '이것'과 '저것'의 성질을 정확하고 예리하게 압니다. 달리 말해서, 소통이 자리를 잡는 거지요. 여러분이 누구와 소통코자 한다면 소통하는 과정 못지않게 상대의 존재를 존중해야 합니다. 분별하는 깨어 있음의 지혜는 자기를 지탱하려고 '이것'에서 '저것'을 이분법적으로 가려내는 것과 완연히 다른, 진정한 합일이 어떤 건지를 알지요. 뭐든지 살라버리는 불같은 욕망의 성질이 통교를 통해 둘을 하나로 묶는 지혜로 바뀌는 겁니다. 여러분은 영적으로든 물질적으로든 무엇을 소유하는 데 사로잡힐 수 있어요. 자기가 가질 수 있는 것보다 많은 것을 원할 수도 있지요. 자기가 원하는 물건의 이색적인 매력에 말려들어서 주변 세계가 눈에 들어오지 않는 겁니다. 자기 욕망에 완전히 포위되어 자동으로 어리석음과 무지를 생산해내는 거예요. 분별하는 깨어 있음의 지혜로 이 모든 눈먼 욕망을 넘어설 수 있습니다. 파드마는 서쪽에 연결되고 색은 붉은색이에요. 붉은색은 다른 색들보다 도발적이라서 여러분의 눈길을 끌어당기지요. 파드마는 또 불의 요소에 연결됩니다. 혼잡한 상태에서 불은 제 품에 들어온 것을 가리지 않고 모두 태우고 파괴하지요. 깨어 있는 상태에서는 열정의 열기가 자비의 온기로 변성됩니다. 파드마는 이른 봄이에요. 겨울의 혹독함이 여름의 약속으로 부드러워지지요. 얼음은 녹고 눈송이는 촉촉해집니다. 파드마는 겉모습에 연결됩니다. 단단함이나 부드러운 감은 없고 순전히 색깔에, 신비로운 매력에, 어스름 황혼에 관심이 있어요. 속에 담긴 내용보다 눈에 보이는 거죽이 더 중요하지요. 그래서 파드마는 과학이나 실용성보다 예술에 열중합니다. 파드마는 들꽃들이 자라고 짐승들이 어슬렁거리는 완벽한 장소, 이를테면 고원지대 같은 곳이에요. 어린 동물들이 뒹굴며 놀 수 있는 바위들이 여기저기 흩어져 있는 초원입니다.

카르마는 시기, 질투 그리고 바람의 요소에 연계되지요. 하지만 '시기'나 '질투'라는 단어로는 카르마의 성질을 충분히 나타냈다고 할 수 없겠네요. 어쩌면 '절대적인 편집증'이 괜찮은 말이라 하겠습니다. 자기 목표를 하나도 이루지 못했다고 생각하는 거예요. 그러면서 다른 사람이 이룬 것을 두고 못 보는 겁니다. 자기가 뒤처진다고 느끼면서 남들이 앞질러 가는 것을 견디지 못하는 거예요. 이 두려움, 자기에 대한 불신이 바람의 요소에 연결되지요. 바람은 동시에 여러 방향으로 불지 않고 한 번에 한 방향으로만 붑니다. 이것이 편집증 또는 질투심의 일방통행이에요. 카르마는 모든 것을 성취하는 행위의 지혜에 연결됩니다. 편집증이 떨어져 나가고 에너지의 기질, 행동에 민첩함과 열려 있음이 남게 되지요. 달리 말해서, 바람의 적극적인 면이 그대로 유지되어 사람의 행위가 모든 것을 제 길에서 만나는 겁니다. 그 사람의 행위가 적절한 이유는 그 행위에 자각하는 공포와 편집증이 더 이상 섞여 있지 않기 때문이에요. 그의 행위가 상황에 잠재된 가능성들을 보고 그에 맞는 코스를 자동으로 잡게 됩니다. 이로써 목적을 충분히 달성하는 거예요. 카르마는 북쪽의 여름을 암시합니다. 카르마가 이 계절에 연계되는 건 효율성 때문이지요. 만물이 활기차게 자라고 제 기능을 충분히 발휘하는 계절이 여름이거든요. 서로서로 연결되는 수많은 행위가 이루어지고 식물, 동물, 곤충 등 생명 있는 것들이 모두 함께 어울려 살아갑니다. 천둥·번개가 치고 태풍도 불어요. 당신은 한가히 여름을 즐길 수 없겠다는 감이 듭니다. 무엇이 저를 유지하려면 계속해서 움직여야 하니까요. 늦은 봄과 비슷하지만 만물이 제 순간에 충만한 것을 보기 때문에 그보다 더욱 풍성합니다. 카르마의 색은 성장 에너지를 담고 있는 식물의 녹색이에요. 여름의 카르마가 서로 경쟁하듯 생산을 시도하는 동안 가을의 라트나는 대단히 자신만만합니다. 모든 것이 성숙되었기 때문이지요. 카르마의 분위기는 늦은 낮과 이른 밤의 해진 뒤 어스름입니다.

붓다는 둔함에 연계되고 모든 것에 침투하는 성질이 있어요. 나머지 모든 정서를 포함하고 그것들과 더불어 있기 때문입니다. 이 둔함

안에서 이루어지는 움직임은 무시하는 거예요. 무시하는 건 보려고 하지 않는 거지요. 그냥 무시하고 저 자신을 혼잡하게 만드는 겁니다. 완전히 해이(解弛)하고 완전히 나 몰라라 하는 거예요. 무엇을 찾으려고 애쓰기보다는 자신의 무덤덤함을 유지하는 겁니다. 그 나태하고 무감각한 성질이 다른 모든 정서로 옮겨가지요. 붓다에 연결된 지혜는 모든 것을 포함하는 공간의 지혜입니다. 모든 것에 침투하는 둔함의 성질이 여전히 바탕에 남아 있지만, 그 둔함 속에 있는 의혹과 나태의 깜박거림이 지혜로 변형되지요. 이 지혜에는 다른 모든 요소, 색깔들, 정서들을 관통해 작용하는 엄청난 에너지와 지능이 담겨 있어요. 그것이 다섯 가지 지혜의 나머지 모든 것을 활성화시킵니다. 붓다는 기반 또는 '기본 바탕'이에요. 다른 원리들을 가능케 하는 환경 또는 산소입니다. 안정되고 든든한 성질이 있어요. 라트나도 땅처럼 든든하지만 붓다만큼 둔하게 든든하고 무심히 든든하지는 못해요. 어쨌거나 붓다는 황량하고 광대합니다. 캠프파이어가 끝나고 돌들만 남아 있는 야영장 같아요. 오랜 세월 사람들이 살다가 지금은 아무도 없는 폐허의 느낌을 주지요. 거기 살던 사람들이 살해당하거나 강제로 이주당한 게 아니라 그냥 떠난 겁니다. 아메리카 인디언들이 거주하던 동굴 같은 분위기예요. 과거의 흔적은 느낌으로 남아 있지만 어떤 특색도 보이지 않는 그런 곳이지요. 음색은 매우 단조롭고 알아듣기 쉽게 분명하며, 그리고 무척 느릿느릿합니다. 붓다는 서늘하고 광활한 창공의 푸른색에 연결됩니다.

○ 부처님들, 이담(Yidam, 수행의 본존)들의 초상화나 진노하는 신들과 다른 상징물들이 티베트 영성 수련에 어떻게 연관되는지요?

● 티베트 도상(圖像)에 대해 많은 오해들이 있더군요. 탄트라에 등장하는 초상화나 상징물의 구조에 대해 짧게나마 조명해볼 필요가 있겠습니다. 이른바 '구루의 초상화'라는 게 있는데, 누구한테서 무엇을 배우려면 먼저 기꺼이 그에게 굴복하고 자기를 열어놓아야 한다는 구도자의 길에 연관됩니다. 당신이 누구에게 굴복하기 위해서는 그 삶의 완벽함과 풍요로움에 당신 자신을 완전 일치시켜야 해요. 여기서 굴복한다는 건 단순히 공의 개념으로 자기를 비우는 게 아니라 그보다 발전된 경험입니다. 하지만 여정의 첫 단계에서는 텅 빈 그릇이 되는 게 굴복이지요. 또한 그것은 가르침의 완벽함과 풍요로움에 자기를 일치시키는 것이기도 합니다. 그래서 법통(法統)을 잇는 구루들이 고급스럽게 장식된 겉옷을 입고, 관을 쓰고, 지팡이를 짚고, 다른 장식품들을 손에 들고 있는 거예요.

그리고 탄트라 수련에 연관되는 이담들 초상화가 있지요. 이담들은 에너지에 관한 오방불 원리의 다른 얼굴들이에요. 그분들은 남성 신격[Herukas] 또는 여성 신격[Dakinis]으로 묘사되는데, 진노하거나 평화로운 모습을 하고 있습니다. 진노하는 모습은 강제력에 의한 변성, 지혜 속으로 뛰어듦, 선택 없는 변성과 연관되지요. 단칼로 자르고 들어가는 행위, 그래서 미친 지혜에 연결되는 겁니다. 평화로운 이담들은 '순서에 따른' 변성에 연관되지요. 말하자면 혼란스러움이 진정되면서 점차적으로 사라지는 거예요. 이담들은 인도 신화에서 악마의

왕 루드라(Rudra)와 연관된 흡혈귀 '락샤사(Rakshasas, 나찰)'의 복장을 하고 있는데, 여기에는 루드라로 형상화된 무지가 자기 제국을 세울 때 지혜가 나타나서 그 제국을 무너뜨리고 황제와 신하들이 입던 옷을 입는다는 상징적인 내용이 담겨 있습니다. 이담들이 에고를 지혜로 바꿔놓는다는 사실을 복장으로 보여주는 거예요. 그들이 머리에 쓰는 다섯 개의 해골로 장식된 왕관은 다섯 가지 지혜로 변성된 다섯 가지 정서를 가리킵니다. 그 정서들은 버려지는 게 아니라 장식품으로 거기 달려 있지요. 이담들이 지니는 삼지창 '트리슐라(Trishula)'는 싱싱한 머리, 말라비틀어진 머리, 뼈만 남은 해골로 장식되는데 싱싱한 머리는 뜨거운 열정을, 말라비틀어진 머리는 냉정한 분노와 생고기 같은 야성을, 해골은 어리석음을 나타냅니다. 트리슐라는 이 세 가지 충동의 초월성을 상징하는 장신구지요. 게다가 삼지창의 세 갈래 창끝은 존재의 세 가지 기본 원리인 공·에너지·존재의 드러남 성질을 나타내는데, 그것은 부처님의 세 '육신들'인 법신(法身)·보신(報身)·화신(化身)입니다. 이담들이 지니는 모든 장식구—뼈 장식, 뱀 등—는 수행의 다른 면들에 연계되지요. 예컨대 '아비담마(Abhidharma)'의 소승불교 교리에서 언급하는 쉰한 가지 생각의 패턴들을 초월하는 쉰한 개의 해골들로 장식된 화관(花冠)이 그런 겁니다. 탄트라 수련에서 우리는 불교의 한 이담을 우리 본성에 일치시키지요. 예를 들어 한 이담이 라트나계에 연계되어 있으면, 그는 황색을 띠고 라트나의 성품을 상징합니다. 당신의 선생이 당신에게 주는 만다라의 형태는 당신이 속한 데가 열정의 계열이든 오만의 계열이든, 당신 속에 공기의 성질이 있든 물의 성질이 있든, 그것에 따른 거예요. 일반적으로 말해서 어떤 사람은 땅의 성질이 있어 든든하고, 어떤 사람은 공기의 성질이 있어 이리저리 늘 바쁘고, 또 어떤 사람은 열의 성질이 있어서 불처럼 타오르지요. 당신에게 만다라가 주어지는 것은 지혜로 바뀔 수 있는 특별한 정서에 당신을 일치시킬 수 있게 하려는 겁니다. 때로 당신은 이담들의 형상을 머리로 그려보는 수련을 하는데, 그들과 함께 작업할 때 즉각적으로 그들의 형상을 그리지는 마세요. 먼저 공을 알아차리고 나서 그 이미지나 형태의 현존을 느끼세요. 그런 다음 그 특별한 느낌에 상응되는 만트라를 염하는 겁니다. 에고의 힘을 약하게 하려면 어떻게든지 상상의 형상과 자기를 보는 관찰자(에고) 사이에 연결이 이루어져야 해요. 만트라가 그 연결고리입니다. 만트라 수련을 마치고 당신은 형상과 이미지들을 특별한 이담에 맞는 빛깔로 해체하지요. 이윽고 공을 알아차리는 것으로 당신은 시각화를 종료합니다. 그러니까 그 이담들을 자신을 구원하는 외부의 신들로 여겨서는 안 된다는 거지요. 그것들은 당신의 참 본성을 나타낸 것일 뿐이니까요. 당신은 특별한 이담들의 속성과 색깔에 자신을 일치시키고, 만트라에서 나오는 소리를 느끼고, 그렇게 해서 마침내 자신의 본성이 확고한 것임을 깨닫게 됩니다. 완벽하게 이담과 하나가 되는 거예요. 최고의 탄트라인 '마하 아티(Maha Ati)'에 들면 일치감은 떨어져 나가고 사람이 자기 본성으로 녹아들지요. 에너지와 색깔만 남는 겁니다. 전에는 이미지와 형상과 소리를 통해 그것들이 공임을 보았는데, 이제는 그것들의 참모습으로서 이미지와 형상과 소리를 보는 거예요. 이것이 선불교 전통에서 십우도(十牛圖)로 보여주는, 도를 깨친 사람이 다시 윤회로 돌아온다는 생각입니다. 당신한테는 사람도 없고 소도 없어요. 그리고 마지막에 다시 세상으로 돌아오는 겁니다.

세 번째로 '수호신들'의 초상화가 있어요. 당신은 어느 특정 이담에 자기를 일치시키는 수련을 하는 동안 당신을 어지러운 본성에서 참 본성으로 돌아가게 하는 알아차림의 힘을 길러야 합니다. 갑작스러운 충격, 언제 어디서나 일러주는 이, 깨어 있는 성질이 필요해요. 진노하는 형태로 나타나는 수호신들이 이 알아차림을 당신에게 주는 거예요. 그것은 당신을 일깨워주는 갑작스러운 잡아채기입니다. 그것이 진노하는 일깨움인 건 그 속에 도약이 있기 때문이지요. 도약을 하려면 어지러움을 뚫고 나아갈 어떤 에너지가 있어야 합니다. 망설임 없이 어지러움의 경계를 벗어나 광대무변으로 도약하려면 당신이 선수(先手)를 잡아야 해요. 망설임을 진짜로 파괴해야 합니다. 길에서 만나는 온갖 장애물을 부수어야 해요. 그래서 그 신을 수호신이라고 하는 겁니다. 이때 '수호'라는 말은 당신의 안전을 지켜준다는 뜻이 아니고, 당신을 일깨워주고 사방이 열려 있는 곳에 계속 머물 수 있도록 해주는 화살표, 가이드라인을 의미하지요. 예를 들어 수호신 마하칼라(Mahakala)가 그것입니다. 마하칼라는 검은색이고 팔이 여섯 개인데, 잠재의식적 사고를 상징하는 코끼리 머리를 가진 신 '가네샤(Ganesha)' 위에 서 있어요. 이 잠재되어 있는 잡담은 당신을 깨어 있음에서 자동으로 끌어내 자기 생각이나 감정에 휩쓸리도록 만드는 나태함의 한 얼굴이지요. 그것은 특히 당신의 생각들, 지적이고 익숙하

마음 공부에 관하여

고 감정적인 생각들의 오지랖 넓은 본성에서 놀고 있어요. 그러는 당신을 마하칼라가 열린 공간으로 돌려보내는 겁니다. 마하칼라가 잠재의식의 잡담들 위에 서서 그것들을 다스린다는 걸 상징으로 보여주는 거예요. 마하칼라는 꿰뚫어 보는 알아차림으로의 도약을 나타냅니다.

일반적으로 모든 불교의 탄트라 도상에는 세 부류가 포함되는데 구루, 이담 그리고 수호신이 그들이에요. 구루의 초상은 법통의 풍요로움을 나타냅니다. 이담들은 당신을 당신의 특별한 본성에 일치시켜주지요. 그리고 당신에게 무엇을 일깨워주는 수호신들이 있는 거예요. 보통 이담과 수호신들이 격렬하게 진노하는 형상인 것은 당신이 자신의 참 본성을 보려면 단호한 알아차림이 필요하기 때문입니다. 진노하는 이담들은 탄트라 용어로 '금강의 분노[Vajra Anger]'라 알려진 것에 연계되지요. 그 분노에는 여래의 성품이 있어요. 달리 말해서 그것은 증오 없는 분노, 역동적인 에너지입니다. 이 특별한 에너지는 그것이 어느 지혜에 속하든 간에 천하무적이에요. 절대 파괴되지 않고 흔들리지도 않아요. 누가 만든 게 아니라 본연의 성품으로 발견되는 것이기 때문입니다. 그러므로 그것은 태어나지도 죽지도 않아요. 언제나 성내고 진노하는 전사의 모습으로 묘사되지요.

○ **변성은 어떻게 이루어지나요?**

● 변성은 공에 대한 이해와 그 뒤에 이어서 오는 갑작스러운 에너지 발견으로 이루어집니다. 당신은 더 이상 당신이 아무것도 포기할 필요

가 없다는 사실을 깨닫습니다. 당신의 인생 밑바닥에 깔려 있는 지혜의 질을 보기 시작한 거예요. 일종의 도약이 이루어진다는 뜻입니다. 예를 들어 당신이 분노의 감정에 사로잡혀 있을 때 갑자기 열려 있는 공간을 보고, 공을 흘긋 보고, 당신의 에너지를 억압할 필요가 없음을 알게 되는 겁니다. 당신은 분노의 에너지를 없애거나 억누르려고 애쓸 필요가 없어요. 대신 당신의 공격성을 역동적인 에너지로 바꿀 수 있습니다. 그것은 얼마나 당신이 열려 있는지, 얼마나 기꺼이 그렇게 하려고 하는지에 달린 문제예요. 당신의 에너지를 그대로 놓아버리거나 폭발시키는 데 덜 매력을 느끼거나 덜 만족한다면, 그만큼 변성의 가능성이 높아지지요. 일단 에너지를 폭발시키는 데 매력을 느끼거나 만족감을 느끼게 되면 그것을 변성시킬 수 없게 됩니다. 자신을 완전히 바꿀 필요는 없어요. 그러나 당신의 에너지를 깨어 있는 상태에서 활용할 수 있고 그럴 필요가 있습니다.

○ **앎[Jnana]과 반야[Prajna]의 다른 점이 무엇인가요?**

● 지혜를 밖에서 하는 경험으로 여기면 안 됩니다. 그게 반야와 앎의 다른 점이에요. 반야는 상대성 용어로 말하는 지식이고, 앎은 모든 상대성을 초월하는 지혜입니다. 그것을 배워서 알고 경험할 수 있는 무엇으로 여기지 마세요.

○ **당신은 감정을 어떻게 변성시키는지요? 자신의 감정을 어떻게 다루십니까?**

● 매우 개인적인 질문 같군요. 요점은, 비록 우리가 그렇다고 생각한다

해도 자신의 감정을 실제로 경험하지는 않는다는 데 있습니다. 우리는 나와 내 분노, 나와 내 욕망의 틀 안에서 감정을 경험하고 있는 거예요. 이 '나'는 일종의 중심 통치 구조입니다. 감정들은 심부름꾼, 관리, 군인들의 역할을 담당하지요. 당신과 분리되어 있는 감정들을 경험하는 대신, 그러니까 휘어잡을 수 없는 고용인을 경험하는 대신 당신은 감정들의 진짜 살아 있는 질과 질감을 느껴야 합니다. 육체의 차원에서 증오나 욕망을 표현하는 것은 당신의 감정들에서 도망치려는 또 다른 시도예요. 그것들을 억누르려고 할 때 그랬듯이 말입니다. 사람이 감정의 살아 있는 질을 실제로 느낀다면, 벌거숭이 상태에서 감정들의 질감을 느낀다면, 그 경험에는 궁극의 진리가 담겨 있는 것입니다. 그리고 동시에 자동적으로 그는 감정들의 모순되고 심오한 면들을 있는 그대로 보기 시작하지요. 그때 비로소 감정의 변성, 그러니까 감정이 지혜로 바뀌는 변성의 과정이 저절로 자리를 잡는 거예요. 그러나 앞에서 말씀드렸듯이 그것은 개인적인 문제입니다. 우리는 정말로 그렇게 해야 합니다. 실제로 우리가 그렇게 하기 전까지는 어떤 말로도 그것을 서술할 수 없어요. 우리는 자신의 감정을 실제로 마주해서 그것의 질감을 느끼고, 감정의 진짜 질을 있는 그대로 느끼면서 그것과 함께 일할 용기를 갖추어야 합니다. 우리는 감정이 드러나는 모양대로 존재하지 않고, 더 많은 지혜와 열린 공간을 내포하고 있다는 사실을 발견하게 될 것입니다. 문제는 우리가 감정들을 제대로 경험하지 못한다는 점이에요. 싸움이나 죽임이 분노를 표출한다고 생각하지요. 그러나 그것들은 또 다른 도피 수단이요, 감정을 있는 그대로 경험하는 대신 그것을 방기하는 수단일 뿐입니다. 그래서는 감정들의 기본 바탕을 제대로 느낄 수 없지요.

○ **감정들이 변성될 때 그것들이 없어진다는 뜻은 아니겠지요? 그렇습니까?**

● 반드시 그런 것은 아닙니다만, 그것들이 다른 형태의 에너지로 변성됩니다. 만일 우리가 어떻든지 착한 사람이 되고 평화스러운 사람이 되려고 감정을 억압하거나 약화시키려 한다면, 그것이야말로 에고의 근본적인 뒤틀림인 거예요. 그것은 자신의 감정을 공격하는 것이며 평화와 선(善)을 억지로 이루려는 시도입니다. 우리가 자신의 감정들을 향해 공격적이 되기를 그만둘 때, 그것들을 바꾸려고 하지 않을 때, 그것들을 제대로 경험할 때, 그때 변성이 이루어집니다. 감정들의 짜증 내는 성질은 당신이 그것들을 있는 그대로 경험할 때 변성되지요. 변성은 감정들의 기질이 제거되는 것을 의미하지 않아요. 지혜로 바뀌는 것이에요. 그건 정말 필요한 일입니다.

○ **성(性)의 탄트라는 어떻습니까? 그것도 성 에너지를 다른 무엇으로 변성시키는 것인가요?**

● 같은 것입니다. 열정과 욕망의 움켜잡으려는 성질이 열린 통교로, 춤으로 바뀔 때 두 사람의 관계는 침체되거나 들뜨는 대신 창조적으로 발전되기 시작하지요.

○ **변성의 원리는 힌두교 전통에서 말하는 사트빅(Sattvic, 밝음) 에너지, 라자식**

(Rajasic, 활동) 에너지, 타마식(Tamasic, 어둠)의 에너지에도 적용되는 것입니까? 타마식 에너지를 취해 라자식 에너지로 바꾸려 하지 않고, 그것을 그대로 취해 사용하라는 말씀인가요?

● 맞아요. 그렇습니다. 그건 매우 실제적이고 구체적이에요. 보통 우리는 준비를 너무 많이 하는 경향이 있습니다. 그래서 이렇게 말하지요. "일단 돈을 좀 넉넉히 모으면 어디 어디로 가서 공부도 하고 명상도 하고 그래서 사제가 되겠어." 그러면서 절대로 그것을 지금 당장 하지 않는 겁니다. 우리는 늘 이런 식으로 말합니다. "일단 이렇게 저렇게 하고 나서 그다음에……." 우리는 늘 너무 많은 계획을 세워요. 인생을 사는 대신 그것을 바꾸고 싶어 하고, 지금 이 순간을 수련의 한 부분으로 활용하는 대신 다른 순간으로 바꾸고 싶어 합니다. 바로 이 망설임이 영적 수련을 자꾸만 뒷걸음치게 만드는 거예요. 우리는 대부분 이렇게 낭만적인 생각을 하고 있지요. "지금은 나빠. 그러나 어느 날, 내가 바뀌는 그날, 나는 좋아질 거야."

○ 변성의 원리는 예술에서도 표출됩니까?

● 예. 우리 모두 알다시피 다른 시대, 다른 문화, 다른 사람들이 색깔과 모양의 비슷한 구성을 만들어내고 있지 않습니까? 자연발생적인 예술 작품은 보편적인 성질을 자동으로 표현하고 있지요. 당신이 그 어느 것도 '넘어가지' 않아도 되는 이유가 여기 있습니다. 당신이 온전하게 그리고 직접 보기만 한다면, '그것'이 말해주고 '그것'이 알게 해줍니다. 횡단보도를 건널 때는 초록불, 위험이나 멈춤은 빨간불을 선택

하는 것이 색깔의 효과 면에 어떤 보편성이 있음을 암시하고 있지요.

○ **춤이나 연극은 어떻습니까?**

● 똑같습니다. 문제는 당신이 예술 작품을 창작하는 데 너무 많은 자의식을 지니면 그것이 예술 작품이 되지 않는다는 데 있어요. 거장들이 걸작품을 만들어내는 것은 작업하는 동안 스승을 의식하고 있기 때문이 아니라 온전히 작업에 몰입하기 때문입니다. 그들은 질문하지 않고 다만 그것을 할 뿐이에요. 아주 우연하게 제대로 된 물건을 만들어내는 거지요.

○ **자연발생으로 간섭하는 두려움이나 편집증을 어떻게 행동으로 변성시키나요?**

● 존재의 어떤 상태에 이르기 위해서 이것을 극복하고 저것을 극복하는 무슨 특별한 방책이 있는 건 아니에요. 그것은 도약의 문제입니다. 어떤 사람이 자기가 지금 편집증 상태인 것을 실제로 이해한다면, 그것은 그가 자신의 깊은 잠재의식에서 편집증 상태의 다른 면을 느끼고 있음을 암시하는 거예요. 그때 그 사람은 진짜로 도약해야 합니다. 어떻게 도약하느냐는 말로 설명하기가 무척 어려워요. 그냥 해야 하는 겁니다. 갑자기 강물로 떠밀려 들어가서 당신이 헤엄칠 수 있음을 발견하는 것과 비슷해요. 당신은 그대로 강을 헤엄쳐 건너지요. 하지만 당신이 강으로 돌아가서 연습을 하려고 하면 아마도 헤엄칠 수 없을 거예요. 그건 자연발생, 당장의 지능을 사용하는 문제입니다. 도약을 말로 설명할 수는 없어요. 그건 말 너머예요. 하지만 당신이 정말

마음 공부에 관하여

하고자 한다면, 도약하지 않을 수 없는 상황에 자신을 던져버리고 어떻게든 굴복한다면, 얼마든지 할 수 있는 그런 일이지요.

○ **만일 당신이 어떤 일로 겁이 나서 그 두려움에 대해 강한 반응을 보이고 있는데, 그 반응을 알지만 거기에 휘말려 들지 않고 제정신으로 남아 있고 싶다면, 어떻게 그럴 수 있을까요?**

● 그것은 그런 에너지, 도약을 위한 에너지가 거기 있음을 먼저 알아야 하는 문제입니다. 달리 말하면, 두려움을 피해 도망가는 대신 온전히 그 안에 들어가서 그 거칠고 난폭한 감정을 그대로 느끼기 시작해야 합니다.

○ **전사가 되어서 말입니까?**

● 예. 처음에는 그런 감정의 어리석음을 보는 것으로 만족을 느낄 수 있고, 그래서 그 감정을 흩어버릴 수도 있지요. 그러나 그 정도로는 금강승의 변성 원리를 충족시켰다고 할 수 없습니다. 그런 감정들에서 '색은 색'이라는 진실을 볼 수 있어야 해요. 일단 '색은 색이요 감정은 감정이다'라는 관점에서 감정들을 제대로 볼 수 있게 되면, 선입견 따위에 붙잡히지 않고 있는 그대로의 벌거숭이 감정들을 볼 수 있게 되면, 그러면 당신은 도약할 준비가 되어 있는 것입니다. 많은 노력이 필요치 않은 일이에요. 말하자면 당신은 이미 도약을 하고 있는 중입니다. 물론 이 말은 화가 날 적마다 뛰쳐나가서 살인을 저지르라는 그런 얘기는 아닙니다.

○ 다르게 말해, 상황에 빠져들어서 분산된 반응을 보이지 말고 감정을 있는 그 대로 보라는 것인가요?

● 그래요. 아시다시피 우리는 감정을 제대로 보지도 못하면서 거기에 완전히 빠져버립니다. 만일 우리가 감정에 따라 어떤 일을 함으로써 그것을 피해보려고 한다면, 그건 감정을 제대로 경험하는 게 아닙니다. 우리가 감정을 억누르거나 피하려고 하는 까닭은 그런 상태에서 견뎌낼 수 없기 때문이지요. 그러나 금강승은 감정을 곧장 느끼라고, 그 벌거벗은 모습을 있는 그대로 대면함으로써 제대로 보라고 말합니다. 당신은 실제로 변성할 필요가 없습니다. 이미 그 감정들 속에서 변성된 질을 보고 있으니까요. "색은 색입니다." 그냥 내던져 버리기에는 너무나도 위험하고 미묘한 것이지요.

○ 밀라레빠의 인생이 어떻게 탄트라의 가르침에 들어맞는지요? 그분은 변성을 따로 수련하지 않고 오히려 포기, 단념을 수련하신 것 같은데요.

● 밀라레빠의 생활 방식은 수행자의 포기 전통에서 고전적인 본보기가 됩니다. 일반적으로 '포기'라고 하면 세속의 '악'을 피해 도망치려는 어떤 사람의 모습을 생각하는데, 밀라레빠의 경우는 결코 그게 아니었어요. 그는 광야에서 홀로 명상함으로써 자신의 '고약한' 성향들을 억제하려고 하지 않았습니다. 자신을 은둔처에 가두어두지 않았어요. 자기 자신을 벌주려 하지 않았습니다. 그가 고행을 한 것은 다만 자기 성격을 그대로 표현한 것일 뿐이에요. 우리 모두가 자신의 내력이나 심성에 따라 각자 제 모양대로 살고 있는 것과 다를 바 없지요. 밀라레

빠는 단순하기를 원했고, 그래서 아주 단순하게 살았습니다.

확실히 어떤 종교를 가지고 길을 가는 사람들에게는 잠시 다른 세상에 속한 사람이 되고자 하는 성향이 있는데, 밀라레빠도 예외가 아니었어요. 사람들은 그 일을 도시 한복판에서도 할 수 있습니다. 돈 많은 사람이라면 순례의 길을 떠나는 데 엄청난 돈을 쏟아부을 수도 있지요. 그러나 종교의 가르침을 제대로 받은 사람이라면 조만간에 반드시 세속으로 돌아와야 합니다. 밀라레빠가 은둔처에서 금식 명상을 하고 있을 때, 우연히 그곳을 지나던 사냥꾼들이 그에게 신선한 사슴 고기를 몇 점 건네었어요. 밀라레빠가 그것을 받아먹자 그의 명상이 곧장 깊어졌지요. 뒤에 도시로 내려올 준비를 하고 있을 때 마을 사람들이 그의 동굴에 나타나 가르침을 청했습니다. 그는 계속해서 우연히 연출되는 듯한 삶의 정황들에 의해 혼자 있는 시간에서 끌려 나오곤 했지요. 이런 것을 가리켜 구루의 연극, 또는 구루의 보편성이라고 말할 수 있을 겁니다. 그것은 아주 자연스럽게 우리 앞에 펼쳐지지요. 우리는 뉴욕의 한 아파트에 앉아서 명상을 하며 매우 '고양된' 그리고 매우 '영적인' 도취감에 젖을 수도 있어요. 그러나 그런 다음에는 일어나서 길거리로 나가야 합니다. 누군가에게 발등을 밟힐수도 있겠지요. 그런 사태에 대처를 해야 합니다. 그것이 우리를 땅으로, 세속으로 끌어내리는 거예요.

밀라레빠는 에너지들과 감정들의 변성 과정에 강렬하게 몰입되었어요. 실제로 《밀라레빠의 십만송[The Hundred Thousand Songs of Milarepa]》을 읽어보면, 전반부가 이 과정을 겪는 그의 경험을 노래하고 있습니다. 〈붉은 바위 보석 계곡 이야기〉에서 밀라레빠는 비로소 마르빠를 떠나 홀로 명상에 잠깁니다. 이 시기를 그의 '청년기'라고 부를 수 있을 겁니다. 여전히 한 분 구루에 의존하고 있었으니까요. 마르빠는 여전히 그의 '아빠'였지요. 마르빠에게 자기를 열고 그에게 굴복함으로써 밀라레빠는 여전히 감정들을 변성시키는 법을 배워야만 했던 것입니다. 그는 여전히 '좋다', 나쁘다'는 관념에 붙잡혀 있었고, 그래서 세계가 그에게 신들과 악마들로 변장하고 다가왔던 거예요. 〈붉은 바위 보석 계곡 이야기〉 장에서 밀라레빠가 스승 마르빠의 위로하는 환상을 보고 나서 동굴로 돌아왔을 때, 그를 맞이한 것은 한 떼의 악마들이었지요. 그는 그들을 물리치려고 자기가 생각해낼 수 있는 모든 방법을 동원해보았습니다. 위협도 하고 감언이설로 속여도 보고 나중에는 설법까지 해보았지만, 악마들은 자리를 떠나려 하지 않았어요. 마침내 밀라레빠는 그들을 더 이상 '나쁘게' 보지 않고, 그들에게 자기를 열어놓아 있는 그대로 그들을 보게 되었지요. 이렇게 해서 악마들을 굴복시키는 법을 배우기 시작했어요. 그것은 감정을 변성시키는 것과 같은 것입니다. 악마니 신이니 하는 것들은 우리가 감정으로 만들어내는 것들이에요. 우리 인생이나 세상에 있기를 바라지 않는 것들은 모두 악마고, 매력을 느껴 가까이 끌어당기는 것들은 남신들이나 여신들이지요. 나머지는 무대 장치일 뿐입니다. 악마들이나 남신들이나 여신들을 있는 그대로 기꺼이 받아들임으로써 밀라레빠는 그것들을 변성시켰습니다. 그러자 그것들이 삶의 에너지들로 바뀌었지요.《밀라레빠의 십만송》의 전반부는 밀라레빠가 세계를 있는 그대로 받아들이는 능력을 키워나가다가 마침내 〈여신 세린마의 공격〉 장에서 모든 악마를 굴복시키는 단계까지 이르는 변성의 완성 과정을 노래하고 있습니다. 〈여신 세린마의 공격〉 장에서 수만의 악마 떼가 명상하고 있는 밀라레빠를 공격하지만, 밀라레빠는 그들에게 자기를 열어놓고 오히려 자기 전 존재를 기꺼이 내어줍니다. 그러자 그들이 굴복하고 마는 겁니다. 이윽고 다섯 악마가 밀라레빠를 두려움에 떨게 할 수 없음을 깨닫고는 그에게 노래를 불러주지요.

악마들에 대한 생각이
그대 마음에서 일어나지 않는다면,
그대 둘러싼 악마 군대를 겁낼 필요 없다네.
그대 속마음을 길들이는 것이 무엇보다 중요하니……

두려움과 희망의 가파른 길에
그들은 매복을 하고……

뒤에 밀라레빠는 스스로 말합니다. "존재의 궁극적인 또는 참된 본성에 있어서만큼은 부처도 없고 악마도 없다. 두려움과 희망, 악과 덕에서 스스로 자유로워진 사람은 공허하고 바탕없는 미망의 본성을 깨닫는다. 그때 윤회는 마하무드라 그 자체로 드러날 것이다……." 《밀라레빠의 십만송》의 나머지 후반부는 밀라레빠가 스승으로서 발전하는 과정, 제자들과 맺는 관계를 노래하고 있어요. 생애의 마지

막에 가까이 이르러 밀라레빠는 변성 과정을 완성해 '비드야다라
(Vidyadhara)' 또는 '미친 지혜를 지닌 사람'이라는 칭호를 얻게 됩니
다. 더 이상 희망과 두려움의 바람에 흔들리지 않는 존재가 된 거예
요. 남신들과 여신들, 악마들, 자신의 열정, 그리고 그것들의 드러나
보이는 모습들이 모두 그에게 굴복하고 변성되었던 것입니다. 이제
그의 인생은 끊임없는 무도(舞蹈)가 되었습니다. 마침내 밀라레빠는
가장 높은 성취인 '늙은 개[Old Dog]'의 경지에 이르렀지요. 사람들이
그를 길 또는 땅바닥으로 삼아 밟을 수 있게 되었고, 그는 언제나 거
기 있었습니다. 그는 자신의 개아를 초월했어요. 그의 마지막 가르침
에서 읽을 수 있듯이, 우리는 거기서 깨달음의 본보기인 밀라레빠의
보편성을 보게 됩니다.

마음 공부에 관하여

영적인 길에 들어선 이상,
우리는 고통을 각오해야 한다.
마침내 우주 앞에 벌거숭이가 될 때까지
모든 것을 벗어버려야 한다.
그것은 매우 두렵고 괴로운 일이겠지만,
피할 수 없고 피해서는 안 되는 길이다.

초감 트룽파에 대하여

존경받는 명상가, 영적 지도자, 예술가로 널리 알려진 초감 트룽파 (Chögyam Trungpa)는 1940년 티베트 동부 카암 지방에서 태어났다. 태어난 지 13개월이 되었을 때 환생한 스승인 툴쿠(Tulku)로 인정받은 그는 티베트 불교의 4대 종파인 까규빠(Kagyü)와 니망빠(Nyingma) 스승들의 엄격한 지도 아래 불교 이론과 실천을 깊이 체득했으며, 서예·시·탕카(Thangka)·승무(僧舞) 등 전통 예술도 두루 익혔다. 이후 18세에 모든 학업을 마치고 불교 박사—신학, 철학, 심리학—에 해당하는 켄포 (Khyenpo) 학위를 받았으며 수르망(Surmang) 사원의 주지가 되었다.

1959년 중국이 티베트를 침공했을 때, 초감 트룽파는 수개월의 고된 여정 끝에 히말라야산맥을 넘어 인도로 건너갔다. 그곳에서 달라이 라마부터 영적 지도자로 임명되어 영라마스쿨[Young Lamas' Home School]에서 젊은 라마승들을 가르치던 그는, 1963년 영국으로 건너가 옥스퍼드 대학교에서 공부하며 처음으로 서양 세계와 마주했다. 영국에 머

마음 공부에 관하여

무는 동안 그는 학생들에게 불법(佛法)을 가르치고 서양 최초로 스코틀랜드에 삼예링 명상 센터를 설립하는 등 불교를 알리는 일에 앞장섰다. 그러던 중 1969년 불의의 교통사고로 큰 상처를 입은 뒤 자신의 삶과 불교를 가르치는 일에 일대 전환을 맞이했다. 전통에 얽매이는 대신 법복을 벗어 던지고 일반인 신분으로 돌아가 더욱 열린 마음과 태도로 사람들에게 법을 전하기 시작했다.

1970년 미국으로 이주한 초감 트룽파는 콜로라도주 볼더에 정착해 본격적으로 서양인들에게 불교의 진리를 전했다. 당시 미국 사회는 물질주의가 극에 달해 있었고 동양의 문화와 정신세계에 대한 관심이 고조되고 있었다. 그는 동양의 정신세계에 대한 미국인들의 물질주의적·상업적 접근을 '영적 물질주의', '영적 슈퍼마켓'이라 부르며 강하게 비판했다. 그리고 강연과 저술 활동을 통해 사람들에게 진정한 마음 공부란 무엇인지 설파했으며, 명상을 통해 영적 물질주의에서 벗어나 참된 영성의 길로 나아갈 수 있다고 주장했다. 그 후 17년 동안 미국과 캐나다, 유럽을 오가며 수백 회가 넘는 강연과 세미나를 열고 100개 이상의 명상 센터를 설립하는 등 서양에 불교가 뿌리내리는 데 초석을 마련했다. 당시 그가 세운 단체들은 여전히 서양 불교계에서 중추적 역할을 담당하고 있는데, 대표적으로 1973년 설립한 바즈라다투 협회[The Association of Vajradhatu]는 현재 샴발라 인터내셔널(Shambhala International)로 불리며 전 세계에서 가장 영향력 있는 수행 공동체이자 불교 커뮤니티로서 세계 불교 흐름을 주도하고 있다. 또한 1974년 세운 나로빠 연구소[Naropa Institute]는 나중에 정식 대학으로 인가받아 미국 내 유일한 불교 대학이 되었으며, 명상을 중심으로 다양한 대안교육 프로그램을 제공하고 있다.

초감 트룽파는 생전 불교의 대중화와 저변화를 위해 저술 활동과 번역 작업에도 심혈을 기울였다. 1975년 프란체스카 프리맨틀(Francesca Fremantle)과 함께 《티베트 사자의 서》를 영문으로 번역해 출간했으며, 티베트 불교의 주요 경전들을 영어로 옮겨 소개했다. 또한 불교와 명상에 관한 자신의 가르침을 담은 책도 다수 지었는데, 대표 도서로 《Crazy Wisdom》, 《The Myth of Freedom》, 《Shambhala: The Sacred Path of the Warrior》, 《두려움을 너머 미소 짓기까지》 등이 있다. 그 외에 예술과 명상의 관계에 관한 깊이 있는 통찰을 담은 책도 여러 권 출간했다.

마음 공부에 관하여

1986년 캐나다 노바스코샤주 핼리팩스로 이사한 초감 트룽파는 이듬
해 4월 4일 그곳에서 타계했다.

왜 수많은 마음 공부와 영적 수행에도
우리는 여전히 그 자리인가?

마음 공부에 관하여

2021년 3월 31일 초판 1쇄 발행
2022년 8월 12일 초판 2쇄 발행

지은이 초감 트룽파 • 옮긴이 이현주
발행인 박상근(至弘) • 편집인 류지호 • 상무이사 김상기 • 편집이사 양동민
책임편집 양민호 • 편집 이상근, 김재호, 김소영, 권순범 • 디자인 쿠담디자인
제작 김명환 • 마케팅 김대현, 정승채, 이선호 • 관리 윤정안
펴낸 곳 불광출판사 (03150) 서울시 종로구 우정국로 45-13, 3층
         대표전화 02) 420-3200 편집부 02) 420-3300 팩시밀리 02) 420-3400
         출판등록 제300-2009-130호(1979. 10. 10.)

ISBN 978-89-7479-915-1 (03200)

값 17,000원